Couvertures supérieure et inférieure
manquantes.

LES
ACTES DES MARTYRS
DE L'ÉGLISE COPTE

BAUGÉ (M.-ET-L.) — IMPRIMERIE DALOUX

LES
ACTES DES MARTYRS
DE L'ÉGLISE COPTE

ÉTUDE CRITIQUE

PAR

E. AMÉLINEAU

PARIS
ERNEST LEROUX, ÉDITEUR
RUE BONAPARTE, 28

1890

INTRODUCTION

Peu de pays semblent avoir été aussi éprouvés que l'Égypte par les persécutions que subit le Christianisme naissant ; nul n'en a conservé un plus vif souvenir. L'admiration qu'excitèrent les martyrs fut si grande que maintenant encore, malgré la distance des temps, elle n'a rien perdu de son intensité. La haine du persécuteur a survécu à toutes les vicissitudes politiques. Cependant que n'a pas eu à souffrir la communauté chrétienne en Égypte depuis la conquête musulmane, depuis surtout que les Mamlouks et les Turcs, s'étant saisis du pouvoir, gouvernèrent l'antique royaume des Pharaons ! Il n'y a pas une seule avanie qui n'ait été faite aux chrétiens d'Égypte, pas une honte dont ils n'aient été abreuvés, pas un tourment qui ne leur ait été infligé, pas une injustice, si criante fût-elle, qui n'ait été commise à leur égard par le fanatisme musulman, venant en aide au pouvoir le plus despotique et servi par la force brutale. Cependant, les Coptes n'ont gardé de cette persécution séculaire qu'un souvenir minime en comparaison du souvenir vivace qu'ils ont toujours conservé des persécutions primitives.

Il y a eu à la conservation de ce souvenir plusieurs raisons. La première celle que l'on donne tout d'abord et que tout le monde sait, c'est que les Coptes ont daté leur ère de la première année du règne de Dioclétien, en la nommant *ère des saints martyrs*. Le fait est indubitable et la qualification d'ère des martyrs, donnée à cette année 284 qui commence le règne de Dioclétien, montre bien que les années de la persécution sont restées, pour les Coptes, l'une de ces époques marquant tellement dans la vie d'un peuple que cette vie semble renouvelée et qu'on en distingue le renouvellement par le complet abandon du passé. Mais alors il semble que cette ère dût commencer à l'année même en laquelle fut promulgué l'édit que tout le monde sait, et non en 284. Si le contraire a eu lieu, c'est qu'il y a une seconde raison. Cette raison se trouve dans la haine politique vouée à Dioclétien, après l'expédition contre Achille en 295, tout autant que dans la haine religieuse causée par la persécution de dix années, par laquelle il essaya d'enrayer l'envahissement de l'empire romain par le Christianisme. Cette haine politique fut en grande partie la cause de la conversion de l'Egypte au Christianisme. Jusqu'à la persécution de Dioclétien, comme on le verra facilement au cours de ce travail, il n'y avait pas un grand nombre de chrétiens en Egypte. Après la persécution l'Egypte presque toute entière fut chrétienne, quoique le vieux culte se perpétuât jusqu'à l'année même du concile de Chalcédoine (451)[1] dans la Haute Egypte, et plus longtemps encore sans doute à Philée[2]. La parole de Tertullien s'était vérifiée : le sang des martyrs était devenu une semence de chrétiens. L'Egypte était sortie de ce bain de sang avec une apparence de jeunesse nouvelle.

Quand je parle de l'Egypte, il faut avant tout délimiter ce que j'entends par ce mot. J'entends par l'Egypte tout le pays compris ordinairement sous cette appellation, à l'excep-

---

1. Cf. Revillout : *Mémoire sur les Blemmyes* p. 50 et seqq. — E. Amélineau: *Monuments pour servir à l'histoire de l'Egypte chrétienne aux IVe et Ve siècles*, p. 110 et seqq : 440 et seqq.
2. Revillout: *Mémoire sur les Blemmyes*, p. 67. L'auteur a fait paraître depuis un second mémoire qui n'apprend rien de nouveau pour l'époque dont je parle.

tion de la ville d'Alexandrie. Il serait vraiment trop facile de me dire que l'Église chrétienne était florissante en cette ville dès le milieu du second siècle ; que c'est à cette époque que remonte l'établissement de la célèbre école de philosophie chrétienne, dont l'enseignement renommé attira des disciples de toutes les parties du monde et qui fit de l'église d'Alexandrie la première église du monde, en gloire comme en influence. Je sais tout cela, mais je sais aussi que les Coptes n'ont jamais reconnu cette ville comme faisant partie de la terre nationale, qu'ils l'ont toujours regardée comme une étrangère, et avec assez de raison. Le fait que dans la ville d'Alexandrie la nouvelle religion trouvait des adhérents en assez grand nombre suffisait pour en écarter l'Egypte. Les chrétiens d'Alexandrie étaient des Grecs ou appartenaient à ce mélange de toutes les nations qui s'y donnaient rendez-vous pour leur commerce, leur instruction ou leurs plaisirs. La vieille race égyptienne se tint en masse aussi éloignée de la ville que de la nouvelle religion.

La preuve de ce fait se trouve dans l'observation suivante. Le plus grand nombre des martyrs dont les *Actes* parlent était originaire dans le Delta des villes du littoral, comme Péluse, ou des villes ayant des colonies grecques, comme Prosopis ; ou encore ils appartenaient à l'armée où les relations avec les soldats d'origine grecque étaient obligatoires. Sur le parcours du Nil, les martyrs chrétiens se rencontrent le plus souvent dans les villes importantes connues des marchands grecs qui, à chaque instant, remontaient ou descendaient le fleuve.

Il est peu question des villages intérieurs du Delta, un peu plus des villages de la moyenne Egypte et du Fayoum ; il n'est pas fait mention des villages de la Haute Egypte, à l'exception de la banlieue de quelques grandes villes, comme Panopolis, Ptolémaïs et Latopolis. Il est facile de le comprendre par ce qui se passe encore aujourd'hui. Les Grecs sont de grands coureurs d'aventure, ils pénètrent partout où ils ont l'espoir de faire un peu de commerce et de gagner quelque argent. En vue d'arriver au but final, ils s'imposent de lourds sacrifices, se plient admirablement aux exigences du climat et des habitants, se font très-vite un langage hybride, grâce à leur étonnante aptitude pour les langues, et entrent aussitôt en relation avec les indigènes. Ils ont pénétré jusqu'au Soudan, jusqu'au Darfour et plus loin encore, à la suite des conquêtes égyptiennes de notre siècle. En Egypte, il n'est pas un centre important de population dans le Delta et le Fayoum où l'on ne soit assuré de rencontrer une colonie grecque. Sur le parcours du Nil, depuis Bénisouef jusqu'à Assouan, il n'y a pas une seule ville, peut-être pas un gros bourg où l'on ne trouve le *Bakal* grec, vendant de tout avec bonne humeur et trompant de tout son cœur. Il en était de même autrefois, et je ne me tromperai pas en écrivant que le Christianisme s'établit dans le Delta, sur le littoral de la Méditerranée, dans le Fayoum et le long du Nil par infiltration grecque. Qu'il en ait été ainsi, c'est ce que prouve ce fait que les grands dignitaires de l'Eglise d'Alexandrie ont tous des noms grecs pendant les trois premiers siècles et longtemps après, que le grec était et resta la langue officielle de l'Eglise chrétienne, parce qu'elle avait été la langue de la prédication dans Alexandrie.

Je ne veux pas prétendre que la source du prosélytisme chrétien en Egypte fut uniquement grecque: les Egyptiens convertis se firent sans aucun doute prédicateurs de leur croyance ; mais ce fut la source première et principale. Au fond, pendant les trois premiers siècles de notre ère, on est réduit aux conjectures et aux probabilités sur la diffusion du Christianisme en Egypte. A part la tradition qui fait de S¹ Marc l'apôtre d'Alexandrie et des environs, les quelques mentions des prédications gnostiques dans plusieurs nomes [1],

---

[1]. Ces renseignements ont été conservés par S¹ Epiphane à propos de Basilide et de Valentin. Cf. E. Amélineau. *Essai sur le Gnosticisme égyptien*, p. 78 ; 167-168. Ils sont confirmés pour Basilide par un parchemin copte dont j'ai une copie en ma possession, œuvre d'un apologiste copte, et qui contient une citation de l'Hérésiologie d'Agrippa Castor réfutant Basilide.

on ne trouve aucun renseignement sur l'établissement de la religion chrétienne dans le bassin du Nil. Pendant trois siècles, si le Christianisme fit quelques progrès en Egypte, ce fut sans bruit et d'une manière latente. Quand on examine froidement les choses, il est facile de comprendre qu'il en devait être ainsi. L'Egypte a toujours haï les étrangers : on reprochait à Amasis d'avoir des mercenaires grecs ; longtemps on ne leur concéda que quelques villes où ils pouvaient exercer leur commerce, comme la Chine le fait encore aujourd'hui. Lorsqu'après la conquête assyrienne, la conquête persane et la conquête grecque, l'antique Egypte fut définitivement asservie, si les étrangers eurent toute liberté d'accès dans le pays, le peuple garda toujours sa défiance contre eux. De particulier à particulier, il put s'établir quelque confiance ; de peuple à peuple, la confiance se refusa toujours. Outre cette première raison, l'Egypte, moins que toute autre contrée, avait besoin de changer de religion. Elle était restée fidèlement attachée à ses antiques rites, aux rêveries religieuses de ses pères ; elle continuait de lire ses livres sacrés, d'user des charmes tout puissants de ses magiciens. Elle avait dans le *Livre des morts* un recueil de préceptes moraux qui ne le cédaient en pureté à aucun autre, pas même à la loi du Sinaï. De plus elle était restée dans son ignorance séculaire, ayant eu des idées élevées, mais n'ayant fait aucun progrès depuis la XXe dynastie. Elle n'avait pas eu ces écoles de philosophie spiritualiste qui, tout en se trompant bien souvent, avaient forcé l'esprit humain à chercher la solution des plus grands problèmes de notre destinée et avaient fait progresser l'humanité. Pour toutes ces raisons, l'Egypte n'avait pas besoin de devenir chrétienne[1].

Si elle le devint, c'est qu'une cause nouvelle se produisit. Cette cause fut la haine vouée à Dioclétien à la suite de la

---

1. Il n'y a eu qu'un très petit nombre de martyrs en Egypte avant **Dioclétien**.

répression sévère dont il usa après la révolte d'Achille. Le caractère froid et positif de cet empereur était l'opposé du caractère égyptien essentiellement imaginatif et prompt. Il n'y avait guère d'entente possible : l'empereur méprisa ce peuple et le peuple égyptien le lui rendit à sa manière, comme j'aurai l'occasion de l'exposer tout au long. Du moment que l'empereur haïssait la nouvelle religion, c'était que cette religion avait du bon, sans doute, car Dioclétien avait le génie du mal ; en tout cas, c'était une bonne manière de lui faire de l'opposition politique. On le fit comme on le pensait. La cruauté de la procédure romaine vint en aide à l'opposition politique. Au lieu que dans les autres pays, on était obligé de pourchasser les chrétiens, de ne les faire appréhender que sur dénonciation, en Égypte on n'eut aucunement cette peine, les chrétiens se présentaient d'eux mêmes au martyre et s'y rendaient comme à une fête. On pourra en juger d'ailleurs au cours de cette étude. Quand la persécution commença, les chrétiens étaient en petit nombre ; des villes entières ne contenaient pas un seul chrétien ; après la persécution le contraire fut vrai. Les campagnes étaient presque entièrement converties, les villes l'étaient en grande majorité. Le spectacle des martyrs avait opéré ce grand changement. Il y eut un engouement universel : on se racontait les prodiges opérés par les martyrs et l'on se convertissait. La légende pour se former n'avait pas besoin d'attendre la mort, elle se formait du vivant même des héros. C'est là un point délicat. En Europe nous ne croyons pas à cette sorte de formation : nous sommes habitués à considérer la question religieuse comme d'un ordre trop élevé pour croire à l'infatuation originelle, aux prestiges et au charlatanisme. Je ne veux pas affirmer qu'il y ait charlatanisme, prestige ou infatuation ; mais je peux affirmer, sans crainte de me tromper, qu'aujourd'hui encore, en Égypte, il se forme des légendes pieuses sur le compte de certains individus que l'on proclame les saints de Dieu sans attendre leur mort : je l'ai vu de mes propres yeux[1].

J'en ai tiré des conclusions qui me semblent justes. La preuve de cet engouement du peuple est sensible : il n'est jamais raconté que dans les campagnes de l'Egypte, il y ait eu, après la persécution, de luttes entre le christianisme triomphant et le paganisme mourant, car le premier avait définitivement vaincu ; au contraire dans les villes, où le clergé païen était resté puissant, où l'élément gréco-égyptien dominait par la richesse, par les connaissances et par l'influence, il y eut des luttes meurtrières à Panopolis, à Antæopolis et à Alexandrie[2]. Schnoudi dans la Haute-Egypte, l'archevêque Théophile à Alexandrie furent les héros de ces luttes sanglantes. Par un triste retour des choses humaines, un demi-siècle ne s'était pas écoulé que les persécuteurs devenaient persécutés à leur tour. On les maltraita même si fort que leurs descendants ont pu pardonner aux Romains et aux Arabes, Mamlouks ou Turcs, mais qu'ils gardent encore toute leur haine pour les empereurs byzantins, leurs séides et leurs coréligionaires latins.

Au fond la haine vouée à Dioclétien est une haine que le temps a rendue poétique. L'examen des *Actes des Martyrs* nous le montrera. Cet examen me semble important et pour l'histoire proprement dite et pour les études religieuses. Il fera suite à l'étude que j'ai publiée sur le *Christianisme chez les anciens coptes*[3]. Pour le faire en toute connaissance de cause, j'ai ramassé tous les documents qu'il m'a été possible de trouver en Europe et en Egypte. J'ai

---

1. J'ai cité des exemples dans l'*Introduction de mes monuments pour servir à l'histoire de l'Egypte chrétienne aux IV⁰ et V⁰ siècles* p. LXXIV⁰ et 499.
2. Cf. E. Amélineau : *Monum. p. serr. à l'hist. de l'Eg. chr. aux IV⁰ et V⁰ s.* p. 110 et seqq. pour ce qui se rapporte à Schnoudi et à Macaire de Tkôou ou Antæopolis. Quant à Théophile, les historiens grecs nous renseignent. — Cf. *Jean Malal. Chron.* col. 499 — *Eutychii annales* tom. I, p. 527 et 519 — *Jean de Nikiou*, p. 450 — Pour le récit des premiers faits cf : E. Amélineau. *Les moines égyptiens*, tom. I : *Histoire de Schnoudi*, p. 293-339.
3. *Revue des religions*, novemb.-déc. 1886, — janvier-février 1887.

traduit tous ces documents et j'en ai tiré les conclusions que je présente aujourd'hui au public en partie, avant de publier les documents eux-mêmes.

Ces documents sont de trois sortes. Ceux de la première catégorie sont coptes; ceux des deux dernières sont arabes. Les documents de la première catégorie se trouvent réunis pour la plus grande partie à Rome, à la bibliothèque vaticane et au musée Borgia de la Propagande; le reste est à la bibliothèque nationale et dans quelques bibliothèques privées de l'Angleterre[1]. A l'exception d'un tiers environ des *Actes* de la vaticane, j'ai copié tout le reste. Les *Actes* memphitiques de la vaticane ont été publiés en partie par M. Hyvernat: cet auteur annonce une préface devant contenir une étude approfondie sur la valeur des *Actes des Martyrs de l'Egypte*; depuis trois ans que cette annonce est faite, rien n'a paru encore, et je risquerais fort d'attendre trois ans, sinon plus, avant que cette étude ne paraisse, puisqu'elle doit faire suite au second volume de textes et que le premier a mis trois ans à paraître. Je ne vois donc pas pourquoi je m'abstiendrais de publier les résultats d'études qui me sont personnelles: ne devant mes conclusions qu'à mes études, j'ai bien le droit de les faire connaître. D'ailleurs j'ai en ma possession trois fois plus d'*Actes de martyrs* que n'en contiennent la bibliothèque vaticane et le musée Borgia. Mon étude sera donc plus complète[2].

Les documents de la seconde série sont arabes, et par là il faut entendre que ce sont des traductions arabes de documents coptes. Il ne semble pas que jusqu'ici on se soit aperçu de cette filiation d'œuvres; je crois avoir été le

---

[1]. Celles de Lord Crawford, Earl of Crawford and Balcarres, et celle de Lord Zouche. Cette dernière ne contient qu'un seul martyr d'ailleurs publié par M. Budge. *Transactions of the Society of Biblical Archæology* 1887.

[2]. Je fournirai ainsi des idées et je rendrai service à M. Hyvernat. Sa publication aurait pu être excellente; malheureusement elle fourmille de fautes et de contre sens. J'aurai l'occasion de faire quelques observations à ce sujet dans la suite de mon travail. Avant d'entreprendre une pareille publication, il faudrait se sentir la force nécessaire; la bonne volonté ne suffit pas.

premier à le démontrer, sinon à m'en apercevoir[1]. Cette démonstration augmente de beaucoup la valeur de ces traductions, car, l'origine une fois admise, il leur faut accorder la même valeur qu'aux ouvrages originaux, en tenant compte toutefois des faiblesses inhérentes à la nature des traducteurs. Malgré ces faiblesses, on s'en peut reposer sur la fidélité des traducteurs coptes ; quoique l'arabe dont ils se sont servis soit une sorte de langue hybride, ils comprenaient leur propre langue et ont su presque toujours rendre ce qu'ils comprenaient. Pour les *Actes des martyrs*, les traductions arabes sont en beaucoup plus grand nombre que les originaux coptes. La bibliothèque nationale de Paris en possède un très grand nombre ; pendant mon séjour en Égypte, j'en ai moi-même recueilli un nombre plus considérable encore. C'est sur tous ces documents que s'appuiera le présent travail.

La troisième série comprend les abrégés de documents coptes qui nous sont parvenus en arabe. Malgré le nombre des originaux et des traductions conservés, il est facile de comprendre que la plupart des ouvrages primitifs ont disparu. Par bonheur ils ont presque tous été conservés dans une œuvre inappréciable en l'espèce, le *Synaxare jacobite*[2]. Cette œuvre a été connue d'un grand nombre de savants ; mais on n'en pouvait soupçonner la valeur, parce que l'on n'avait pu au préalable déterminer la valeur des documents coptes. M. Wüstenfeld en a publié une traduction allemande ; mais sa traduction n'est pas complète pour la raison suivante : il ne s'est servi que d'un seul manuscrit. Or ce manuscrit ne représentait que le synaxare de l'église à laquelle il appartenait. Mais en Égypte comme en Europe, chaque église avait son martyrologe particulier, comme maintenant encore chaque

---

1. Cf. E. Amélineau : *Monuments p. serv. à l'hist. de l'Ég. chr. aux IVe et Ve siècles*. Introduction p. XLVIII et seqq.
2. Cet ouvrage correspond aux ménologes grecs et aux martyrologes latins. On le nomme ainsi parce qu'on le lisait dans les réunions nommées synaxes, du grec συναγω.

diocèse a son *Propre des Saints*, renfermant le plus souvent des saints locaux, régionaux ou nationaux. Les exemplaires des synaxares qui se trouvent dans les collections européennes proviennent d'Alexandrie ou de la Basse-Egypte : j'ai été assez heureux pour en rapporter un triple exemplaire provenant de la Haute-Egypte et contenant une grande quantité de vies de saints qui ne se retrouvent pas dans les autres[1].

Je peux donc, je crois, me servir de cette triple série de documents en toute sûreté de conscience scientifique pour arriver à connaître comment les Coptes ont entendu faire des *Actes de Martyrs*. Je m'en tiendrai aux *Actes* purement égyptiens, auxquels j'ajouterai les Persans pour des raisons que j'expliquerai plus loin. Comme tous sont inconnus ou à peu près, je les ferai connaître et juger, puis j'en tirerai les conclusions qui me sembleront nécessaires. On pourra discuter les conclusions, c'est le droit de tout lecteur ; mais on devra tenir pour certain que la plus petite nuance de mes phrases repose sur un texte. Il n'est pas juste de faire retomber sur moi, comme on l'a fait, le genre d'esprit des Coptes. Si leurs écrits scandalisent, ce n'est pas ma faute ; c'est à eux qu'il faut le reprocher, non à moi. Mon devoir d'historien est de faire connaître les faits, mon droit de les juger. Mes jugements tombent sous la critique, je le répète, mais les faits doivent être admis, si l'on admet mes traductions. Ces traductions sont aussi fidèles que j'ai pu les faire : on peut les mettre en suspicion, mais alors il faut les discuter scientifiquement. D'un autre côté, il est facile de dire que l'on ne doit pas attacher d'importance à de pareilles

---

1. Je ne peux ici démontrer par quelles raisons je suis arrivé à cette conclusion. Je pense bien faire un jour cette démonstration en publiant les documents que j'ai réunis. Je n'ignore pas que la rédaction du synaxare est attribuée à un évêque ; mais cette attribution, d'ailleurs légitime, ne saurait en rien fournir des arguments contre ma manière de voir. L'œuvre de l'évêque fut adoptée, mais amplifiée d'après le procédé même qui avait servi à la composer. C'est ce procédé dont je suis parvenu à me rendre un compte très-exact.

œuvres; mais une semblable réflexion est le contraire de la critique scientifique. Je n'admets pas qu'il y ait deux manières de juger les œuvres historiques, selon qu'elles sont en faveur de nos idées ou qu'elles sont contre nos idées. Les Coptes n'ont sans doute pas compris l'histoire comme nous la comprenons; mais on ne peut nier que, dans leurs ouvrages, ils ne se soient peints eux-mêmes au naturel, qu'ils se connaissent eux-mêmes aussi bien que les Grecs ou les Latins pouvaient les connaître et que, si le jugement qu'ils ont porté, la peinture qu'ils ont faite d'eux-mêmes, diffèrent du jugement ou de la peinture que nous connaissons d'après les auteurs grecs ou latins, ce ne soient ces derniers qu'il faille mettre en suspicion, et non les premiers. La chose paraîtrait toute simple, s'il s'agissait d'un sujet où les idées religieuses ne seraient pas en cause. D'ailleurs les auteurs grecs ou latins savaient parfaitement bien ce qu'ils faisaient : si l'on trouve dans leurs œuvres des jugements qui ne répondent pas à la réalité, c'est qu'ils ont eu soin d'élaguer les faits qui les scandalisaient [1]. Ils ont sans doute eu raison à leur point de vue, mais ce point de vue était faux. Comment ne pourrais-je pas croire des gens qui vous racontent naïvement quelque gros crime comme un acte d'héroïque vertu, qui s'en félicitent et se vantent d'avoir eu des pères aussi vertueux? Si nous jugeons autrement, c'est que la moralité humaine a progressé, et non pas que le crime n'a jamais été commis. Je comprends que l'évidence des conclusions dérange des idées toutes faites et sur lesquels on sommeille tranquillement ; mais ce ne sera jamais pour moi une raison de ne pas faire connaître les faits que me révèlent mes études.

---

[1]. J'ai démontré ce point jusqu'à l'évidence dans l'introduction du second volume de mes *Monuments*, etc., maintenant en cours d'impression et qui comprend les documents ayant trait au cénobitisme pakhômien. Les *Actes* grecs ont passé sous silence une foule de faits; or, tous ces faits ont trait aux mœurs inavouables des cénobites. L'auteur copte n'a pas eu le même scrupule ; il raisonnait autrement que les abréviateurs grecs.

CHAPITRE PREMIER

On a cru jusqu'ici que le premier martyr fut le diacre S¹ Étienne. D'après les Coptes, c'est une profonde erreur. Le premier martyr fut un égyptien, et il mourut pour le Christ alors que celui-ci n'avait que deux ans. On pourrait objecter qu'à ce compte les SS. Innocents précédèrent le martyr égyptien ; mais l'objection n'a aucune valeur, et l'auteur des *Actes* de ce premier martyr a pris soin de faire observer que les enfants de Bethléem furent martyrs contre leur gré, sans avoir conscience de la confession qu'ils faisaient, tandis que le martyr égyptien était un homme dans toute la force de l'âge, ayant toute sa raison et sachant parfaitement à quoi il s'exposait en confessant Jésus le Messie.

Ce bienheureux homme se nomma Eudémon : il naquit à Erment (Hermonthis). Un jour, ses amis et lui étaient tranquillement assis dans sa maison, buvant et se racontant les nouvelles. L'un parla de l'arrivée à Eschmounein (Hermopolis) d'une femme ayant un petit enfant semblable aux enfants des rois ; un autre fit réflexion que si ce petit enfant était venu en Égypte, évidemment le culte des idoles allait cesser. Quand ses amis furent partis, Eudémon, curieux de savoir ce qu'il en était, sella sa monture et se rendit à Eschmouneïn. A son arrivée l'enfant Jésus lui sourit et lui dit : « Bonjour, Eudémon ! tu t'es donné la peine de venir jusqu'ici pour me voir, à mon tour j'irai habiter chez toi pour l'éternité. » — Le brave Eudémon répondit : « Mon Seigneur, je ne demande pas mieux que tu viennes habiter chez moi et je serai ton serviteur à jamais ! » L'homme n'avait pas compris la parole de l'enfant : celui-ci lui expliqua plus clairement qu'il s'agissait simplement de mourir pour lui et il ajouta : « Ne crains rien, car je te prendrai chez moi, dans mon royaume, au séjour de la joie durable, et tu seras le premier des martyrs ! » Eudémon, bien content, se prosterna devant le Messie, prit congé et s'en retourna chez lui. Dès qu'il fut de retour à Erment, le bruit se répandit dans tout le pays qu'il était allé voir Jésus le Messie ; les habitants pleins d'horreur à cette nouvelle coururent à lui et lui demandèrent si le bruit avait quelque fondement. Il ne nia point et confessa sa visite. Aussitôt les idolâtres le percèrent de leurs épées. C'est ainsi qu'Eudémon fut le premier martyr, et, comme à la fin de l'idolâtrie, trois siècles plus tard, sa maison fut convertie en église, la prédiction de l'enfant Jésus eut un accomplissement tardif, il est vrai, mais réel [1].

Pour un Égyptien, il n'était pas possible que l'Égypte, qui avait donné asile au Messie persécuté dès son enfance, n'eût pas fourni le premier martyr de sa divinité. Malgré cette précocité de dévouement, la terre d'Égypte ne compte plus d'autres martyrs jusqu'au règne de Dèce [2]. Du règne de ce roi « impie, l'ennemi de Dieu, qui organisa une terrible persécution contre les chrétiens et mit en exécution la loi des païens impurs, afin de rechercher les chrétiens, qui versa le sang d'un grand nombre de saints, recherchant partout ceux qui adoraient le vrai Dieu [3], » le synaxare copte a conservé les

---

1. *Synaxare*, 8 Mésoré.
2. Le synaxare mentionne cependant un martyre sous le règne de Hadrien ; mais ce martyre fut Phocas, évêque de la ville de Pont et disciple de St Jean l'Évangéliste (10 Touba).
3. *Chronique de Jean de Nikiou* p. 514. — (Not. et Ext. des Mss. tome XXIV, partie orientale).

noms de sept martyrs dont deux seulement sont Egyptiens.

En un même jour, quatre frères, Maxime, Diomède, Cetros et Philippe, originaires de la province d'Afrique[1], furent martyrs et souffrirent divers genres de tourments. Leurs *actes* ne renferment rien que d'ordinaire. Les deux Egyptiens étaient tous deux habitants d'Alexandrie, l'un était le patriarche Démétrius, et l'autre un vieillard, nommé Matra. Le patriarche fut arrêté pour avoir volé le bras de la statue d'or d'Apollon, l'avoir coupé en morceaux et avoir distribué les morceaux aux pauvres. Lorsqu'on se fut aperçu de la disparition du bras divin, on arrêta un grand nombre de coupables et le patriarche, pour ne pas faire condamner des innocents, alla se dénoncer. On le jeta dans une fournaise de feu et le Seigneur le sauva ; on le cloua sur un morceau de bois et l'ange du Seigneur[2] le délivra ; un aveugle recouvra la vue en se frottant les yeux avec le sang du martyr ; finalement on lui trancha la tête d'un coup d'épée[3]. Le second martyr qui fit sa confession, avec une foule d'autres martyrs, était aussi originaire d'Alexandrie. Lorsque Dèce eut édicté la persécution, le résumé du synaxare dit qu'il renouvela le culte des idoles[4] et tyrannisa les chrétiens. Ses ordres étant arrivés au port d'Alexandrie, on apprit au gouverneur que le vieillard Matra était chrétien ; le vali[5] fit tous ses efforts pour le faire renoncer à la religion chrétienne ; ce fut peine inutile, le vieillard lui répondit par les termes mêmes du concile de Nicée et lui assura que le Messie était *vrai Dieu de vrai Dieu*, tandis que les idoles étaient faites de

---

1. Les Coptes ont toujours compris sous cette dénomination la province romaine de Mauritanie. — *Synaxare*, 1er Hator.
2. Sur le rôle de cet *ange du Seigneur* dans les œuvres coptes, voir E. Amélineau. *Le Christianisme des Anciens Coptes* (Rev. des Rel. t. XV p. 57.)
3. *Synaxare*, 10 Mésoré.
4. On voit par là qu'aux yeux du rédacteur de ces *Actes* le Christianisme était établi dans le monde entier officiellement. La conséquence est que les *Actes* sont postérieurs à cet établissement.
5. C'est le terme arabe qui revient à chaque instant dans le *Synaxare* pour désigner les gouverneurs.

main d'homme, ne voyaient ni n'entendaient. Le vali furieux lui fit trancher la tête hors de la ville [1].

Ces martyrs sont de peu d'importance : le dernier au contraire est celui d'un saint qui jouit d'une immense vogue en Egypte, je veux parler de Mercorios, (S¹ Mercure). Les écrivains coptes ont eu tant de confiance en lui qu'ils l'ont chargé de lancer le trait céleste qui tua Julien l'Apostat dans sa campagne contre les Perses [2]. Mercorios ouvre la série des grands capitaines qui préfèrent les rangs de la milice céleste à ceux des armées terrestres ; il était étranger, comme le furent tous ses semblables. L'Egypte pouvait fournir des recrues, mais plus de général. S¹ Mercure naquit à Rome. Son père et toute sa famille aimaient passionnément la chasse aux bêtes sauvages. Un jour que son grand père et son père se livraient à cet exercice, ils rencontrèrent, près de la ville, des Cynocéphales antropophages qui mangèrent son grand père ; ils manifestaient aussi l'intention de manger son père, mais ils furent arrêtés par *l'ange du Seigneur* qui les en empêcha, en les assurant que de cet homme naîtrait un *fruit de beauté*. Comme cette assurance n'eut sans doute pas suffi aux Cynocéphales, l'ange les entoura d'un cercle de feu [3]. Ce cercle de feu les gênant, ils en sortirent pour se prosterner aux pieds du père du futur Mercorios, ils promirent de se convertir. En effet, ils se défirent de leur caractère sauvage, devinrent doux comme des moutons, suivirent les chasseurs à la ville et furent baptisés. Sur ces entrefaites naquit le saint, que l'on nomma d'abord Philopater. Les Cynocéphales restèrent au service de son père jusqu'à ce qu'il eût atteint l'âge de se faire soldat : alors ils l'accompagnèrent

---

1. *Synaxare*, 8 Baba.
2. *Chronique de Jean de Nikiou*, loc. cit. p. 139. « Pendant que cet impie se disposait à attaquer les Perses, le châtiment envoyé par N. S. J. C. vint l'atteindre, et il fut tué par la main de son serviteur, le martyr Mercorios.
3. On voit qu'il n'y a pas que la Walkyrie du cycle des Niebelung qui était enfermée dans un cercle de feu. Les Egyptiens étaient d'aussi habiles incantateurs que Wotan. Cet épisode des Cynocéphales baptisés montre aussi que la mention du Cynocéphale sur laquelle j'ai attiré l'attention n'est pas isolée. — *Christ. des anc. coptes*, loc. cit. p. 54.

à la guerre et lui rendirent les plus grands services. En effet, à la prière du saint, ils recouvraient leur première nature et dévoraient les ennemis de leur maître ; le combat fini, ils redevenaient civilisés. Avec de pareils auxiliaires, Mercure remporta les succès les plus signalés : les ennemis étaient si épouvantés de voir des hommes à visage de cynocéphale, car les Cynocéphales avaient conservé leur visage naturel, qu'ils perdaient complètement courage et lâchaient pied pour ne pas être mangés. Après la campagne, les Cynocéphales ne pouvant plus rendre service au saint moururent d'une belle mort, et les habitants décernèrent à l'envi au général Philopater le nom de Mercorios, en raison de ses succès[1]. Cependant les barbares se révoltèrent contre le roi Dèce, le roi marcha à leur rencontre ; mais, en les voyant nombreux comme les sables de la mer, son cœur défaillit. Mercure lui dit : « N'aie pas peur, nous serons victorieux ! » Un ange lui apparut, lui remit une épée à deux tranchants, lui assurant la victoire et lui recommandant de confesser son Dieu après la défaite des ennemis. Muni de cette arme divine, Mercure marcha aux ennemis et les mit dans la plus complète déroute. Le roi voulut remercier les dieux en leur offrant du lait ; Mercure refusa de sacrifier, défit son ceinturon, le lança à la tête du roi, dépouilla ses habits et confessa le Christ. Le roi, tout étonné de ce changement, voulut le persuader, se mit en colère en voyant qu'il ne réussissait pas, le fit fouetter et, par crainte de la multitude, l'envoya à Césarée pour y avoir la tête tranchée[2].

Tirerai-je une conclusion exagérée de ce qui précède en disant qu'un pays qui, pendant une « horrible persécution », ne fournit que deux martyrs ne devait pas être un pays où le Christianisme fut très répandu ? On aura observé aussi que Démétrius l'archevêque et le vieillard Matra étaient d'Alexan-

---

1. Cette raison est donnée par les Coptes ; on voit que les écrivains n'entendaient pas tous très bien le grec.
2. Synaxare, 25, Hator.

drie. Ce premier examen confirme donc ce que j'ai écrit en commençant. Je ne fais pas remarquer ici les impossibilités que renferment les récits de ces deux martyres : il me suffira de dire que ces premiers spécimens d'*Actes de martyrs* portent le cachet de toutes les œuvres coptes de ce genre de littérature.

CHAPITRE II

Avec la persécution de Dioclétien, le nombre des martyrs et de leurs *Actes* devient tellement grand qu'il semble presque fabuleux au premier coup d'œil. Et, en écrivant ce mot de *fabuleux*, je ne pense pas aux romans de pure imagination auxquels l'on a donné la forme *d'Actes des Martyrs*, je pense aux martyrs qui semblent bien avoir existé, avoir souffert et être morts réellement. Mais dès le commencement j'avoue qu'il est assez difficile de reconnaître ceux qui ont vraiment existé de ceux qui ne doivent leur existence qu'à l'imagination des scribes égyptiens. Ce que j'aurai à dire sur l'époque à laquelle furent composés ces *Actes*, j'emploie le mot parce qu'il est d'usage courant et consacré, et les raisons qui donnèrent tant de vogue à ce genre littéraire, montrera surabondamment que cet embarras est bien réel et non fictif. En outre, la matière est d'une abondance tellement touffue qu'il n'est possible d'y mettre un peu d'ordre qu'en élaguant un nombre considérable de petits sujets. Il y a un martyr presque à chaque jour de l'année, quand il n'y en a pas trois ou quatre. Il faut donc nécessairement se borner et trouver une division qui contente l'esprit, si elle ne correspond pas exactement aux faits en eux-mêmes, car ces faits s'entrecroisent tellement qu'ils se mélangent les uns aux autres et forment un fouillis presque inextricable. J'adopterai donc, pour les martyrs égyptiens auxquels j'attribue la réalité, une réalité presque fantastique, il est vrai, l'ordre géographique et je passerai en revue, tour à tour, les héros de la Basse et de la Haute Egypte.

Cette division est assez commode, car il est ainsi permis de ranger les martyrs autour de leurs persécuteurs les plus célèbres. A ce propos, je devrais tout d'abord présenter à mes lecteurs le Dioclétien tel que l'ont façonné les auteurs coptes ; mais ce Dioclétien est du domaine de la légende pure, et, à ce titre, je le réserve pour le cycle des romans où il joue un grand rôle. De même Maximien, quoiqu'il voyage en Egypte et s'occupe beaucoup de certains martyrs, n'est qu'un personnage réellement secondaire. Les personnages principaux, ceux qui se mêlent si intimement au drame que sans eux le drame n'existerait pas, ou serait tellement différent qu'il y aurait substitution d'existence, ce sont les gouverneurs de la Basse et de la Haute Egypte, Arménius et Arien, auxquels il faut joindre quelques valis [1] ou gouverneurs de district, comme Culcien, Publius et certains autres que nous rencontrerons en chemin. Ce sont eux les véritables premiers sujets du drame qui commence et, pour que nous n'en ignorions, les auteurs coptes se sont chargés de nous les faire connaître, eux et leurs familles.

A tout seigneur, tout honneur. Arien était gouverneur d'Antinoë et présidait au gouvernement de toute la province de Thébaïde. Cette province allait depuis les pyramides jusqu'à la ville de Syène, l'Assouan actuelle. Il avait sous ses ordres plusieurs gouverneurs particuliers et un gouverneur dont la juridiction s'étendait sur plusieurs nomes, Culcien. C'est du moins ce qu'on est en droit de conclure de la prérogative qui est dévolue à Arien sur ce territoire, tandis

---

[1]. Ce mot est le synonyme de gouverneur. Il est continuellement employé dans les traductions arabes. Il se dit tout aussi bien des gouverneurs généraux que des gouverneurs de district ; cependant, dans le premier cas il est souvent remplacé par émir.

qu'au contraire lorsqu'il se trouve devant le gouverneur d'Alexandrie, il n'occupe plus, évidemment, que la seconde place.

Son histoire était fort connue et les Coptes n'ont pas manqué de la raconter. Il était arrivé un jour déguisé, on ne sait trop pourquoi, dans la ville d'Antinoë. Il n'était pas encore gouverneur général de la Thébaïde ; peut-être s'était-il rendu à Antinoë pour faire le commerce, ou voyager pour son agrément. Quoi qu'il en soit, il se logea chez l'évêque de la ville, nommé Abadion, homme d'une grande vertu, qui avait un beau garçon, auquel il avait appris la sagesse, la philosophie, les sciences et la médecine[1]. Le fils de l'évêque, nommé Philippe, devenu fort savant, avait un ami auquel il apprenait la médecine : c'était le fils d'un émir nommé Héraclamon, gouverneur d'Antinoë et qui lui-même avait nom Coluthus, nom destiné à une immense célébrité chez les chrétiens d'Égypte. Les deux amis étaient beaux, soignaient les malades pour rien, opéraient des cures miraculeuses. Arien, en voyant leur beauté, les aima et chercha de se marier avec la sœur de Coluthus. Il réussit en son désir et l'évêque bénit le mariage ; puis, l'évêque consacra Coluthus prêtre en lui prophétisant qu'il serait martyr de la main d'Arien, ce qui ne semblait guère probable. Sur ces entrefaites eut lieu l'apostasie de Dioclétien. L'empereur envoya chercher Arien qui se cacha ; il promit alors dix *rotolis*[2] de pièces d'or à quiconque lui amènerait le vali. Arien lui épargna la peine de le faire chercher davantage et se livra lui-même ; il vit que l'empereur adorait les idoles : pour lui plaire, il fit comme l'empereur et pour sa récompense il fut nommé gouverneur général du pays d'Égypte[3] !

1. Je ne sais si le scribe qui a écrit ce *martyre* attachait un sens bien spécifique à ces expressions, mais il n'est pas, aujourd'hui, facile de bien spécifier ce sens.
2. Le rotoli valant 444 grammes, les dix forment un lingot de 4 k. 440 grammes.
3. Il faut entendre seulement la Haute Égypte. C'est là une de ces exagérations coutumières aux écrivains coptes.

L'empereur lui donna les ordres les plus sévères au sujet des chrétiens, lui prescrivant de n'avoir pitié ni du vieillard en raison de sa vieillesse, ni du jeune homme en raison de sa jeunesse, et de couper la tête à tous ceux qui n'adoreraient pas les dieux du roi. Afin que ces dieux fussent bien authentiques, Dioclétien en remit une collection énorme à Arien qui devait la promener par tout son gouvernement. Arien partit pour l'Égypte et, à son arrivée, les villes tremblèrent et tout le pays d'Égypte fut dans la terreur. De ville en ville et de village en village, Arien remonta le Nil jusqu'à Antinoë. Le bruit de son retour, de son apostasie et de sa nouvelle dignité l'y avait précédé : personne ne sortit à sa rencontre et sa femme, pour ne pas le voir, se cacha. L'ayant cherchée sans la trouver, il fit venir l'évêque et lui dit : « Rassemble les chrétiens afin qu'ils entendent lire l'ordre du roi et adorent les dieux. » — L'évêque lui répondit : « Apprends moi ce que tu as gagné auprès du roi ! Tu es parti en ami, tu reviens en ennemi; tu es parti comme un homme et tu es retourné comme un animal vorace. » — Arien reprit : « Les gens du Sahid ont le cœur dur; c'est pourquoi l'on m'a envoyé pour les punir et leur faire adorer les dieux. » — L'évêque répondit de nouveau : « Prends garde à ces idoles[1]; si on te les vole, on les vendra. » — L'évêque, voyant qu'il n'en pourrait rien tirer, le quitta et se rendit à l'église où il rassembla tout son peuple et lui apprit ce qui était advenu d'Arien. Il ajouta : « O mes enfants bien-aimés, le temps de notre séparation est arrivé. » — Le peuple entier fondit en larmes et s'écria : « C'est toi qui nous as instruits ainsi que nos enfants, prie le Seigneur de ne pas nous séparer dans le royaume céleste. Nous sommes prêts à mourir de la même mort que toi[2]. »

1. Le texte fait dire *les idoles* sans souci de la convenance du style : ce n'est qu'une peccadille.
2. Ces sortes de discours sont la peinture exacte de ce qui s'est toujours passé en Égypte. Les textes hiéroglyphiques contiennent de semblables allocutions du roi aux dieux ou des scribes aux rois ; on a souvent dit que c'était là de la paraphrase et que les scribes avaient donné libre carrière à leur verve. C'est une erreur : tous ces discours se prononçaient autrefois comme

Les voyant si bien disposés, l'évêque les conduisit au gouverneur et ils s'écrièrent : « Nous tous, nous confessons le Seigneur le Messie, roi du ciel et de la terre. » Arien se mit en colère et ordonna de leur couper la tête : le sang coulait comme de l'eau dans les rues, et, dans les airs, les Anges recevaient les âmes des martyrs, les ceignaient de la couronne de victoire et les faisaient monter aux cieux. C'est ainsi que le gouverneur Arien fit son entrée dans la carrière de la persécution.

Il n'y a personne qui ne voie au premier abord combien tout ce récit est romanesque, combien il est éloigné de la vérité et du vraisemblable. Cependant c'est l'un des plus vraisemblables de ceux que je regarde comme ayant eu un fond de réalité suffisante pour qu'on y puisse découvrir le minime *substratum* de vérité qui s'y trouve. Ici, il est vraisemblable et sans doute vrai qu'il y eut des martyrs à Antinoë et que l'un de ces martyrs fut l'évêque de la ville, qu'un autre fut sans doute ce Coluthus qu'on fit le beau frère d'Arien. Mais je dois poursuivre cette histoire en laissant momentanément de côté l'évêque Abadion.

A côté du martyr d'Abadion existe celui de Coluthus, et ils sont loin d'être d'accord sur tous les points. Tout d'abord, le gouverneur Héraklamon est si vieux qu'il demande au roi de l'exempter du gouvernement et que le roi lui donne Arien pour successeur. Il n'est pas question du voyage d'Arien près de Dioclétien, ni de son terrible retour, ni de la fuite de sa femme, sœur de Coluthus. Bien que le gouverneur pour-

---

ils se prononcent encore aujourd'hui. C'étaient des formules de politesse. A moi-même, qui n'ai jamais été et qui ne me suis jamais donné comme un bien grand personnage, que de fois ne m'a-t-on pas dit : « Que ton arrivée parmi nous soit la bienvenue ! Tu nous honores et tu nous glorifies ! Tu es la lumière de nos yeux ! Notre pauvreté est au service de ta Seigneurie, nous sommes tes serviteurs pour faire tout ce que tu voudras. Ton amitié est la joie de nos cœurs, etc. » Et tout cela fort sérieusement. J'avoue que les premières fois je fus fort étonné, mais je m'habituai à ces belles phrases qui font plaisir à l'oreille et je n'y attachai d'autre sens que celui qui y attachaient mes interlocuteurs, c'est-à-dire aucun. C'est une bonne chose que d'avoir des formules qui remplissent bien la bouche sans engager autrement celui qui les prononce.

suive son beau-frère, c'est celui-ci qui va le trouver et au milieu d'une assemblée l'injurie, lui, son empereur et ses dieux. Arien n'osa rien lui faire, mais il l'envoya à Behnésa où on le garda en prison pendant trois ans; la sœur du martyr réussit même à le faire élargir et ce ne fut qu'un autre gouverneur qui, n'ayant pas à respecter les mêmes liens de parenté et ayant eu ses exhortations méprisées, lui fit trancher la tête après l'avoir tourmenté de divers supplices.

Il faut avouer que ce second Arien n'est pas si farouche que le premier, qu'il n'est pas aussi dénué de tout sentiment d'humanité que nous l'aurions pu supposer d'abord; mais il faut avouer aussi que l'auteur du second martyre n'avait pas les mêmes aptitudes littéraires que le premier. Cependant, de quelque manière qu'Arien ait été nommé gouverneur de la Haute Egypte et qu'elle qu'ait été sa conduite envers les membres de sa famille, la vérité exige de dire que Dioclétien avait eu la main heureuse en lui conférant la dignité de vali pour tout le Sa'id. Arien pensait évidemment que les naturels de la Haute Egypte avaient la tête dure et qu'il fallait les corriger. Il prit sa charge au sérieux et ne s'épargna pas. A chaque instant, les *martyres* nous le représentent parcourant son gouvernement du nord au sud et du sud au nord; il est partout, à Akhmîm, à Louqsor, à Esneh, à Assouan, à Antinoë, à Alexandrie, jusque dans les plus petites villes et les moindres villages. Il devait considérer les chrétiens comme les gens les plus rebelles de son gouvernement, et, si l'on ajoutait foi aux *Actes* des martyrs, il faudrait avouer qu'il aurait assez eu de raisons pour penser de la sorte. Cependant de même que, malgré ses voyages incessants, il se trouve toujours à Antinoë lorsque quelque martyr se présente, de même, malgré sa faveur à chaque instant renouvelée, il est bon vivant, a le mot pour rire, se montre rempli de pitié et ne fait torturer les chrétiens qu'à son corps défendant. Il en résulte que sa figure est à peu près insaisissable et que l'on ne peut presque jamais être sûr qu'on ne se trouve pas en présence de purs romans.

Aussi le plus sûr moyen de savoir ce qui dut se passer en ces temps troublés est de considérer ce qui se passe encore aujourd'hui. Malgré la division des gouvernements, il faut assez souvent encore que les moudirs se déplacent, quittent le chef-lieu de leur gouvernement et se rendent, en personne, dans les localités où on leur a signalé des désordres ou un refus, par trop énorme, de payer l'impôt. En outre, il y a de temps en temps des inspections générales et le moudir est obligé d'aller faire son rapport au Caire. Cette conduite devait être obligatoire pour Arien au moment où l'on sortait d'une révolte, où la Haute Egypte en particulier était sans cesse en butte aux incursions des nomades, Blemmyes ou autres, et où la question politique se compliquait de la question religieuse. Le long du fleuve étaient échelonnées des stations militaires, des *châteaux*, comme disent les traductions arabes, au fond des *castrum*; le gouverneur général devait les inspecter, veiller à leur approvisionnement, veiller aussi à la rentrée des impôts, à exercer la justice autant qu'il le pouvait en ce singulier pays; par conséquent il lui fallait souvent être en voyage. La seule route utilisable, alors comme aujourd'hui, était le fleuve. Le gouverneur voyageait dans une *dahabieh* pompeusement ornée, suivi de toute sa maison militaire et civile, même de personnes qui lui étaient simplement utiles et non nécessaires. C'était toute une flotille et quiconque connaît l'Egypte se représente exactement ce qui se passait. Ces voyages étaient le plus souvent fort longs; le vent n'était pas toujours bon, à la rame on n'avance que lentement, à la cordelle il n'est pas toujours possible de faire avancer les barques à cause des bancs de sable. Il ne fallait pas être pressé. Mais il fait si bon de naviguer sur les eaux du Nil! les gens, toujours de bonne humeur, chantaient leurs chansons séculaires, jouaient de la flute, faisaient résonner les cymbales et les tambours, et la journée passait comme un rêve. Le soir on abordait à une petite anse, près d'un gros bourg, ou dans une ville, et l'on y passait la nuit à dormir ou dans les plaisirs que l'Egypte a toujours prodigués à qui les voulait prendre. Les étapes étaient toujours les mêmes, et pour le gouverneur elles étaient nécessairement indiquées par la distribution géographique des stations militaires, à la tête des routes qui commandaient le trafic avec la mer Rouge ou les oasis, près des villes exposées aux incursions et partout où le service de l'administration impériale l'exigeait. La preuve, et une preuve évidente qu'il en fut ainsi, c'est que toutes les scènes que je viens d'énumérer se retrouvent dans les actes des martyrs ayant trait à la Haute Egypte. Il y en avait même quelques autres de plus : le gouverneur traînait après lui quelque chrétien qu'il espérait toujours de fléchir ou qu'il voulait montrer comme une preuve vivante de sa sévérité, afin de faire peur à ceux qui seraient tentés de les imiter ; de temps à autre, on lui faisait endurer quelque petit supplice : le gouverneur faisait dresser son tribunal, apporter ses dieux qui le suivaient toujours, interrogeait le chrétien, le torturait et quand il en avait assez lui faisait trancher la tête. La chose allait le plus simplement du monde quelquefois ; d'autrefois elle souffrait plus de difficultés, il y avait révolte et alors massacre général. D'autres fois encore, s'il fallait ajouter foi aux récits coptes, il y aurait eu des mésaventures aussi comiques que soudaines, où le pauvre gouverneur se voyait bien attrapé : toutes ses barques restaient au milieu du fleuve sans pouvoir avancer ou reculer, ou bien il préparait des festins et ne pouvait les manger. Ce sont ces petits épisodes qui égaient le récit. Et maintenant les documents vont prouver qu'il en fut bien ainsi.

Tout d'abord, il semble bien que les soldats chrétiens furent les premières victimes de la persécution : les récits de leurs martyres forment une portion considérable des *Actes des martyrs d'Egypte*. Le premier qui ouvre la liste est Victor d'Assiout. Il était soldat au château de Schou, quoiqu'il n'eut que douze ans, dit le texte[1]. Lorsque l'édit de Dioclétien eut été promulgué, où l'empereur ordonnait de faire un sacrifice à ses dieux, le jeune soldat s'exempta du sacrifice. C'était une grave infraction à la discipline militaire. Le commandant de la station lui parla avec douceur, l'encourageant à obéir; mais, comme il ne put rien obtenir, il le fit mettre en prison. Les parents du jeune homme, ayant appris la confession de leur fils, vinrent l'encourager à persister dans son dessein. Une seconde tentative du commandant ne réussit pas mieux que la première. Il écrivit alors au gouverneur d'Assiout et fit mener Victor jusqu'à cette ville par une escorte de soldats. Le gouverneur essaya à son tour de la persuasion, il promit au jeune homme d'écrire au roi à son sujet et d'en obtenir pour lui le gouvernement d'une ville, s'il voulait lui obéir. Le jeune homme lui répondit : « Le royaume de ce monde est périssable, l'or se ternit, les vêtements s'usent, la beauté du corps se flétrit, périt et se consume dans le tombeau ; il ne m'est pas permis d'abandonner le Seigneur Jésus le Messie, le créateur du ciel et de la terre, celui qui nourrit tous les êtres corporels, pour adorer des idoles de pierre en lesquelles habite Iblis[2]. » Le gouverneur le fit mettre à la question, puis on l'attacha à la queue des chevaux et on le traîna jusqu'à un village nommé Ibsidia. Là, on lui proposa de nouveau d'adorer les idoles ; et il refusa. Le gouverneur *écrivit* alors sa sentence et le condamna à être jeté dans le four à bains du village de Mousha, un peu à l'est du village d'Ibsidia. On l'y conduisit. L'ange du Seigneur lui apparut quand il eut fait sa prière, après en avoir demandé la permission aux soldats. Cet ange lui promit les biens éternels du royaume des cieux, un siège au festin des mille ans, aide et assistance à tous ceux qui, se trouvant incapables de payer une dette ou en péril sur le fleuve, invoqueraient le Seigneur par

---

1. Il y a peut-être erreur ; mais peut-être aussi que le jeune Victor n'était qu'un domestique de Légionnaire ou simplement une jeune recrue.
2. C'est le nom arabe du diable employé par le traducteur.

son intercession. Celui qui écrirait son martyre aurait son nom écrit au livre de vie. Ainsi rassuré, Victor se retourna vers les soldats et leur dit : « Achevez ce que vous avez reçu l'ordre de faire ! » Et en effet les soldats achevèrent ce qu'ils avaient reçu l'ordre de faire, ils le lièrent et le jetèrent dans le four. C'est ainsi qu'il acheva sa belle passion et son heureux martyre, qu'il obtint la couronne dans le royaume des cieux [1].

Ce martyre avait lieu tout près d'Antinoë, mais non par l'ordre même du gouverneur Arien. Un fait semblable se produisit à l'extrémité nord de son gouvernement, en la ville de la *vieille Egypte* [2]. Le soldat se nommait Timothée et, dit le texte, il était soldat d'Arien. Quand on promulgua le décret par lequel Dioclétien ordonnait de faire acte de latrie aux idoles, Timothée s'élança au milieu de la foule, se saisit du décret et le déchira en s'écriant : « Il n'y a point d'autre Dieu que Jésus le Messie, fils du Dieu vivant ! [3] » A cette vue, le vali s'élança de son côté, saisit le téméraire aux cheveux, le renversa à terre et ordonna de lui donner la bastonnade. Après la bastonnade, on le soumit à la torture. En souffrant ce second supplice, le martyr s'écria : « O mon Seigneur Jésus le Messie, prête-moi secours ! » Et le Seigneur, voyant sa vaillance, envoya son ange qui le guérit. Le martyr se représenta devant le vali en disant : « Il n'y a point d'autre Dieu que Jésus le Messie ! » Et le vali recommença de le tourmenter consciencieusement ; puis il le fit cuire dans une chaudière jusqu'à ce que « sa chair fût devenue comme de l'eau liquide ; » après quoi il en fit jeter le résidu hors de la ville. Mais le Seigneur le ressuscita, le saint retourna vers le vali, un grand nombre de spectateurs se convertirent et le vali se détermina à lui faire trancher la tête [4].

Il est incertain ici si Arien présida au supplice de Timothée ;

---

1. *Synaxare*, 5 Kihak.
2. Le texte dit : Masr el Qadimah, et qu'on traduit ordinairement par vieux Caire.
3. On peut rapprocher ce fait de ce raconte Eusèbe, *Hist. eccl.*, du chrétien qui, la nuit, lacéra l'édit impérial.
4. *Synaxare*, 21 Kihak.

mais le martyr souffrit bien dans son gouvernement. En revanche il fût mêlé à la « passion glorieuse » du soldat Abiskhîroun de Qallin. Abiskhîroun n'osa pas déchirer le décret impérial, il se contenta, quand on en fit lecture, d'injurier le roi et ses idoles. Comme il était militaire, on n'eut pas le courage de le tourmenter, on l'enferma dans le château du vali en attendant que celui-ci vînt du côté d'Assiout, et, le vali étant arrivé dans cette ville, on le lui envoya. Cinq autres soldats résolurent d'imiter Abiskhîroun; ils se nommaient: Oualifados, Armosios, Ezéchias, Pierre et Qaranioun. Ils se présentèrent devant le vali et confessèrent le nom du Messie. Le gouverneur leur fit couper leurs ceinturons et les soumit à la torture; puis, comme c'étaient de petits personnages, pour l'auteur, en comparaison d'Abiskhîroun, véritable héros du récit, on les eut vite dépêchés: on crucifia l'un, on coupa la tête aux quatre autres. Quant à Abiskhîroun, ce fut autre chose: on lui donna la bastonnade, on lui écorcha la tête jusqu'au cou, on le traîna par toute la ville attaché à la queue d'un cheval, on l'enferma dans une jarre de plomb qu'on ferma, on lui donna la question, on le jeta dans une fournaise; mais rien n'y fit, le martyr sortait plus vigoureux de tous ces supplices, car, « l'ange du Seigneur venait, le guérissait et le fortifiait[1]. » Le cas devint embarrassant. Le vali se détermina alors à faire venir un magicien, nommé Alexandre, « qui prétendait enchanter le soleil et la lune, monter dans le ciel et parler aux étoiles. » Ce magicien ordonna de fermer la porte du *hammam* et de l'arroser; il prit un serpent, lui parla et le serpent se divisa de lui-même en deux parties. Alexandre en fit cuire le venin et le foie dans une tasse d'airain et, avec ce spécifique, il se rendit vers le saint. Il le fit entrer dans le *hammam* et lui donna à manger

---

1. Il n'est pas dit que cet Ange ressuscita le martyr; mais la chose est bien vraisemblable. Dans sa jarre de plomb Abiskhîroun dut étouffer. Cependant les soldats qui prirent Joppé sous le règne de Touthmès III n'étouffèrent pas dans leurs jarres, ni les quarante voleurs d'Ali-Baba. Un pareil rapprochement n'est pas irrespectueux: il s'impose, car évidemment nous sommes en pleine imagination.

de sa mixture en disant : « O prince des Satans, opère ta vertu en ce chrétien ! » Mais le prince des Satans n'opéra point sa vertu et le magicien fut fort étonné. Abiskhîroun lui dit : « Le Satan, auquel tu as demandé secours et qui ne t'a pas donné le succès, va te tourmenter par la force de Mon Seigneur Jésus le Messie ! » Et, en effet, le Satan se saisit aussitôt du pauvre magicien, le jeta à terre et le tourmenta jusqu'à ce que le malheureux eût confessé le Messie : pour son salaire, le vali lui fit couper la tête. On recommença de retourmenter Abiskhîroun ; entre autres choses, on lui coupa les testicules. Le martyre s'acheva, selon une règle qui ne se dément presque jamais, par la décapitation[1].

On aura observé que la plupart des noms de soldats sont grecs ou étrangers. Cette circonstance justifie, ce me semble, ce que j'ai dit en commençant sur la manière dont le Christianisme s'était infiltré en Egypte. L'examen des voyages d'Arien dans la Thébaïde va mieux démontrer encore les conclusions que j'ai tirées de mes études.

Pour les auteurs coptes, les voyages d'Arien dans son gouvernement n'eurent point pour cause l'inspection des postes militaires et la police de sa province ; ces raisons eussent été indignes de figurer dans les *Actes* de martyrs. Si Arien remonta et descendit incessamment le Nil, ce fut pour savoir si vraiment l'évêque Abadion d'Antinoë, que nous connaissons déjà, lui avait dit la vérité en lui affirmant que le saint Psoti, évêque de Ptolémaïs, avait fort mal jugé Dioclétien, quand celui-ci s'appelait Aghrabida et qu'il était simple gardeur de chèvres chez le père de Psoti[2]. La question était assez importante pour qu'elle fût tranchée le plus vite possible. Arien fit préparer sa barque et sa suite, il partit pour Ptolémaïs avec Abadion, à l'effet d'interroger Psoti. On voyagea par petites journées, comme je l'ai dit, et la première

---

1. *Synaxare*, 1 Emschir.
2. La légende de Dioclétien apparaît déjà ; il est impossible de la séparer des œuvres qui ne sont pas purement imaginaires.

station fut Assiout. Le vali y trouva Abiskhîroun et le traita comme nous l'avons vu; les *Actes* d'Abadion nous apprennent en outre que « tous ceux qui étaient dans la ville confessèrent le nom du Messie, on leur coupa la tête et ils obtinrent les couronnes dans le royaume des cieux. » Tout en naviguant, Arien visitait les villes et les villages, ne se montrant pas aussi pressé d'arriver à Ptolémaïs pour interroger Psoti que l'auteur copte a bien voulu nous le dire[1]. A sa suite il nous faut remonter le Nil, nous arrêter en chaque ville où il s'arrête et suivre, sur ses traces, le développement du Christianisme dans la Haute Egypte. Pour plus de commodité il ne sera pas besoin de refaire le voyage plusieurs fois, comme le dut faire Arien; nous supposerons que ce voyage ne fut fait qu'une fois, quand en réalité il dut l'être presque chaque année; mais toute indication chronologique, autre que celles des mois et des jours, nous faisant défaut, il est impossible de choisir l'ordre strictement chronologique et il faut se borner à l'ordre géographique.

D'Assiout à Akhmîm, à l'exception d'Antæopolis, il n'y avait pas de grande ville; il n'existe pas de trace du voyage d'Arien entre Assiout et Akhmîm. On pourrait en tirer la conclusion que sans doute il n'y avait pas de chrétiens dans les petites villes et les villages qui s'échelonnent sur les deux rives du fleuve, ou que tout au moins il y en avait très peu. Dans la ville d'Akhmîm ce fut tout autre chose : les chrétiens semblent y avoir été nombreux, comme nous l'allons voir. Akhmîm ou Panopolis était en effet le siège d'une colonie grecque très importante, très riche, très lettrée, curieuse de toutes les nouveautés philosophiques et religieuses : elle dut être des premières à recevoir la doctrine chrétienne à cause du commerce qui s'y faisait, comme elle fut le dernier boulevard du paganisme dans la contrée[2]. C'était une station

---

1. *Synaxare*, 7 Kihak.
2. E. Amélineau: *Monum. p. serv. à l'hist.* etc. p. 410. — *Moines Egyptiens: Hist. de Schnoudi*, p. 231.

obligée de toutes les barques remontant ou descendant le Nil, par conséquent l'endroit du pays où se pouvait plus facilement faire de la propagande religieuse.

Abadion qui suivait Arien, jouissait d'une liberté assez grande, quoiqu'il fût sous le coup d'une accusation capitale ; dès que le vali et sa suite furent arrivés à Panopolis, l'évêque entra en communication avec les chrétiens de la ville et leur apprit tout ce qui était arrivé. Le vali et sa suite durent faire un assez long séjour à Akhmim, si l'on en juge par les *Actes*. Il s'y trouvait le soir du vingt-huitième jour de Kihak : les chrétiens avaient été pris d'une grande tristesse à la nouvelle des instructions que le vali Arien avait reçues du roi Dioclétien[1] : cependant, comme c'était jour de fête en l'honneur de la naissance du Messie[2] et que jamais un chrétien d'Egypte n'a laissé passer une bonne fête sans la célébrer, les chrétiens se réunirent avec l'évêque dans l'église de la ville. Ils passèrent la nuit, dolents de cœur ; l'évêque les prêchait, les encourageait de ses paroles vivifiantes. A minuit il fit la prière, célébra la messe et fit l'offrande pour le peuple : c'eût été l'office de l'évêque de la ville ; mais le texte fait observer que l'évêque s'était enfui à l'arrivée d'Arien. Pendant qu'ils étaient occupés aussi pieusement, un méchant homme alla trouver Arien et lui dit : « Les chrétiens sont réunis dans leur église avec l'évêque auquel tu témoignes tant de respect, et maintenant il leur prêche la résistance aux ordres du roi ! » Arien n'eut rien de mieux à faire que de se mettre en colère, il fit envahir l'église par ses soldats qui massacrèrent à l'envi les chrétiens : le sang remplit l'église, sortit par la porte et remplit les rues de la ville. On arrêta l'évêque Abadion, on le conduisit au vali qui lui dit : « Il me semble que tu ne me

---

1. J'emploie le mot roi parce que c'est le mot dont se servent les Coptes qui n'ont pas de mot pour traduire le latin *imperator*. Le mot de roi leur a toujours servi pour tous les régimes qui se sont succédé en Egypte ; ils l'emploient même pour les gouverneurs.
2. C'est la donnée du martyre d'Abadion (1er Emschir) ; le jour de fête des martyrs panapolitains est remis au 30 Kihak. Il y a contradiction entre les deux récits, et cela en plusieurs points.

suis que pour rejeter ce que tu sais de moi et apprendre aux gens à me désobéir! » Il crut en avoir fini avec le massacre de la nuit; mais la ville entière se précipita vers lui, chacun s'écriait: « Nous tous, nous sommes chrétiens! » chacun s'offrait au martyr, les parents amenèrent leurs enfants, en se disant les uns aux autres: « Nous allons au royaume des cieux! » Ils offraient leurs enfants à l'épée et leur disaient: « Ce n'est que l'affaire d'un moment et vous irez vers le céleste époux! » Selon l'auteur copte, en plus de ce qu'on avait tué pendant la nuit, le nombre des riches, des personnages importants, des maîtres de maison qui furent tués dans cette boucherie s'éleva jusqu'à cinq mille huit cents personnes. C'est un joli chiffre[1].

Et ce ne fut pas tout. S'il ne restait plus de chrétiens à Panopolis, il en restait dans les environs. La montagne d'Akhmim, comme parlent les documents, était habitée par des moines, hommes pieux et dévots, entre autres par le prêtre Dioscore et par un certain Esculape. L'archange Michel en personne leur apparut et leur dit: « Pourquoi restez-vous assis pendant que le combat est engagé et que les gens reçoivent leur salaire au temps de la moisson? Voici que le vali Arien est dans la ville d'Akhmim: les habitants ont confessé le nom du Messie en sa présence et on leur a coupé la tête: ils ont obtenu la couronne de gloire dans le ciel. Levez-vous donc, allez confesser le nom du Messie devant le vali; il n'est pas possible que vous n'obteniez d'abord d'être torturés et vous obtiendrez ensuite la couronne du martyre, en plus de votre piété et de votre adoration. » Cela dit l'archange leur donna la paix et remonta aux cieux. Les deux saints, bien contents, s'empressèrent de lui obéir et de partir pour Akhmim. En y arrivant, ils trouvèrent le vali assis sur son tribunal et occupé à faire torturer les chrétiens, les uns

---

[1]. *Synaxare*, 1er Emschir et 30 Kihak. L'œuvre entière existe. Je sais où elle se trouve; elle forme tout un petit volume, mais je n'ai pu la faire copier.

sur des chevalets, les autres dans des chaudières, d'autres encore sur des lits de fer ; ils s'écrièrent : « Nous sommes chrétiens ouvertement et nous confessons Jésus le Messie ! » Le vali se mit en colère et ordonna de les torturer ; mais l'Ange du Seigneur les sauva et le vali les fit jeter dans un canal, à l'est de la ville, après les avoir fait lier. Le même Ange apparut aux quarante soldats qui composaient la garnison du château voisin de la ville[1] et dont les chefs se nommaient Philémon et Ocharios ; il les exhorta à se rendre près du gouverneur et à confesser le Messie. Les soldats se mirent en route, arrivèrent près du canal où avaient été jetés les deux saints et virent qu'une grande lumière les entourait : les liens des deux martyrs furent soudainement coupés et ils éclatèrent en glorifications. A la vue de ce prodige, les soldats entrèrent dans la ville en compagnie des deux saints, confessèrent le Christ et le gouverneur ne put s'en débarrasser qu'en leur faisant couper la tête[2].

Ce ne furent pas les seuls martyrs que fournirent les environs de Panopolis. Un jour cinq soldats de la suite d'Arien, étant allés se promener dans la campagne, aperçurent un jeune berger qui faisait paître ses moutons. « Qui es-tu ? » lui demandèrent-ils ? — Il répondit : « Je suis chrétien ! » Ils se mirent à sa poursuite, mais ne purent l'atteindre quoiqu'ils fussent montés sur leurs chevaux[3]. Désespérant de se saisir de sa personne, ils lui prirent deux de ses moutons qu'ils se mirent en devoir d'emporter. A cette vue, le berger fit volte-face, et, sans autre arme que son bâton, il courut après les soldats, les rattrappa, les attaqua, leur reprit ses moutons et les laissa aller, non sans les avoir roués de coups de bâton. Les soldats ne manquèrent pas de raconter au vali

---

1. Ce château devait être situé à la limite du désert, à l'endroit qui commande la route de Coseyr. C'est sans doute celui qui est appelé Psumbeledj dans la vie de Macaire de Tkôou. Cf. E. Amélineau : *Mon.*, op. cit. p. 115.

2. *Synaxare*, 1er Touba.

3. La chose n'est pas impossible ; les fellahs d'Egypte sont de rudes coureurs et le terrain ne devait pas favoriser les chevaux.

ce qui avait eu lieu. On ne savait pas le nom du berger, mais on savait, j'ignore la manière dont on avait obtenu ce renseignement, que ce berger était de Schinschif. Le vali envoya chercher le chef du village de Schinschif et lui dit : « Je jure par la vie de mon Seigneur le roi que, si tu ne m'amènes ce jeune berger, je te couperai la tête du tranchant de mon épée ! » Le vali de Schinschif, car on lui donne ce nom, réunit tous les *scheikhs-el-beled* et leur apprit ce qu'on lui avait dit ; ces braves gens se sentirent tout émus de frayeur à la pensée qu'on pouvait ravager leur village, ils firent réflexion qu'il valait mieux livrer un homme que s'exposer à un tel danger : ils se saisirent du berger Schoura et le conduisirent au vali. Le vali commanda de l'enfermer en prison jusqu'au lendemain matin : le jeune homme y trouva une foule de chrétiens qui l'encouragèrent au martyre et, lui-même, il fortifia son cœur. Le lendemain on le conduisit au tribunal. Après les premières questions sur son nom, son pays et sa profession, Arien lui demanda : Pourquoi t'a-t-on amené vers l'instrument de torture ? » — « Je n'en sais rien rien, répondit Schoura, je suis prêt à l'apprendre[1] ! » Le vali après l'avoir examiné et trouvé que c'était un bel homme, (Schoura avait vingt-huit ans), lui dit : « Schoura ! on m'a dit plusieurs choses à ton sujet, mais, si tu sacrifies, je te pardonnerai tout ; si tu me désobéis, je te torturerai, car tu as été audacieux envers mes serviteurs et tu ne te prosternes pas devant les dieux du roi ! » — Et le brave répondit : « Je ne t'écoute point, fais de moi ce que tu voudras. » Le vali se mit à l'œuvre, il lui fit déchirer les flancs, brûler la plante des pieds, appliquer des torches ardentes sur ses flancs déjà torturés et recouvrir la tête de feu. Schoura rendait grâces à Dieu et le vali le crut mort ; mais Schoura était bien vivant. Le vali fit apporter du vinaigre, on y mit du sel et on frotta

1. C'est la réponse qu'Alexandre Dumas met dans la bouche du mari de Mme Bonacieux, lorsque le gouverneur de la Bastille lui demande pourquoi on l'y a amené.

Schoura avec la solution. Lorsqu'on l'eut ramené en prison, l'Ange du Seigneur lui apparut, le félicita, l'encouragea, et Schoura eut tant de joie de cette apparition qu'il passa toute la nuit à chanter dans sa prison, au grand étonnement des autres prisonniers. Le lendemain, le vali le fit revenir devant son tribunal et, en le voyant le visage si gai, il fit venir un magicien auquel il dit : « Rends vaine la magie de ce chrétien ! » — Le magicien dit : « Certes, je le ferai ! » Il prépara une coupe de poison, la passa au saint pour que celui-ci la bût : Schoura prit la coupe, mais elle lui échappa, tomba à terre, se brisa et il en sortit des vipères menaçantes qui marchèrent droit à Schoura. Sans montrer la plus légère émotion, Schoura mit le pied sur la tête des vipères et les écrasa. Le magicien fut rempli d'étonnement : « Je ne peux rien contre cet homme, dit-il au vali, car il est fort de par son Dieu. » Le vali essaya alors de la douceur et de la persécution : tout fut inutile. Entre temps, Schoura avait appliqué un si fort soufflet à l'un des soldats qu'il lui avait arraché l'œil ; il remédia bien vite au mal qu'il avait fait et un signe de croix tracé avec du sang sur l'œil crevé le remit en son état premier. Le vali rendit la sentence suivante : « J'ordonne qu'on égorge Schoura comme un mouton et qu'on le pende aux murailles de la ville, afin que les oiseaux mangent sa chair ! » Ce qui fut exécuté ; mais il est probable que le corps ne fut pas dévoré par les oiseaux de proie, car il a fait un grand nombre de signes et de merveilles [1].

Le séjour d'Arien à Akhmîm fut encore marqué par le supplice de deux soldats syriens, qui avaient quitté leur pays de Syrie et déserté l'armée pour venir à Akhmîm être martyrs par l'entremise d'Arien. Arien leur fit attacher au cou de grosses pierres et les fit pendre la tête en bas aux murs du château. Puis, comme ce supplice n'avait rien produit, on leur attacha aux pieds d'énormes pierres et on les jeta dans

---

[1]. *Synaxare*, 10 Kihak.

le Nil ; mais, par la grande vertu du Messie, les pierres surnagèrent ; les deux soldats, nommés Euloge et Arsène, s'assirent dessus et se laissèrent aller au courant du fleuve qui les porta tranquillement à terre. Le vali, qui est traité de roi, les fit de nouveau pendre la tête en bas et les condamna enfin à être égorgés comme des moutons [1]. La chose fut faite et les Anges leur posèrent sur la tête sept couronnes ; les trois premières, parce qu'ils avaient comparu trois fois devant le tribunal du vali ; la quatrième, parce qu'on les avait pendus aux murailles du château ; la cinquième, parce qu'on les avait jetés dans le Nil ; la sixième, parce qu'on les avait égorgés comme des moutons ; et la septième, parce qu'ils étaient étrangers. Leurs corps pieusement conservés devinrent l'occasion de nombreuses merveilles, qui défrayèrent les récits des conteurs [2].

Ayant accompli d'aussi bonne besogne à Panopolis, Arien songea à se rendre à Ptolémaïs en compagnie d'Abadion, afin de savoir à quoi s'en tenir sur Dioclétien et sa moralité. Les *Actes* de Psoti et d'Abadion parlent d'une lettre que Dioclétien,

---

[1]. Cette répétition d'une expression qui s'est déjà montrée dans les *Actes* de Schourâ pourrait démontrer qu'il n'y a eu qu'un seul auteur, ce qui me semble fort probable pour les *récits* localisés, comme ceux qui viennent d'être analysés ; on ne trouve pas d'autre exemple de l'expression.

[2]. *Synaxare*, 16 Kihak. Parmi les prodiges racontés dans le *Synaxare* même, il y en a deux qui sont vraiment typiques et qui donnent une idée très exacte de cette littérature dont j'ai réuni des exemples dans mes *Contes et Romans de l'Egypte chrétienne*. Un berger, près du monastère élevé aux deux saints, joue des airs profanes sur sa flûte ; il est tout-à-coup empoigné par un diable qui le fait pirouetter et le lance dans le fleuve. Un crocodile, qui n'attendait que cette bonne aubaine, s'avance aussitôt pour servir d'instrument à la vengeance des deux saints. Le berger de son côté invoque les saints, échappe au danger et se fait le domestique de leur église. — Le second met en scène une femme qui, à l'église, perd un bracelet d'or. Sa voisine qui était pauvre prend le bracelet et le cache dans ses cheveux. La première se met à pleurer et dit aux saints : « O mes Seigneurs, remplacez-le moi. » Aussitôt sur un ordre de Dieu, les deux saints saisissent la voleuse et la pendent la tête en bas ! Le bracelet tombe. La voleuse promet de ne plus recommencer, et on la laisse aller, car Dieu ne veut pas la mort du pécheur, mais sa conversion et sa vie. A la fin de son récit, l'auteur ajoute : « Et si nous voulions raconter tous les prodiges de ces deux saints, ce serait bien long. » Et il craint en effet d'abuser de la patience de ses lecteurs, il clôt son récit. Je dois faire observer aussi que le nombre des couronnes ne doit pas étonner. Les représentations de la divinité en Egypte étaient surmontées de coiffures formées de multiples couronnes, qui ont suggéré aux auteurs coptes cette multiplicité de couronnes données aux martyrs et dont ils ne peuvent pas très bien rendre compte.

qui est très au courant du nombre des évêques dans la Haute Egypte, envoie au gouverneur Arien comme instructions au sujet de Psoti de Ptolémaïs et de Callinique d'Eschmouneïn. « Je t'ai donné le pouvoir, disait le roi au gouverneur, sur tous les chrétiens qui ne lèveront pas l'encens : prends leurs têtes. Quant à Psoti, à Callinique et aux autres évêques, s'ils écoutent, obéissent et lèvent l'encens aux dieux[1], honore-les avec excès ; sinon prends leurs têtes du tranchant de l'épée. » L'empereur spécifiait même que pour Psoti, on devait en faire le chef de tous les temples de l'Egypte, s'il obéissait au décret impérial. Dès qu'Arien fut arrivé à Ptolémaïs, il fit venir Psoti et lui raconta tout ce que l'évêque d'Antinoë avait avancé sur l'empereur. Personne ne pouvait mieux connaître Dioclétien que Psoti : ils avaient ensemble gardé les chèvres des parents de Psoti, et, dès le temps de leur jeunesse, Dieu avait fait connaître au jeune Psoti par des signes non équivoques que Dioclétien, nommé alors Aghrabida[2], serait un grand persécuteur de l'Eglise. Aussi quand la destinée eut fait de Dioclétien l'empereur de Rome et de Psoti l'évêque de Ptolémaïs, celui-ci n'eut aucune peine à connaître par avance ce qui arriverait. Il confirma de tout point à Arien ce qu'avait dit Abadion. Au lieu de le remercier de ses renseignements, Arien se mit en colère et menaça de le torturer. Psoti répondit : « Mon corps est dans la main, fais-en ce que tu voudras ; car je ne peux abandonner mon Seigneur Jésus le Messie et me prosterner devant des dieux de cuivre, d'or ou de pierre. » L'envoyé qui avait apporté la lettre du roi, voyant qu'Arien faisait apporter les intruments de la torture, chevalets et autres, intervint et dit: « Le roi ne t'a pas permis de le torturer. » Arien furieux de

---

[1]. Cette expression est justifiée par les représentations monumentales de l'Egypte pharaonique. Pour offrir de l'encens, on se tenait debout, on avançait le bras droit et, dans la main ouverte, on faisait brûler l'encens dans une cassolette.

[2]. Je ne peux encore ici écarter la légende qui fait corps avec le récit. Je donnerai plus loin cette légende tout entière.

se voir ainsi contrecarrer par un subalterne, répondit : « J'ai plusieurs sortes de torture ! » De fait il ne donna pas la question à Psoti, le roi ne parlant que de couper la tête ; mais il le fit jeter dans une chambre obscure, dont on ferma la porte hermétiquement après l'avoir remplie de fumier d'âne tout frais. Le saint resta ainsi vingt-quatre jours dans ce lieu infect sans boire, ni manger ; quand il en sortit, son visage resplendissait de lumière. Après un nouveau refus de sa part, le vali fit enlever le fumier, le remplaça par du fumier frais et enferma de nouveau Psoti dans la chambre pendant sept jours. Au bout de ces sept jours, il était aussi bien portant qu'avant, car la force du Messie était en lui. Le gouverneur, à bout de patience et n'osant pas autrement le torturer, donna l'ordre de lui trancher la tête. Comme on le conduisait au supplice, l'évêque était revêtu de ses habits sacerdotaux. Les fidèles lui dirent : « O notre père, les soldats prendront tes habits » — « Mes habits, dit Psoti, sont comme ceux de mon Seigneur que les soldats tirèrent au sort. » On voulut le faire manger un peu : « Je ne romprai le jeûne, dit-il, que dans le royaume de mon Seigneur Jésus le Messie ! » Arrivé au lieu du supplice, il fit sa prière, confia son peuple au Seigneur et tendit le cou. Les chrétiens donnèrent de l'argent aux soldats et emportèrent son corps pendant que les Anges emportaient son âme dans les cieux[1].

De Ptolémaïs à Tentyris, c'est à dire de Psoï à Dendérah, Arien ne trouva sans doute pas de chrétiens à torturer ; du moins le *Synaxare* n'en mentionne pas. A Dendérah, au contraire, le nom du Messie n'était pas inconnu. Arien savait même que près de cette ville était un solitaire chrétien qu'il importait de convertir ou de faire périr. Il le fit chercher, mais sans succès. Pendant ce temps-là, l'Ange du Seigneur apparut à

---

1. *Synaxare*, 27 Kihak. On observera que les martyrs d'Akhmim meurent le 30 kihak et que Psoti est déjà mort le 27, quoique Ptolémaïs (aujourd'hui Menschieh) soit au sud d'Akhmim. On en pourrait conclure qu'Arien avait fait venir Psoti à Panopolis ; mais rien ne justifie cette conclusion. — Cf. *Synaxare*, 1er Emschir.

Paphnuti, ainsi se nommait le solitaire, et lui dit : « Revêts-toi des habits de la Messe, descends de cette prison [1], et va te présenter au vali. » Au moment où le vali se désolait de l'insuccès de ses recherches, Paphnuti se présenta devant lui en s'écriant : « Je suis chrétien ouvertement, je crois au Seigneur le Messie ! » Arien, ayant appris que c'était le fameux solitaire qu'il recherchait, le fit enchaîner et jeter dans un cellier : une lumière divine remplit le cellier. L'Ange du Seigneur lui apparut et le consola. Le solitaire persuada même à un chrétien, à sa femme, sa fille, et à ses douze garçons d'être martyrs pour le Christ ; et en effet on les mit à mort. Le vali furieux fit jeter le saint dans le Nil, après lui avoir fait attacher au cou une grosse pierre. La pierre surnagea et le martyr aussi. Le vali le fit pendre à un palmier, mais aussitôt le palmier produisit douze régimes de dattes. Cependant Paphnuti finit par rendre l'âme [2]. Il ne fut pas le seul martyr de Dendérah avec ses quinze compagnons. Le Synaxare en un autre jour, mentionne quatre cents martyrs qui eurent la tête tranchée vers la fin du règne de Dioclétien, sans dire si ce fut sous le gouvernement d'Arien.

De Dendérah, nul chrétien ne se présenta au gouverneur jusqu'à Coptos. A son arrivée dans cette ville, on lui fit un accueil magnifique ; les prêtres des temples se rendirent près de lui et lui dirent : « O notre Maître, vis éternellement ! Il n'y a personne en notre ville qui prononce le nom du Christ. » Arien fut bien content et fit de grands présents aux prêtres, offrit de l'encens à ses dieux et monta à la ville. Cependant il y avait un chrétien dans la ville : c'était un jeune homme nommé Imsah (crocodile) qui vivait dans un jardin nommé le *Champ des femmes*, en compagnie de sa sœur Théodora qui était chrétienne aussi et avait gardé sa virginité. Ils cultivaient le jardin, y trouvaient leur nourriture, vendaient les produits pour s'acheter des vêtements et du reste ils fai-

---

1. Ce sont les termes mêmes du *Synaxare* au 20 Barmouda.
2. *Synaxare*, 20 Barmouda.

saient l'aumône aux indigents. Quand Imsah apprit que les prêtres avaient assuré au vali qu'il n'y avait pas un seul chrétien dans la ville de Coptos, comme il était préparé « lui et beaucoup d'autres », à confesser le Messie pour obtenir la couronne du martyre, il fut rempli de tristesse en voyant qu'il n'y aurait pas de martyr. Mais le Seigneur vit la pureté de son désir et il lui envoya son Ange qui lui dit : « Ne t'attriste pas et ne laisse pas rétrécir ton cœur ! Quand tu te seras levé demain matin, rends-toi sur les bords du Nil : tu trouveras une barque, tu descendras jusqu'à la ville de Qaou [1] et tu y confesseras le Messie devant Arien : je serai avec toi jusqu'à ce que tu obtiennes la couronne du martyre ». L'Ange lui donna la paix et remonta aux cieux. Le lendemain matin, sans dire à personne ce qu'il avait dans le cœur, Imsah se rendit au fleuve, prit une barque et descendit jusqu'à Qaou. Il y trouva le vali qui tourmentait les chrétiens, il s'écria : « Je suis chrétien ouvertement. » Le vali demanda qui était cet homme et d'où il était originaire. On le lui dit, et il s'écria en s'adressant à Imsah : « Pour quelle raison as-tu quitté la ville, tout seul, pour venir ici ? » Il le fit battre avec des souches de palmier encore vertes : le sang du martyr coula comme l'eau et Imsah s'évanouit ; il fut proche de la mort. On le porta en prison ; le lendemain matin, on le trouva debout, occupé à prier [2]. Quand on l'eut mené devant le vali, celui-ci lui dit : « Pourquoi t'es-tu montré plus ferme que les gens de la ville ! si tu m'écoutes et lèves l'encens, je te comblerai de faveurs ! » — Le saint répondit : « Je n'abandonnerai pas ma foi, jusqu'au dernier soupir. » On le battit à coups de fouets. Quand on le crut mort, Arien ordonna de le rouler dans une natte, de le mettre dans une barque et de le mener sur le

---

1. Il y a une très grande distance de Coptos à Antæopolis, ou de Keft à Qaou. De plus il faut observer que le vali ne tourmenta les chrétiens à Qaou qu'à son retour.
2. Quoique le résumé ne le dise pas, il est évident que l'Ange du Seigneur avait passé par la prison cette même nuit. Les *Actes* complets devaient certainement le dire.

fleuve : quand on aurait rencontré un crocodile bien glouton, on le lui jetterait. On eut bientôt rencontré un crocodile qui se chauffait au soleil, sur le sable. Les soldats prirent le martyr et le jetèrent dans le fleuve : alors seulement, le martyr rendit l'âme. Cependant le crocodile s'approcha; mais, au lieu de manger le martyr, il lui fit remonter le courant du fleuve et ne le quitta point qu'ils ne fussent tous deux arrivés à Coptos[1]. L'Ange du Seigneur apparut à la sœur du saint pendant la nuit, lui apprit la gloire et la belle couronne que son frère avait obtenues pour avoir été patient et confessé le Christ; il ajouta : « Demain, prends les prêtres de la ville, rends-toi avec eux sur les bords du fleuve, tu y trouveras une natte enroulée; elle renferme le corps vénérable. » La sœur fit le lendemain ce qui lui avait été dit : on trouva la natte, on trouva le corps, et, au chant des hymnes, on le porta dans le jardin où on l'ensevelit dans des linceuls convenables et où on l'enterra[2].

Malgré les contradictions dont abonde ce récit, il en ressort clairement que les chrétiens n'étaient pas très nombreux à Coptos. De Coptos, il nous faut aller jusqu'à Thèbes pour trouver de nouveaux martyrs. En arrivant à Louqsor[3], Arien vit de la fumée qui sortait d'un temple et dit : « Quelle est la cause de cette fumée » ! On lui répondit qu'il y avait assemblée dans le temple et qu'on y offrait le lait. L'émir se réjouit beaucoup et dit : « Dans toute la Haute Egypte, je n'ai trouvé que cette ville qui m'ait contenté le cœur ! » Sa joie ne fut pas de longue durée; un soldat, nommé Schanazoum, chrétien depuis son enfance, se présenta et dit à hau-

1. Quoique la chose paraisse absurde et triviale, il est évident qu'il y a un jeu d'esprit sur le nom du martyr Imsah (crocodile) et le nom du crocodile en copte qui est le même. Les crocodiles ne se mangent pas entre eux; par conséquent le crocodile ne pouvait pas manger Imsah. Ce genre de recherche est tout à fait dans le goût égyptien. On observera cette variante de la légende du dauphin portant Orion.
2. *Synaxare*, 15 Kihak.
3. Le texte dit plus exactement : Al-Aqsorein (les deux châteaux, c'est à dire les deux temples). Le mot Louqsor n'est qu'une corruption dont je me sers, parce qu'elle est usuelle.

te voix : « Je suis chrétien ! » Arien le regarda et lui dit : « Les hommes de cette ville sont sages ; toi, tu n'es qu'un idiot et un sot ! » — Schanazoum répondit : « Je ne suis point un idiot, mais un sage, et c'est si je t'écoutais que je deviendrais un sot. » N'ayant pu réussir à le faire sacrifier, Arien lui fit donner des chaînes, mettre les entraves et l'enferma dans un réduit ténébreux. Le lendemain matin, comme Arien était sur son tribunal, une vierge, nommée Madadsina, se présenta et dit: « Je suis chrétienne » — Le vali lui dit : « Prosterne-toi devant la statue ! » — « C'est une chose que je ne ferai jamais, » répondit-elle. Le vali ordonna de la pendre la tête en bas et de la fustiger avec des bâtons de palmier, jusqu'à ce que la mort s'ensuivît. Elle mourut en effet à la troisième heure, en toute aise, et les anges transportèrent son âme aux cieux. Cependant le vali fit venir Schanazoum : « Sacrifie aux dieux, » lui dit-il. — « Certes, répondit Schanazoum, la parole est mauvaise ; je ne l'accepte pas de toi. » Comme il parlait ainsi, un autre soldat, nommé Sophronius, en garnison à Hifa, lieu dépendant de Louqsor, se présenta devant Arien et lui dit : « Je suis chrétien, je ne resterai pas plus longtemps soldat sous tes ordres ! Mon roi, à moi, c'est Jésus le Messie: à lui soit la gloire ! » Alors l'assesseur d'Arien lui dit : « O mon Seigneur, ordonne d'écrire la sentence de ce magicien Schanazoum, car, si tu ne le fais, il enchantera toute cette foule et nous aurons des ennuis à son sujet. » Le vali rendit la sentence : il ordonna d'enchaîner les deux soldats, de les pendre la tête en bas aux branches d'un acacia ; puis, quand on les aurait pendus, de couper les cordes tout à coup, afin qu'ils se tuassent en tombant sur la tête. On le fit; mais l'Ange du Seigneur enleva les deux saints et leurs fers se fondirent comme la cire devant le feu. Ils se présentèrent aussitôt devant Arien en disant : « Ouvre les yeux, Arien, et regarde-nous ! » Le vali les fit torturer sur le chevalet, on leur appliqua des torches ardentes aux flancs, les bourreaux se lassèrent, et les saints ne sentaient rien, malgré que leurs flancs fussent ouverts ; car la vertu de Dieu tombait sur eux et l'Ange du Seigneur les secourait. « Sacrifiez aux dieux, dit encore Arien, sinon vous mourrez de mâle mort. » Mais les deux soldats n'eurent aucune peine à prouver au vali que cette mort serait leur vie ; ils lui citèrent des paroles de l'Ecriture et des exemples bibliques. « Votre bavardage ne vous servira de rien, dit Arien ; sacrifiez ou vous mourrez. » Ils n'en continuèrent que de plus belle : on leur avait versé de l'huile bouillante dans la bouche et elle les avait rafraîchis. Le vali n'entendit rien, mais il ordonna de les faire monter au sommet du temple et de les en précipiter la tête la première. Les deux saints n'eurent aucun mal, car il était écrit que Dieu envoie ses Anges garder ses élus et les porter dans leurs mains. L'épée seule eut raison des deux soldats. Les Anges conduisirent leurs âmes dans les cieux, où on les couronna de couronnes célestes, après les avoir revêtues d'habits lumineux [1].

De Louqsor jusqu'à Esneh, la rive gauche du Nil paraît avoir été habitée par un nombre de chrétiens déjà considérable. Cependant, d'après les *Actes* des martyrs d'Esneh ou Latopolis, il n'y en avait pas à Hermonthis, aujourd'hui Erment. Il est assez difficile de retrouver la vérité réelle dans l'abrégé de ces *Actes*, mais on y peut voir que le gouverneur Arien se trouva à Esneh à trois reprises différentes, ce qui n'implique aucunement qu'il n'y alla que trois fois pendant la persécution. Dès son premier voyage, Esneh comptait assez de chrétiens pour avoir un évêque, lequel avait été consacré par le patriarche Pierre d'Alexandrie. Revenu dans sa ville épiscopale, il s'était creusé une grotte dans la montagne occidentale, ou sans doute avait utilisé quelque ancienne tombe pharaonique. Il descendait à la ville le samedi et retournait à sa grotte le lundi. Ainsi que la plupart des évêques de la Haute-Egypte, il ne semble pas avoir eu tout d'abord une grande

---

1. *Synaxare*, 20 Hator.

ardeur pour le martyre[1]. Lors de la première arrivée d'Arien, on ne le voit pas et le gouverneur serait sans doute passé sans signaler sa présence par quelque supplice, n'eût été une circonstance fortuite. Aux environs de la ville d'Esneh, le vali rencontra quelques jeunes hommes conduisant leurs ânes chargés de pastèques jaunes. Comme on ne se rencontre guère en Égypte sans lier conversation, même si l'on ne se connaît pas, les soldats de l'escorte s'arrêtèrent à causer avec les jeunes hommes : peut-être voulurent-ils acheter les pastèques, ou simplement les prendre. Au cours de la conversation, les jeunes gens apprirent aux soldats qu'ils étaient chrétiens. Les soldats se saisirent de leurs personnes, et sans doute de leurs pastèques, et les conduisirent au gouverneur. Les jeunes gens étaient quatre frères, Serous, Hermon, Banouf et Doustaï. Leur mère, nommée Damlaha, ayant appris leur arrestation, accourut les encourager et leur répétait : « Nous aimons le Seigneur Jésus le Messie beaucoup plus que les idoles misérables, faites de pierre et muettes. » Le gouverneur ordonna de les mettre en prison pour la nuit. Pendant la nuit, la Vierge elle-même apparut à Damlaha, lui annonça que le Messie l'appelait dans son royaume avec ses quatre fils, lui donna la paix et remonta aux cieux. Le lendemain, Arien fit appeler les cinq chrétiens : « Offrez-vous le lait aux dieux, oui ou non ? » leur demanda-t-il. — Ils répondirent : « Nous sommes chrétiens ouvertement ! » Le vali leur fit trancher la tête[2].

Arien poursuivit son voyage jusqu'à Assouan, mais à partir d'Esneh, il n'est plus question de martyrs. Le *Synaxare* contient la vie de deux évêques d'Assouan, mais ils vécurent en des temps postérieurs à la persécution. Aussi

---

1. Nous avons déjà vu que l'évêque d'Akhmîm s'était enfui; Psoti de Ptolémaïs en avait d'abord fait autant, comme je le dirai plus loin ; nous trouverons d'autres exemples de cette manière d'agir qui prouverait que le mouvement vers le martyre fut avant tout populaire, et qu'au fond la hiérarchie n'était pas très bien établie.
2. *Synaxare*, 13 Kihak. Le fait est dit avoir eu lieu le 6 Baschons.

bien, entre Esneh et Assouan, il n'existait pas de grande ville, ni même de gros bourgs, à l'exception d'Edfou qui est déjà éloigné du fleuve. Les commerçants n'avaient donc pas l'occasion de s'arrêter entre les deux villes, autrement que pour passer la nuit. A Syène, le commerce ne devait pas non plus être très florissant à cette époque, à cause de la présence continuelle des Blemmyes ou autres barbares. A Philée, le temple d'Isis était toujours le centre d'un culte florissant en l'honneur de la déesse. Il n'est donc pas vraisemblable que le Christianisme eût beaucoup pénétré dans cette région sous le règne de Constantin, et je suis même porté à croire qu'il ne s'y établit que difficilement et lorsque l'Egypte entière fut chrétienne, après l'envahissement du monachisme. Arien retourna sur ses pas et reparut à Esneh. Comme il était aux bains, quatre gros collecteurs d'impôts, riches *qaltibs*, comme dit le texte, et grands seigneurs de la ville, vinrent lui rendre compte de leur gestion. Comme le gouverneur vérifiait leurs comptes, il arriva à l'un d'eux, sans doute pour se justifier de quelque accusation, de jurer par le nom du Messie. Arien dressa soudain l'oreille, il voulut leur faire renier leur foi, sans y réussir; il leur fit trancher la tête. L'exécution de ces quatre personnages d'un haut rang, ils se nommaient Eusèbe, Iemamal, Horus et Dakhousch, ne se passa pas sans que la foule témoigna de ses sentiments pour l'administration romaine: en même temps qu'eux, dit le *Synaxare*, furent martyrs des moines, des hommes et des femmes. Cette première exécution en masse semble avoir laissé une assez grande impression dans le pays; plus tard, on montrait le puits où le bourreau avait lavé son épée rougie du sang des martyrs, il était situé à l'Ouest de l'église des *quatre héros*[1].

Ce ne fut là que le prélude des grandes *journées* d'Esneh.

---

1. *Synaxare*, 13 Kihak. Le fait est dit s'être passé le 6 Baona. Ces deux dates concordent assez bien et la mention des pastèques se comprend au mois de Baschons (Mai).

Dans un autre voyage que le vali faisait en la Haute-Égypte, il se trouvait à Hermonthis, lorsque deux femmes allèrent le trouver et lui dirent : « Nous sommes chrétiennes ! » Arien se mit en fureur. Les chefs de la ville venaient de lui assurer qu'il n'y avait pas un seul chrétien dans leur pays. « Pourquoi, leur dit-il, m'avez-vous dit que dans votre ville il n'y pas un seul chrétien. » Les chefs se justifièrent et firent une enquête : on trouva que les deux femmes étaient d'Esneh et on les accabla de reproches en leur disant : « N'avez-vous point de honte, surtout lorsque vous êtes étrangères à cette ville qui contente les rois et les dieux ? » Le vali fit trancher la tête aux deux femmes nommées Tècle et Marthe[1] ; il rendit ses bonnes grâces aux habitants d'Erment, mais se promit de punir Esneh d'une manière exemplaire. Il s'y rendit, ce semble, par terre, ce qui n'offre pas grande difficulté, la distance étant petite.

Cependant l'évêque d'Esneh, Ammonios, continuait toujours son même genre de vie, faisant mortifications et prières dans sa grotte de la montagne, descendant à la ville le samedi, faisant la synaxe, rendant la justice et partant le lundi. L'Ange du Seigneur lui apparut : l'évêque à sa vue, eut peur et tomba à terre. L'Ange le releva, le rassura et lui dit : « La paix soit avec toi, ô Ammonios ! Le Seigneur a exaucé tes prières en faveur de ton peuple et le Seigneur le Messie a préparé des couronnes pour ton troupeau tout entier. Pendant que tu restes ici, Arien s'approche : descends et va leur apprendre à rester fermes dans la foi au Seigneur le Messie, car tous ils hériteront le royaume des cieux. » L'Ange salua l'évêque et le quitta. Ammonios, en conséquence, descendit de sa montagne, il se rendit à la ville pour être martyre, comme s'il s'y fût rendu pour assister à un banquet. A son entrée dans la ville, les chrétiens furent dans la joie : l'évêque les prêcha et leur raconta ce qu'avait dit l'Ange du

---

1. *Synaxare*, 13 Kihak.

Seigneur; ils répondirent tous : « Nous souffrirons toutes les peines, ô notre père, et nous mourrons pour le nom du Seigneur le Messie ! » Évidemment si Arien n'avait pas conservé un bon souvenir des habitants d'Esneh, ceux-ci n'en avaient pas conservé un meilleur de lui et s'apprêtaient à lui résister à leur manière. Le lendemain tombait la fête d'un saint Isaac; les chrétiens se réunirent dans un oratoire à la montagne de *Katoun*: ils y firent la fête[1]. Cependant Arien était parti d'Erment et était arrivé à un petit village appelé Halouan, à l'Ouest de la ville d'Esneh. Les habitants en sortirent pour confesser le Messie; le vali leur fit couper la tête et passa outre. Arrivé à la ville, comme il entrait par la porte méridionale, nommée porte Oschkhou, il ne trouva personne: la ville était déserte. Seule, une vieille femme n'avait pu suivre le peuple à la montagne; l'émir lui dit : « Femme où sont les habitants de la ville ? » — Elle lui dit : « Ils ont entendu dire que le gouverneur infidèle arrivait pour tuer les chrétiens et se sont retirés à la montagne Qitâma pour faire une fête. » — « Quel dieu adores-tu ? » demanda le gouverneur. — « Je suis chrétienne » répondit la vieille. Arien lui fit couper la tête, séance tenante, en sa maison qui lui servit de tombeau. Arien quitta la ville et s'achemina vers la montagne. Tout près de la ville, en un lieu nommé Mabqala, il trouva une grande foule qui se proclamait chrétienne ; il fit couper toutes les têtes. Un peu plus loin, en un lieu nommé Girmahahât, même exécution ; plus loin encore, à Seralu, tous les chrétiens sont décapités. A la montagne, il trouva les habitants de la ville qui l'étourdirent en criant ! « Nous sommes chrétiens ouvertement ! » Le gouverneur voulut parlementer et essayer de la conciliation, ce fut peine inutile; il fit alors avancer son escorte et commanda le massacre général. On se précipitait au-devant de l'épée, on amenait

---

[1]. Ce détail prouverait assez que les circonstances du récit sont imaginaires. Je ne sais quel est cet Isaac. C'est encore la coutume en Egypte que les Coptes se réunissent ainsi en certains oratoires pour y célébrer les fêtes.

les jeunes filles en disant : « Avance-toi vers le véritable Époux qui ne meurt pas ! » Pères, mères et enfants s'exhortaient les uns les autres : « Allons à la couronne éternelle dans le royaume des cieux ! » Dans les airs, toute une légion d'Anges était en effet occupée à les couronner. Le nombre des martyrs, dit l'auteur, ne fut connu que de Celui qui connaît tout. Cependant, on s'était saisi de l'évêque Ammonios et on l'avait amené au vali en disant : « C'est lui qui est cause de toutes ces morts ! » Le vali furieux le fit attacher à la queue des chevaux et l'emmena avec lui vers Assouan[1]. Au retour, comme on approchait d'Esneh[2], on trouva trois fellahs qui s'écrièrent : « Nous sommes chrétiens ! » — Les soldats répondirent : « Nous avons juré de ne pas laisser nos épées inutiles. » — Les fellahs reprirent : « Voici nos vieillards avec nous ! » Et sur une même pierre, que l'on montra par la suite près de la porte Septentrionale de la ville, les soldats tranchèrent la tête aux nouveaux martyrs. Quant à l'évêque, on le jeta dans la cale de la barque et, à chaque fois que l'on faisait escale, on le faisait passer dans une petite barque où on lui infligeait une nouvelle torture. A Antinoë, on le mit en prison et le vali envoya son secrétaire pour le prier d'offrir l'encens. L'évêque refusa et prédit même au secrétaire que le gouverneur n'échapperait pas au martyre. Arien, qui n'avait aucun goût pour le martyre, répondit en le faisant brûler vif[3].

Avec le massacre d'Esneh finissent les exploits d'Arien dans la Haute-Égypte, au sud d'Antinoë. De l'humeur dont on nous le montre, il est très compréhensible que la ville, siège de son gouvernement, et la partie septentrionale de ce même gouvernement n'aient pas été plus épargnés que le midi. Il semble

---

1. Il ne faut pas comprendre qu'on le conduisit ainsi à Assouan, ce qui eut été complètement impossible; mais qu'on le ramena ainsi à Esneh avant de s'embarquer pour Assouan.
2. La mention de la porte Septentrionale montre qu'il faut entendre ce passage du retour à Esneh en venant de la montagne; si le vali fut revenu d'Assouan, il eut rencontré les fellahs à la porte méridionale.
3. *Synaxare*, 13 Kihak. Nous retrouverons la même prédiction.

même avoir été de règle générale qu'au cas où les autres petits gouverneurs ne pouvaient venir à bout des chrétiens, on les envoyât au gouverneur général. Ce fut le cas pour Schiounst d'Ilkim, berger chrétien, jeune encore, qui distribuait son pain entre les autres bergers, à l'insu de ses parents et restait lui-même à jeûn[1]. L'ange du Seigneur lui apparut et lui dit d'aller trouver le vali qui lui donnerait la couronne du martyre. Les pleurs de sa mère ne purent retenir le jeune Schiounst : il se rendit à Schoubra près d'une femme, nommée Marie, qui consacrait ses biens et sa vie à héberger les étrangers. Ils convinrent tous deux d'être martyrs et se rendirent vers le vali Onarvanos qu'ils trouvèrent sur les bords du Nil d'Egypte[2]. Le vali les fit naturellement torturer : Marie mourut dans les tortures ; mais, contre Schiounst, rien ne fit. On l'envoya, en compagnie de nombreux confesseurs, à Antinoë, où Arien lui fit percer les talons et le fit traîner ainsi par toute la ville. Un magicien, appelé d'Akhmim, lui fit boire une coupe de poison qui ne produisit aucun effet, car le saint avait fait le signe de la croix. Finalement, le vali fit couper la tête au magicien et au berger qui furent tous deux martyrs[3].

Ce fut de même à Antinoë que souffrirent les sept martyrs de la montagne de Touna, Bischai, Hiéroclès, Kotelis, Irarga, Moyse, Jessé et un moine nommé aussi Kotelis. L'Ange du Seigneur apparut à Bischai et à Kotelis, les exhortant d'aller trouver Arien et de confesser le Messie. Ils obéirent sans tarder : sur les bords du fleuve, ils trouvèrent une barque où étaient les cinq autres. Ils se furent bientôt mis d'accord pour traverser le Nil et aller au devant du martyre. Le gouverneur ne trompa point leur attente, il les tortura consciencieusement : cent trente personnes se convertirent à leur occasion et eurent

---

1. Cette légende est répétée plusieurs fois : c'était une sorte de lieu commun.
2. Je crois que par le Nil d'Egypte il faut entendre le fleuve dans la bouche de Damiette, il limite de ce côté la province de Gharbyeh.
3. *Synaxare*, 4 Baonah.

aussitôt la tête tranchée. Arien voulut leur faire adorer la statue d'Apollon, ils la renversèrent d'un coup de pied ; le vali fit alors couper la tête à six d'entre eux et brûler vif Kotelis[1].

Ce fut encore à Antinoë qu'eut lieu la célèbre passion de Hélias de Cusæ (Qousyeh). Hélias était évêque de la ville de Cusæ, fort dévot, priant le jour et la nuit, ne mangeant que le samedi. Il avait une grande pitié pour les pauvres gens. Un jour un pauvre homme vint se plaindre à l'évêque de ce que lui avait fait le *qâtib* de Qousyeh, homme injuste qui n'avait aucune crainte de Dieu. L'évêque se rendit de nuit près du scribe injuste, lui adressa des remontrances et lui dit entre autres choses : « Ce beau vêtement ne te servira pas ; rien, au moment de la mort, ne te pourra sauver, ni or, ni fils, ni femme, car notre vie ressemble à l'ombre éphémère ! » En entendant ce beau discours, le scribe se prit à pleurer et à dire : « O mon père, je n'ai pas fait une seule bonne action depuis que je suis à Qousyeh ! » Pour témoigner son repentir, il rendit au pauvre homme les titres de propriété de la maison qu'il voulait lui enlever sous prétexte d'une dette et de l'impôt de la culture, il lui remit en outre tous les autres impôts dus par le malheureux, traita tout le monde avec une grande bienveillance et, tant qu'il resta dans le *vilayet*, ne souffrit pas qu'on donnât le moindre coup de matraque. Il fit même du pauvre homme son *wakil* (intendant) et lui répétait : « Prends garde d'offenser un pauvre ! » Le jeûne, la prière et les larmes lui devinrent chose familière. Une si belle conversion ne pouvait manquer d'être connue d'Arien ; il envoya des soldats arrêter Hélias. L'évêque présent, il lui dit : « Lève l'encens ! » — « Je ne le ferai jamais, dit Hélias, jamais je ne me prosternerai devant les Satans, et toi-même Arien, il n'est pas possible que tu échappes au martyre. » Arien se mit naturellement en colère et fit torturer le martyr ; mais le Seigneur

1. *Synaxare*, 29 Baonah.

sauva son serviteur qui l'implorait, il lui rendit la force et le saint se retourna vers le bourreau pour lui dire : « Achève-moi ! » Et de fait, le bourreau lui trancha aussitôt la tête[1].

Quelquefois la plus grande partie de la passion avait Antinoö pour théâtre, et la mort avait lieu dans les environs, parfois assez loin. Ce fut ce qui arriva pour anba Begousch, né dans un petit village au nord de Bilad. C'était un riche intendant qui avait grande pitié des malheureux, les laissant glaner librement dans ses champs, donnant une gerbe de blé aux moissonneurs en plus de leur salaire, distribuant des brebis aux pauvres et leur partageant les fruit de ses jardins. Tout le monde avait accès chez lui et personne ne s'en retournait sans avoir la joie au cœur. Cette sainte conduite méritait d'être récompensée. L'Archange Michel en personne fut envoyé à Begousch pour lui apprendre ce qui devait arriver : aussitôt cet homme pieux « distribua ses biens aux pauvres, aux veuves et aux indigents, s'en fit un trésor dans le ciel, prit sa croix et suivit son maître. » Il alla se présenter devant le vali de sa province et lui dit : « Je suis chrétien ouvertement ! » Le vali, qui connaissait sa grande richesse et la noblesse de son origine, lui dit : « Qui t'a appelé à mon tribunal ? » Arien se trouvait présent et le vali lui expliqua le cas. « Confie-le moi, dit Arien, je me charge de lui faire lever l'encens. » On mit Begousch en prison. Cependant sa mère, ayant appris son arrestation, alla le trouver et lui dit : « Comment tu pars et m'abandonnes ? Je veux aussi faire confession pour obtenir la couronne du martyre. » Quand le gouverneur fit comparaître Begousch, sa mère le suivit et s'écria : « Je suis chrétienne ! » Le gouverneur lui dit : « Qui t'a appelée ? » — Elle dit : « Je suis venue pour confesser le nom du Messie devant les hommes, afin qu'il me confesse devant les Anges du ciel. » Le gouverneur la flatta ; comme il n'en put rien obtenir, il lui fit trancher la tête et remit Begousch entre les mains d'Arien. Arien

---

1. *Synaxare*, 20 Kihak.

le conduisit à Antinoë et lui fit endurer le supplice du chevalet et du lit de fer. Begousch ne changea point de résolution. Un méchant conseiller dit alors au gouverneur : « Envoie là bas chercher cet aveugle ; il est très insolent et, par sa grande méchanceté, il fera souffrir ce chrétien. » L'aveugle fut mandé et instruit de ce qu'on attendait de lui ; il commença d'injurier le saint en disant : « Lorsque j'étais chrétien, mes deux yeux sont devenus privés de lumière ; je n'ai trouvé de bien-être qu'après m'être prosterné devant Apollon. Pourquoi n'écoutes-tu pas le vali et ne lèves-tu pas l'encens ? » — Begousch lui répondit : « Que celui dont tu as blasphémé le nom ordonne à la terre de t'engloutir ! » Il n'avait pas achevé sa parole que l'aveugle avait disparu dans les entrailles de la terre. Arien furieux le fit jeter sous la meule d'un pressoir : l'Archange Michel lui apparut et le sauva [1]. A cette vue un grand nombre de spectateurs se convertirent. Les assesseurs du gouverneur lui conseillèrent de rendre la sentence, s'il ne voulait voir corrompre tous les gens de la ville. Arien écrivit la sentence et l'on mena le martyr dans un village du nom de Qaou, pour exécuter la sentence. Il fit sa prière ; l'Ange du Seigneur lui apparut, lui promit les biens célestes, l'assura que tous ceux qui, se trouveraient dans la détresse, incapables de payer l'impôt, le tribut impérial, ou une dette, seraient exaucés, s'ils invoquaient le Seigneur en disant : « O Dieu du saint anba Begousch, secours-moi et sauve-moi ! » Le saint se réjouit, tendit le cou et on lui coupa « sa tête chérie, d'où il sortit du lait et du sang [2]. »

Le même fait se reproduit pour l'évêque d'Hermopolis-Magna, (Eschmounein), Callinique. C'était un de ceux sur lesquels Dioclétien avait particulièrement appelé l'attention d'Arien qui le fit rechercher. Le gouverneur le fit torturer à Antinoë,

[1]. Il faut entendre que le martyr fut écrasé et ressuscité. Il en est toujours ainsi, comme on le verra plus loin.
[2]. *Synaxare*, 20 Touba. Cette mention du lait avec le sang provient d'une donnée de la médecine égyptienne.

l'emmena avec lui à Qaou, puis à Toukh où l'évêque rendit l'âme[1].

Ce martyre montre qu'Arien voyageait aussi bien au nord qu'au sud de la ville. Il faut le suivre dans ce second voyage, comme pour le premier. Cependant le nombre des stations qu'il faut faire sera moindre, car il y avait sur ces provinces fertiles d'autres gouverneurs attitrés qui n'avaient recours au gouverneur général qu'en dernier ressort. A proprement parler, il n'y a guère qu'à citer la ville d'Aoussim (Ouschim) et Babylone d'Egypte. Il est vrai que, pour le premier cas, nous avons affaire à l'un des plus grands martyrs de l'Egypte et que le vali lui devait bien faire le voyage. Ce martyre est l'un des plus typiques et je vais le raconter avec quelques détails. Il s'agit en effet de Phoibamon, ou Bifamoun, selon l'arabe.

Phoibamon était d'une noble origine. Son grand-père se nommait Antiochus et l'empereur Valentinien l'avait nommé gouverneur d'Egypte[2]. Il eut un songe où on lui dit : « Habite Aoussim. » Il y habita et épousa la fille d'un grand personnage, nommé Anastase. Il en eut deux enfants, un fils et une fille. Quand son fils fut en âge, il lui fit épouser Suzanne, la fille de Christophore, homme puissant et riche, et le vingt-septième jour d'Abib, Suzanne donna le jour à « cette étoile lumineuse » qu'on appela Phoibamon. Pour célébrer sa naissance, son père fit un grand banquet aux indigents et distribua d'abondantes aumônes. Lorsqu'il eut neuf ans, on l'envoya à l'école chez un prêtre qui craignait Dieu et il était toujours accompagné de deux officiers. Il lui arriva un jour de rencontrer un cul de jatte qui allait en rampant et lui demanda l'aumône. L'enfant lui fit l'aumône et sa main toucha celle de l'estropié : soudain les pieds du cul de jatte se dressèrent, ses mains paralysées s'étendirent et il se mit à

---

1. *Synaxare*, 2 Toubah.
2. Encore ici il faut entendre le mot Egypte comme le nom d'une localité, et non comme la dénomination d'un grand pays.

suivre l'enfant en courant et en le bénissant. L'Ange du Seigneur apparut alors au prêtre et lui recommanda de bien instruire Phoibamon qui, à partir de ce jour, se livra au jeûne et à la prière. Il y avait à l'école un petit garçon qui fut pris d'une attaque d'épilepsie : tous les écoliers s'enfuirent ; seul Bifamoun s'avança vers l'enfant, l'aspergea d'un peu d'eau, fit sur lui le signe de la croix et le Satan qui le possédait fut obligé de sortir malgré son vif désir de rester dans l'enfant pour punir le père de se livrer à l'usure ; mais aux côtés de Bifamoun se trouvait l'Archange Michel qui faisait peur au Satan. Malgré son jeune âge, un enfant qui avait l'Archange Michel pour gardien, pouvait se promettre de hautes destinées. Aussi fut-il bientôt favorisé des plus grandes faveurs. Le Seigneur le Messie descendit un soir dans la chambre où il se livrait à la prière : la Dame la Vierge, les Archanges Michel et Gabriel l'accompagnaient. Le Messie informa Bifamoun du sort glorieux qui l'attendait, du beau martyre dont il serait le héros, des miracles qu'il opérerait jusqu'à la fin des siècles, lui recommandant de garder toujours son serviteur Diogène qui le suivrait au lieu de son martyre, rapporterait son sang dans un mouchoir à Aoussim où son ami Théodore lui bâtirait une église et écrirait son martyre. Après cette communication, la divine société remonta au ciel, non sans lui avoir donné la paix. Le lendemain, ses parents virent que son visage était tout illuminé ; il ne voulut rien leur dire ; mais il envoya chercher son ami Théodore auquel il raconta tout. De ce jour, il ne mangea plus de viande, ne but plus de vin, ne monta plus à cheval, comme il avait coutume ; il ne prenait plus de nourriture que de deux en deux jours, de trois en trois, ou parfois de semaine en semaine ; il ne mangeait plus que du pain assaisonné de sel[1]. Il apprit un grand

---

1. Il ne faut pas croire que les Egyptiens regardent le sel comme le signe d'une grande mortification : c'est un régal pour eux, moins que la viande cependant. J'ai souvent vu des Egyptiens modernes manger par goût du pain qu'ils assaisonnaient de sel, et le préférer à la viande.

nombre de livres saints par cœur et continua de les étudier. Au bout d'un certain temps, son père et sa mère l'invitèrent à venir vers eux et lui dire : « Pourquoi te retires-tu tout seul ? Dis-nous ce que tu as dans le cœur, car nous voulons célébrer ta noce. » — Il répondit : « Non, je ne veux rien de semblable et je m'y opposerai toujours. » Iblis ne pouvait manquer d'être jaloux d'une aussi grande vertu ; il lui porta envie et un moine des environs l'apprit par une belle vision que sa propre bouche raconta à Théodore. Ce moine marchait en compagnie d'un Ange qui l'avait fait monter sur une colline à l'ouest de la ville ; il vit alors un nègre abyssin qui n'avait pas moins de trente coudées de hauteur[1], dont les yeux semblaient deux escarboucles lançant leurs flammes ; les dents et la langue lui sortaient de la bouche, la barbe ressemblait à celle d'un bouc. Autour du nègre était toute une foule de sbires prêts à combattre le saint Bifamoun et à l'induire en tentation. « Pourquoi, demanda le moine, le Seigneur permet-il à ce méchant de tenter ce saint ? » — « Viens voir ! » répondit l'Ange qui le conduisit à l'est de la ville. Là, le moine vit un magnifique château bâti de pierre et de marbre ; dans une grande salle, il y avait des sièges incrustés de pierreries et sur ces sièges des couronnes. « Qu'est cela ? » dit le moine. — « Ce sont, dit l'Ange, les vertus de ce saint, la Modestie, la Virginité, la Prière, la Patience, la Charité, la Douceur et la Bonté. » Le moine fut bien heureux de cette vision et eut un grand respect pour Bifamoun. Il n'en pouvait moins faire pour un personnage qui lui fournissait occasion de marcher avec les Anges et de voir de si grande merveilles.

Cependant Bifamoun menait en son palais la vie d'un solitaire, lorsqu'arriva la nouvelle de l'édit de Dioclétien. Il en fut profondément affligé ; il se mit à faire la nuit des prières et des prosternations innombrables ; son ami Théodore les voyait, mais Dieu seul les pouvait compter. Une si grande

---

[1]. Environ 15 mètres de hauteur : c'est une jolie taille.

vertu ne pouvait être tenue sous le boisseau, l'éclat en jaillit au loin et le roi Maximien en personne apprit qu'il y avait à Aoussim un certain Bifamoun qui était chrétien. Aussitôt il écrivit au gouverneur de la Haute Egypte, Arien, d'avoir à se rendre en la ville d'Aoussim et de faire les enquêtes nécessaires au sujet du jeune Bifamoun « car, disait-il, on nous a raconté à son sujet des histoires mauvaises, il viole nos ordres et se prosterne devant le Messie ; s'il obéit et adore les dieux, augmente ses honneurs ; s'il n'obéit pas, envoie-le nous. » Un émir escorté de vingt cavaliers porta la lettre. Dès qu'il eut pris connaissance de la lettre, Arien monta à cheval et, suivi d'une grande multitude, il se dirigea vers Aoussim. Pendant qu'il était en marche, Michel apparut au jeune homme et lui dit : « Réjouis-toi maintenant, ô Bifamoun ! Pourquoi rester assis quand le combat se livre et que les couronnes se distribuent gratuitement ? » Puis il apprit à Bifamoun ce qui se passait, la marche d'Arien et tout ce qui arriverait. L'Archange l'ayant quitté après lui avoir donné la paix, le jeune homme alla raconter sa vision à sa mère ; mais celle-ci savait déjà tout de la bouche même de Michel et elle jura à son fils de ne pas se séparer de lui. La nuit se passa toute en prières.

Au matin, on apprit que le vali arrivait. La ville fut toute troublée. Les principaux habitants se hâtèrent, tout en tremblant, d'aller à sa rencontre, se prosternèrent devant lui et lui dire : « O notre maître, quelle faute avons nous donc commise pour que tu viennes à nous avec ces soldats. » Arien les informa du sujet de sa venue : « N'ayez point peur, dit-il ; mais livrez-moi Bifamoun. » — Ils répondirent : « Entendu et obéi. » Ils se rendirent alors à la maison du saint qu'ils trouvèrent revêtu d'un habit blanc, monté sur un cheval blanc, disant adieu à sa maison, en baisant les murailles ; il sortit entouré de tous ses domestiques. C'était une petite armée. Les chefs de la ville eurent peur. « Où vas-tu, Seigneur Bifamoun ? » dirent-ils — Il répondit : « Je vais à la rencontre du gouverneur avec les habits de la noce; ne vous donnez pas la peine de me chercher, car j'y vais de bon gré. » Ils se prirent tous à pleurer, en disant : « Nous voudrions te servir de rançon ! » A sa vue, Arien ne put s'empêcher d'admirer la grâce du Messie épandue sur son visage, la beauté de sa jeunesse et l'éclat de ses vêtements : « Salut à toi, ô Bifamoun ! » dit-il — « Le mot *salut*, répondit le saint, veut dire *joie*[1] ; pour moi, je suis toujours joyeux ; mais toi, tu n'as jamais de joie, car, le Seigneur l'a dit, les hypocrites n'en peuvent avoir. » — Arien reprit : « Lis la lettre du roi, laisse de côté le verbiage et lève l'encens. » Bifamoun refusa. Arien furieux lui fit percer les talons au travers desquels on passa une corde qui servit à l'attacher à la queue d'un cheval ; puis on le traîna par la ville, pendant qu'un héraut criait : « On le traite ainsi parce qu'il n'a pas adoré les dieux du roi ! » Quand on eut fait le tour de la ville, on ramena le martyr devant Arien qui lui dit : « Eh bien, as-tu vu le commencement des supplices ? Lève l'encens. » Le martyr répondit : « Tu es comme le moustique, de ses ailes souffletant le rocher. »

Les serviteurs du saint, qui avaient assisté à ces évènements, se hâtèrent d'aller redire à leur maîtresse ce qui avait eu lieu. Elle sortit en courant de sa maison et, lorsqu'elle eut vu son fils en cet état, elle s'écria : « Malheur à moi, ô lumière de mes yeux ! » Puis elle s'avança vers son fils qui lui dit : « De ce jour on a enlevé de la maison le nom du Messie[2]. » Cependant les serviteurs, au nombre de cent, s'étaient réunis ; ils s'avancèrent en criant : « Nous sommes chrétiens, nous croyons au Dieu de notre maître. » Ils se jetèrent sur le vali, renversèrent son tribunal et l'injurièrent. Les soldats s'avancèrent à leur tour et relevèrent le tribunal. Arien courroucé ordonna de creuser une grande fosse, de la remplir de feu et

---

1. Bifamoun fait un jeu de mot et ce jeu de mot montre que le texte copte employait le verbe grec χαῖρε. Comme l'on sait, le mot χαῖρε s'employait en guise de salut et signifiait : sois joyeux, réjouis-toi.
2. Si le texte n'est pas corrompu, cette phrase signifie que tous les habitants de la maison seront tués ce même jour, parce qu'ils sont chrétiens.

d'y jeter les serviteurs de Bifamoun. Quand la fosse fut allumée, on n'eut aucune violence à exercer sur eux : ils s'y jetèrent d'eux-mêmes, ainsi que la mère du saint. On était au vingt-huitième jour de Thoth[1], et les Anges dans les airs couronnaient les martyrs et recueillaient leurs âmes. De tous les serviteurs, il ne resta que Diogène dont l'auteur avait besoin.

Après de nouveaux tourments, Arien prit le parti d'envoyer Bifamoun au roi Maximien. Le roi, ayant vu le jeune homme, admira sa beauté ; mais ne put le séduire. Il lui fit attacher au cou une grosse pierre et on le jeta dans le fleuve : par la vertu de Dieu, homme et pierre surnagèrent. Par contre, un grand coup de vent précipita Maximien dans le fleuve et le roi enfonça immédiatement. Quoique sous l'eau, il trouva moyen de prier le saint de le faire surnager, ce à quoi le saint se prêta de la meilleure grâce[2]. Sauvé d'un si grand danger, le roi se débarrassa du saint et l'envoya au gouverneur d'Alexandrie, Arménius. Ce fut un triste jour pour le gouverneur. Arménius parla d'abord avec une grande douceur voulant amener le martyr à lever l'encens ; Bifamoun se contenta de répondre : « Puisque je n'ai pas écouté le roi, comment veux-tu que je t'écoute, toi-même ? » Arménius peu flatté se saisit d'une massue et voulut en frapper le saint ; il leva le bras et ce bras, coupé à l'épaule, tomba à terre ; « Que Dieu, dit le gouverneur, ne donne jamais de repos à celui qui t'a amené vers moi ! » Mais Bifamoun fut ému de compassion, il recolla le bras et rien n'y parut. A cette vue, un soldat et ses serviteurs se proclamèrent chrétiens ; leurs têtes furent aussitôt coupées. Arménius reconnaissant fit donner la question à Bifamoun, et, quand les chairs du martyr furent à nu, il fit verser sur elles du vinaigre et de la chaux. Puis,

---

1. C'est-à-dire le 26 septembre.
2. Il semblerait par la mention du fleuve que Maximien fut en Egypte ; mais l'envoi à Alexandrie rend cette hypothèse inadmissible. Pour les égyptiens, le Nil est partout et ils disent tranquillement que Paris est sur le Nil, c'est-à-dire sur un fleuve.

voyant que rien n'aboutissait, il envoya le saint au vali de la Haute-Egypte, avec cette lettre : « Reçois ce désobéissant, exile-le dans la terre étrangère ou prends-lui la tête du tranchant de l'épée. » Un capitaine et sa compagnie escortèrent le martyr.

Quand on arriva à Antinoë, il y avait vingt-deux jours que le saint n'avait ni bu, ni mangé, au témoignage de Diogène ; ce qui n'empêchait pas son visage de briller comme le soleil. Arien lui dit : « Pourquoi n'as-tu pas obéi au roi et au gouverneur Arménius ? » — « Je n'obéirai jamais, » dit Bifamoun. Arien fit appeler un forgeron qui forgea cinq grands clous : on arracha les ongles des pieds et des mains au martyr, on le cloua avec les cinq clous, un en la tête, deux aux pieds et deux aux mains, et Arien lui dit avec sarcasme : « Sois confondu, ô Bifamoun ! où est ton Dieu pour te sauver de ma main ? » Ce Dieu n'était pas loin ; il descendit du ciel, les clous se fondirent comme de la cire devant le feu et Bifamoun se releva sain et sauf. Le Messie lui fit voir son trône dans le ciel et y remonta après lui avoir donné la paix. Arien, embarrassé, dit : « Lève l'encens ou meurs ! » Le martyr lui opposa un refus longuement motivé par les plus heureuses citations de l'Ecriture. Le vali jura et dit : « Je ne te tuerai pas ici, mais je t'emmènerai avec moi à Akhmîm et je t'y tuerai. » — Le martyr jura aussi de son côté et dit : « Je n'irai pas à Akhmîm. » Pour accomplir son serment, Arien lui fit de nouveau percer les talons, on y passa des cercles de fer et on le traîna au fleuve, pendant qu'un officier criait en tête du cortège : « On le traite ainsi en raison de sa désobéissance et de ses insultes envers les dieux. » Le sang du martyr coulait par les rues. Un aveugle y trempa son doigt et recouvra la vue. La jeune femme d'un soldat, mariée depuis trois mois et dont personne n'avait encore vu la figure, regarda par la fenêtre et elle aperçut à la fois le martyr et les anges qui tenaient la couronne suspendue sur sa tête ; elle se mit à crier : « O que bienheureux est le jour où je t'ai aperçu, car j'ai vu la couronne et la mienne aussi ! » Arien, qui suivait sur une mule, ordonna de la faire descendre, lui fit attacher un pied et une main à la queue d'un cheval, un pied et une main à la queue d'un mulet, on poussa cheval et mulet et la jeune femme fut coupée en deux. Arrivé au fleuve, le gouverneur fit jeter le martyr à fond de cale et bientôt toute la flottille se mettait en marche pour Akhmîm. Arien triomphait. Son triomphe ne dura pas longtemps : du fond de sa cale, Bifamoun fit une prière et soudain toute la flotille cessa d'avancer. Le gouverneur furieux s'écria : « Qu'on aille vite me chercher un magicien ! » On amena un certain Alexandre et le vali lui demanda de faire marcher la barque. Le magicien se fit amener un taureau, lui parla à l'oreille en prononçant quelques formules magiques et le taureau fut divisé en deux. Les deux parties mises dans une balance se faisaient exactement contre-poids. Arien fut bien content. Alors le magicien prononça des formules aux noms de nombreux Satans, il courait à droite et à gauche sur la terre ferme et criait : « Lâchez la barque ! » mais il avait beau crier : « Lâchez la barque ! » la puissance qui la retenait ne la lâchait point. Arien dit au magicien : « Je t'admirais en commençant ; mais, depuis que tu as prononcé les formules, la barque est devenue plus immobile qu'auparavant ! » Le pauvre magicien ne savait pas la bonne formule et force fut au gouverneur de faire descendre à terre le martyr Bifamoun. Arien fit creuser une grande fosse, on la remplit de bois et de naphte, on y mit le feu et on y jeta le saint. Celui-ci fit une prière, Michel descendit des cieux et les flammes se changèrent en une douce rosée. Le magicien qui assistait à ce spectacle vit là quelque chose de supérieur à tous ses enchantements, il se convertit et eut aussitôt la tête tranchée. Cependant cette ennuyeuse aventure avait mis le gouverneur au paroxysme de la colère : « Tu as fait de moi, dit-il au martyr, tout ce que tu as voulu ! » — Le martyr répondit : « Tu ne mangeras ni ne boiras aujourd'hui que tu ne m'aies tué ! » Arien sentit tout à coup qu'il avait faim et, pour donner un démenti rapide au saint, il ordonna de dresser la table. Mais au moment où il allait s'y asseoir, ses pieds séchèrent ; « dans l'excès de sa fureur et de son ignorance, il voulut qu'on lui servît quelque chose à manger, mais ses mains séchèrent aussi et il ne put les étendre. » Comme il voulut manger, force lui fut d'écrire la sentence ; pour cela il dut recouvrer l'usage de ses mains, quoiqu'on ait oublié de le dire ; mais les martyrs n'avaient pas de rancune et ils se hâtaient de guérir leurs persécuteurs. On débarqua Bifamoun au village de Tamouch[1] ; il fit sa prière, le Seigneur vint le consoler, puis il appela son serviteur Diogène, qui l'avait toujours suivi, et lui recommanda d'étendre la serviette apportée d'Aoussim, afin de recueillir son sang. Diogène étendit en effet la serviette ; Bifamoun se plaça par dessus, tendit le cou et eut la tête tranchée. Un parfum admirable se répandit alors, des gens accoururent autour de Diogène qui pleurait et lui promirent secours dès que le gouverneur serait parti, ce qui ne tarda pas ; car le vent n'attendait que le coup qui trancha la tête de Bifamoun pour se lever, et la flotille du gouverneur vogua tranquillement[2].

A en croire ce récit, Bifamoun avait donné plus de peine à lui seul que tous les autres martyrs de la Haute-Égypte. C'est qu'ici nous commençons à entrer dans le domaine de la légende presque pure, s'étayant d'un fait brut, peut-être, mais n'offrant aucune preuve de réalité. Il faut noter toutefois que Bifamoun est l'un des plus célèbres martyrs, qu'on a composé des hymnes en son honneur et qu'on lui décerna le titre d'émir. Ce martyre est le dernier de ceux auxquels présida le gouverneur Arien ; mais je ne peux laisser un

---

1. La mention de ce village est une bonne preuve de l'impossibilité de tout le récit. Il est situé au delà de Qaou, sur la rive gauche ; il était impossible de s'y rendre d'Antinoë en un jour ; et cependant c'est bien le même jour que tous ces événements arrivent, presque au moment du départ. Mais ce moment avait suffi pour faire plus de trente lieues.
2. *Synaxare*, 27 Toubah. Naturellement ce martyre est suivi de nombreux miracles dont quelques-uns sont racontés.

personnage qui mérita autant des chrétiens d'Egypte sans dire comment ils le récompensèrent. Plusieurs des ses victimes lui avaient annoncé qu'il serait martyr à son tour ; comme on le lui avait prédit, il n'y échappa pas, et l'occasion de sa conversion est racontée dans les *Actes* des deux musiciens, Philémon et Apollonius.

Arien avait à son service deux musiciens, l'un chanteur, c'était Philémon ; l'autre joueur de flûte, c'était Apollonius. Pour se désennuyer un jour, les deux musiciens se mirent en tête d'être martyrs et leurs actes se ressentent de leur profession. Philémon se déguisa en Apollonius, prit sa flûte et ses habits, se présenta devant le vali qui ne le reconnut pas, confessa le Messie et, séance tenante, fut percé de flèches. A peine était-il mort, qu'Apollonius se présenta de son côté avec son instrument et confessa le Messie. Arien qui croyait l'avoir fait tuer ne pouvait ajouter foi au témoignage de ses yeux, il aimait Philémon et regretta son erreur. Pour la réparer, il fit de même percer Apollonius à coup de flèches ; mais pendant qu'on supliciait le joueur de flûte, une flèche se retourna, perça l'œil du vali et le creva[1]. Ce fut le coup de la grâce ; Arien se mit à réfléchir à tous ses crimes, à pleurer et à gémir ; il ne vit qu'un moyen de se sauver, c'était de retourner à son ancienne foi et d'être martyr aussi, comme on le lui avait prédit. Après de nombreuses larmes et de grands gémissements, il prit son parti, se rendit à Antioche où il souffrit le martyre, et le grand persécuteur devint un saint au même titre que les persécutés. Les auteurs coptes lui ont ainsi rendu ce qu'il leur avait prêté[2].

1. *Synaxare*, 9 Barmahat.
2. Le *Synaxare* ne contient pas la fête d'Arien ; mais j'ai fait observer plus haut les prédictions *authentiques* des auteurs coptes. J'ai été assez heureux pour retrouver le *martyre* d'Arien. Comme c'est une œuvre de pure imagination et sans grand intérêt pour cette étude, je n'en parle pas plus longtemps. Je l'ai traduite et publiée dans mes *Contes et Romans de l'Egypte chrétienne*.

CHAPITRE TROISIÈME.

Le nombre des martyrs de la Haute-Egypte, dans la partie comprise entre les Pyramides et Antinoë, n'est pas comparable au nombre vraiment prodigieux des chrétiens du Sa'id proprement dit qui moururent pour leur foi, s'il faut en croire les Actes coptes. C'est une preuve que la rebellion politique y eut autant de part que la résistance religieuse. Il était plus difficile à l'autorité romaine de se faire sentir dans les nomes éloignés du pouvoir central, à demi barbares et toujours exposés aux invasions des nomades. Comme aujourd'hui, la Haute-Egypte, depuis Siout jusqu'à Assouan, devait être la terre promise du brigandage dès que l'autorité n'était plus à craindre; comme aujourd'hui encore les postes de soldats livrés à eux-mêmes devaient pactiser avec les brigands, quitte à tomber sur eux lorsque l'autorité supérieure reparaissait. Le brigandage était une profession tout comme une autre, et cette profession n'avait rien d'infamant[1] aux yeux des

---

[1]. On peut voir deux exemples de ce fait dans la vie de Schnoudi (Cf. E. Amélineau : *Monum. p. serr.* etc. p. 25 et 199). Schnoudi appelle les voleurs ses *chers fils*, il leur fait rendre les biens volés, mais il fait aussi en sorte qu'on les récompense de leur restitution sans les punir de leur vol. C'est une curieuse morale. Quand il s'agit d'étrangers tout est différent.

Egyptiens. Pour l'autorité romaine, c'était autre chose ; elle n'admettait pas deux morales, l'une pour l'Egypte, l'autre pour le reste du monde : tous les sujets de l'empire devaient passer sous les mêmes lois et la répression du crime devait être partout égale. C'est pourquoi, dans leurs tournées, les gouverneurs de la Haute-Egypte devaient se montrer d'une sévérité impitoyable, et l'auteur copte connaissait bien son pays, quand il faisait dire à Arien : « Vous autres, gens de la Haute-Egypte, vous avez le cœur dur et l'on m'a choisi pour vous corriger![1] » Non pas que ces gens soient des hommes féroces par caractère, ils sont même très doux quand ils se voient les plus faibles ; mais le bien d'autrui a toujours eu pour eux d'irrésistibles attraits, ils ne peuvent s'empêcher de penser qu'il serait pour le moins aussi bien placé dans leurs mains que dans des mains étrangères et ils pratiquent ce qu'ils ont toujours vu pratiquer à leurs pères. Seule, une verge de fer peut les contenir. On a vu si Arien avait la main lourde. J'imagine que les chrétiens ne devaient pas sensiblement différer de leurs frères ; ils devaient faire leurs prières avec une grande foi, jeûner avec persévérance, mais non s'abstenir de se révolter contre l'autorité, ni tenir leurs mains éloignées de ce qui n'était pas à eux. Cela pour une bonne raison : la morale égyptienne, telle que la comprenait le fellah, n'était pas contraire à de pareils actes quand il s'agissait d'étrangers qui n'avaient aucun droit dans le pays.

Les mêmes idées devaient prévaloir dans la partie septentrionale de la Haute-Egypte ; mais elle ne pouvaient aussi librement se traduire par des actes. Des Pyramides à Antinoë, l'autorité romaine était bien plus fortement établie que d'Antinoë à Assouan ; l'élément grec y était bien plus nombreux et il fallait nécessairement compter avec les étrangers. Il y avait des gouverneurs dans chaque ville importante, à Kaïs, à Behnesa, à Fayoum ; la répression se faisait moins

---

1. Cf. supra.

attendre, la peur était plus grande et les populations plus calmes. En outre le pays est plus riche, il y a plus à travailler et à récolter. Si donc Arien ne fit pas plus de victimes dans la partie septentrionale de son gouvernement, c'est premièrement qu'il y avait moins à faire, et secondement que le plus souvent les gouverneurs provinciaux suffisaient à la répression.

Parmi ces gouverneurs locaux ou provinciaux nul n'est plus célèbre que Culcien. Culcien était naturellement un renégat, puisqu'avant l'apostasie de Dioclétien toute la terre était chrétienne. Comme Arien, il avait fait sa cour à l'empereur en laissant de côté le christianisme pour adorer les idoles. Soit qu'il n'y eût pas un grand nombre de chrétiens dans son gouvernement, soit qu'il n'eût pas un naturel aussi violent et porté à la sévérité qu'Arien, il ne fit qu'un très petit nombre de victimes. La raison la plus forte fut, sans doute, que les habitants de son district, moins portés à la rébellion que leurs frères du Haut-Pays parce qu'ils étaient plus faciles à atteindre, offrirent beaucoup moins de résistance à l'autorité romaine. Les premiers martyrs que l'on rencontre de cette région moyenne de l'Egypte dans le *Synaxare* sont un certain Théophile et sa femme, originaires de Fayoum, (ou Arsinoë, ou encore Crocodilopolis). Le gouverneur de Fayoum, averti qu'ils étaient chrétiens, les fait venir et les interroge ; ils confessent leur foi et on les jette vivants dans une fosse que l'on remplit ensuite de pierres[1].

Ces *Actes* sont très courts, ou plutôt l'analyse qui a été conservée. Il en est de même de ceux de la jeune Maharati, « la fiancée du Christ, qui fit une bonne confession devant Culcien[2] » Elle n'avait que douze ans ; mais elle était pleine

---

1. *Synaxare*, 19 Baba.
2. Le texte ajoute : Vali d'Antinoë. Il doit y avoir erreur, à moins de supposer que Culcien aurait remplacé Arien lorsque celui-ci se décida à être martyr.

de foi, de science, et elle confondit le vali par ses citations de l'Ecriture. Culcien lui dit : « Comment peux-tu parler aussi grandement, étant si jeune ? » — Elle répondit : « Si je suis jeune d'années, je suis âgée d'âme, comme a dit l'apôtre[1]. » — Le vali reprit : « J'ai pitié de toi à cause des nombreux tourments qu'il te faudra subir, ainsi que quiconque désobéira et ne lèvera pas l'encens à Apollon et aux autres dieux. » — Je me prosterne, répondit-elle, devant mon Seigneur Jésus le Messie, et je mourrai pour son saint nom. Quand je serai morte, je serai transportée dans la vie éternelle, j'habiterai avec le Messie, comme dit l'apôtre ; je ne vivrai pas dans ce monde pour être séduite par ses délices, porter des vêtements corruptibles, me parer de bijoux et de boucles de cheveux ; car quiconque se parera des choses de ce monde perdra les délices de l'autre monde. » Elle fut ferme sur le chevalet et la chaise rougie au feu : son âge était tendre, son visage doux et beau ; mais elle n'eut aucune pitié de son corps. Il faut dire qu'elle ne sentait aucun tourment. Le vali, la voyant inflexible, la fit enfermer dans un sac plein de vipères, de serpents et de toute espèce de reptiles venimeux ; ils ne lui firent aucun mal, car elle avait pour elle les paroles de l'Evangile ; au contraire, le parfum qui se dégageait de ses vêtements les fit tous périr. Au bout de trois jours cependant, elle rendit l'âme[2].

Les *Actes* de Kàou sont beaucoup plus développés. Kàou était né dans un village proche de Fayoum et nommé Bimài ; il s'était bâti une *tour* à l'extérieur de son village et y vivait, faisant de nombreuses adorations, ne rompant son jeûne que le samedi, ne mangeant rien qui eût eu vie, ne buvant point de vin. Les gens du village allaient à lui et s'en faisaient bénir : sa bénédiction était un remède assuré contre toute

---

1. La citation me paraît hasardée. La sainte aurait été emportée par son goût pour l'Ecriture, car il me semble bien que sous cette forme, l'on ne rencontre pas ce mot dans les Epîtres de Saint Paul.
2. *Synaxare*, 14 Toubah.

maladie. La nuit du vingt-sixième jour de Kihak[1], pendant qu'il se livrait à ses adorations, l'ange du Seigneur lui apparut : « Qui es-tu, mon Seigneur? » lui demanda Kâou. — « Je suis l'Archange Gabriel. Pourquoi rester assis pendant que le combat se livre? demain quand tu te seras levé, va vers la rive du fleuve, à l'endroit où l'on débarque : tu trouveras l'émir Culcien occupé à tourmenter les chrétiens; confesse le Messie en sa présence, il te conduira à Antinoë et dans cette ville tu achèveras ton martyre. » Le lendemain Kâou obéit sans retard; il laissa sa tour à la garde de son disciple et lui dit : « Reste ici; s'il vient quelqu'un me demander, dis-lui : Mon père est allé visiter son frère. Garde cet endroit jusqu'à mon retour, fais tes prières comme tu m'as vu faire tous les jours jusqu'à ce que la volonté de Dieu soit accomplie. » Puis, ayant fait sa prière, il embrassa son disciple et se rendit sur la rive du fleuve. Il y trouva l'émir : « O fils du péché, s'écria-t-il, impur, pourquoi as-tu abandonné Dieu pour adorer les idoles? » A ces mots, Culcien répondit : « Qui es-tu? d'où viens-tu? quel est ton nom? pourquoi as-tu prononcé cette parole? » — Le saint lui dit : « Avant toute chose, je suis chrétien et serviteur du Messie. Tu sais, aussi toi, qu'il n'y a pas d'autre Dieu que lui. Pour le reste, je suis des environs de Fayoum, du village de Bimal. » Le gouverneur admira sa vieillesse et vit que la grâce de Dieu était sur sa figure; il lui dit : « J'ai pitié de ta vieillesse et ne te ferai pas trancher la tête; mais prosterne-toi devant les dieux du roi. » — « A Dieu ne plaise, dit Kâou, que j'adore des idoles maudites! » — Le vali reprit : « Je vais te faire amener Appollon; tu verras comme il est beau! » En effet on amena le dieu et le gouverneur se prosterna devant lui; Kâou s'en moquait et il dit à Culcien : « Je vais lui parler et voir s'il liera conversation avec moi. » Culcien fut joyeux de cette parole et laissa approcher Kâou de l'idole. C'était

---

[1]. C'est-à-dire le 29 décembre.

une statue d'or, ornée de pierres précieuses, haute d'une coudée et demie; c'était en plus un cadeau de l'empereur Dioclétien et l'émir la prisait plus que toutes ses autres richesses. Kàou s'approcha donc, prit l'idole, la jeta à terre et la brisa. A cette vue, Culcien déchira ses vêtements, entra dans une violente colère, fit étendre le martyr sur le chevalet et le fit torturer pendant deux heures sans discontinuer. Le sang du martyr coulait comme l'eau. Les soldats se fatiguèrent et dirent à Culcien! « O notre Maître le vali, nous sommes fatigués et il n'a pas encore souffert! » On le fit descendre et le gouverneur lui dit : « Eh bien ! as-tu goûté le commencement des tortures ? » — « Fils du péché, dit Kàou, ne sais-tu pas que j'ai mon Seigneur Jésus le Messie qui me fortifie ? Et maintenant fais vite ce que tu voudras. » Le gouverneur le fit enchaîner et conduire à Behnésa (Oxyrrinkhe) avec une foule d'autres martyrs. Il quitta lui-même son tribunal, furieux de ce qu'on avait brisé sa belle statue; il passa tout le jour sans boire ni manger, mais cela ne lui rendit point son bel Apollon d'or. Le lendemain, à Behnésa, on amena le martyr, on l'étendit à terre et quatre soldats le frappèrent avec des lanières de cuir. Le sang ruisselait : un aveugle de naissance trempa son doigt dans ce sang, se frotta les yeux et vit. A ce prodige, la foule éclata en acclamations et s'écria : « Il n'y a au ciel et sur la terre d'autre Dieu que Jésus le Messie ! » Le vali ordonna de tuer quiconque criait ainsi, et cinq cents personnes reçurent la mort. On conduisit Kàou à Antinoë et on le tint en prison. Là, l'ennemi du bien, Satan en personne, lui apparut sous la forme d'un Ange et lui conseilla d'adorer Apollon le lendemain, afin qu'on le relâchât et qu'il pût aller où bon lui semblerait. Kàou crut d'abord que c'était un Ange véritable; mais bientôt il entendit une voix du Seigneur qui lui disait : « Ne crains rien! Je suis avec toi. Saisis-toi de celui qui est debout et te parle, afin qu'il t'apprenne qui il est ! » Le martyr s'élança sur Iblis, le saisit et lui dit : « Qui es-tu ? » — « Laisse-moi, dit l'autre, et je te l'apprendrai. » — « Commence d'abord par me l'apprendre, dit Kâou, et je te lâcherai. » — « Je suis le Satan Sophonazar, dit le pauvre diable surpris, celui qui aime le péché et l'adultère, celui qui trompa Adam et le fit désobéir avec votre mère Ève. » La conversation ainsi engagée continua longtemps, Sophonazar apprenant au moine quelles étaient les habitudes des Satans : il croyait qu'ainsi il en serait quitte à bon marché ; mais quand il n'eut plus rien à apprendre à Kâou, celui-ci attacha le malheureux Satan avec ses propres chaînes et se mit à le frapper, malgré les supplications faites au nom du Messie. Le lendemain, quand le gouverneur fit appeler Kâou, on fut bien surpris de trouver deux prisonniers, au lieu d'un, attachés aux mêmes chaînes ; on les fit avancer tous deux, mais en passant à côté d'un lieu infect, Kâou y jeta le pauvre Sophonazar et se rendit seul au tribunal. Lorsqu'il eut refusé de sacrifier, Culcien le fit jeter tout vivant dans une fournaise ; l'Ange du Seigneur l'en ayant délivré, il revint au gouverneur et cria : » « C'est à recommencer, infidèle ! » Culcien demanda quels étaient ces cris : on lui dit que c'était le moine Kâou. De nouveaux tourments se succédèrent qui n'avancèrent à rien, car l'Ange du Seigneur était toujours là pour l'en sauver. De nombreuses foules se convertirent et eurent la tête tranchée. Le Seigneur le Messie descendit du ciel en personne et fit les plus belles promesses au martyr. Culcien se décida enfin à rendre la sentence et le condamna à avoir la tête tranchée. Kâou se rendit au lieu du supplice, pria les soldats de lui laisser quelque temps pour prier et tendit le cou. On lui trancha la tête aussitôt[1].

Le martyr qui se présente en second lieu est Bisoura, évêque de Masil. Les *Actes* ont été conservés presque en entier et sont publiés[2]. Nous n'avons aucun détail sur sa vie

---

1. *Synaxare*, 28 Toubah.
2. Quand je dis conservés en entier, il faut entendre conservés en partie : les *Actes* du manuscrit du Vol. Cop. 60 sont acéphales et commencent à la page 17. Il se peut que ces 17 premières pages aient eu rapport à Bisoura

jusqu'au moment où est publié l'édit de Dioclétien ordonnant la persécution : alors Bisoura, ayant conçu un vif désir d'être martyr, rassembla son peuple, le fit se tenir debout devant l'autel, lui recommanda d'observer les commandements de Dieu et lui apprit qu'il allait partir pour verser son sang au nom du Seigneur Jésus le Messie[1]. A cette nouvelle, tous les assistants, petits et grands, se mirent à pleurer et à dire : « Malheur à nous, ô notre père, évêque de nos âmes et nourricier de nos corps ! Partiras-tu donc pour nous laisser orphelins ? Qui, comme toi, paîtra ton troupeau de brebis ? aux mains de quel pasteur nous livreras-tu ? Nous ne te laisserons pas partir[2]. » Mais Bisoura, qui était éloquent, les persuada, les bénit, consacra l'offrande et distribua « la bénédiction au peuple en le corps et le sang du Christ[3]. » Après bien des paroles, Bisoura se rend enfin, de compagnie avec trois autres évêques, à la ville où résidait le gouverneur Culcien ; ils se présentèrent franchement et intrépidement à son tribunal et l'apostrophèrent de la sorte : « Insensé, imbécile, aveugle, fils de la perdition comme les rois injustes, jusqu'à quand obligerez-vous les enfants des hommes à adorer les idoles et à leur sacrifier, quand elles ne voient ni n'entendent, n'ont ni le sens de l'odorat ni celui du toucher, qu'elles n'ont jamais pu sauver ceux

---

uniquement. Ils ont été publiés par M. Hyvernat dans le 2e fasc. de ses *Actes des martyrs de l'Egypte*, pag. 115-195. Cette publication renferme d'assez nombreux contre sens : je les signalerai au fur et à mesure que j'en trouverai l'occasion et que je serai obligé de le faire. Quant aux nuances de la traduction, à ces détails qui peignent si bien la vie égyptienne et qui doivent se faire sentir dans une traduction digne de ce nom, il n'en faut pas chercher trace dans l'ouvrage ci-dessus.

1. C'est ici que commence le cod. cop. vat. 60 f. 1. — Le *Synaxare* contient le commencement.

2. Ces dernières paroles ne sont pas contenues dans les *Actes* coptes, mais se trouvent dans le *Synaxare*. Elles sont d'ailleurs parfaitement en situation.

3. C'est à dire leur distribua l'Eucharistie sous les deux espèces. M. Hyvernat traduit « *et bénit tout le peuple avec le corps et le sang du Christ* ». En note, il met : c'est à dire communia. La note donne le sens, mais la traduction est un contre-sens qui montre que le traducteur ne s'est pas fait la moindre idée de la nuance du texte. Le mot à mot donne : *il donna la bénédiction*. Or, le mot *bénédiction* est employé ici dans un sens tout particulier à l'Egypte et signifie : une chose qu'on est heureux de posséder. En français bénir a un tout autre sens.

qui leur rendent hommage, car elles sont insensibles, sans mouvement, sourdes, aveugles et imbéciles ! » C'était bien commencer. Le gouverneur répond : « Mauvaises têtes ! d'où êtes-vous et qui vous a amenés ici ? » — « Nous sommes chrétiens ouvertement ! » répondent les quatre évêques. Cependant Culcien veut les convaincre et leur promet beaucoup d'honneurs, s'ils sacrifient. Bisoura, de son côté, entreprend de convaincre le vali et lui fait une belle réfutation du paganisme, réfutation empruntée à un document grec[1], car elle se trouve tout entière dans les actes de St-Ignace[2]; elle devait être classique en Egypte, puisque l'auteur des *Actes* de Bisoura l'a insérée tout entière dans son œuvre. Cette

---

1. La preuve de cet emprunt se trouve dans ce fait que l'argumentation de Bisoura suit absolument le même ordre que celle d'Ignace, mais l'adaptateur a eu soin d'enlever les passages qui ne pouvaient manifestement pas avoir rapport à son héros. Il est impossible de croire que ce soit l'auteur du martyr d'Ignace qui ait fait l'emprunt, parce que dans le dernier cas on ne comprendrait plus les réponses de Trajan qui est un autre argumentateur que le pauvre Culcien. (Cf. Dressel *Patr. Apost. op.* p. 368-375 ; et dans le *P. A. Op.* de Harnarck tom., II p. 316-325. Le texte copte contient en outre certains passages qui doivent être traduits d'autres œuvres grecques. J'en trouve la preuve dans un passage qui a fourni à M. Hyvernat l'occasion d'un de ses meilleurs contre-sens. Bisoura parle de certains systèmes de philosophie qu'il appelle *hérésies*, mot qui montre à quelle époque doit se rattacher la composition de l'œuvre ; il cite celle des *Couriens* que M. Hyvernat transforme en Épicuriens, je ne sais pourquoi, et dit : « Telle est l'hérésie des Couriens qui disent que notre Dieu a été créé. » C'est la traduction de M. Hyvernat. Mais pour avoir été créé, il faut avoir un créateur. Le texte porte, ⲝⲉ ⲛⲉⲛⲛⲟⲩϯ ⲱⲟⲡ. Le grec devait avoir, ἐγένετο, qui est exactement rendu par ⲱⲟⲡ. Il faut traduire par *a commencé d'être*, nuance qui est celle du mot grec et qui ne pouvait pas passer en copte ; le mot ⲱⲟⲡ veut dire *être, exister*, et jamais *créer*.

2. A propos de cette énumération d'*hérésies* dont j'ai parlé dans la note précédente, je dois mentionner un passage que M. Hyvernat appelle « *un passage délicat* » (op. cit. p. 129, note 4) et qu'il traduit ainsi : « telle l'hérésie de ceux qui disent que Dieu ne gouverne que nominalement les choses créées et qu'il ne se soucie nullement des êtres qui sont sous la lune » (op. cit. p. 124). Il rapproche ce passage des *Actes* de Saint Ignace et dit : « Ce passage délicat n'est guère plus clair dans le martyre de Saint Ignace. » En effet il est le même à l'exception d'un mot et de l'attribution du système à un certain Aristobule. Il ne faut cependant pas être grand clerc pour voir ce que signifie ce *passage délicat*. Le texte contient une faute de copie : au lieu de ⲫⲣⲁⲛ il faut lire ⲫⲣⲏ. Le scribe avait sans aucun doute lu ⲫⲣⲏ, prenant un ⲏ pour un ⲛ, et comme le mot ⲫⲣⲛ n'existe pas en memphitique, il a ajouté la lettre ⲁ qui lui donnait ⲫⲣⲁⲛ, qui signifie *le nom*. M. Hyvernat traduit donc : jusqu'au nom seulement, c'est à dire nominalement, ce qui donne un non-sens. Il faut traduire : « telle l'hérésie de ceux qui disent que Dieu ne gouverne les choses que jusqu'au soleil, et qu'il ne prend aucun soin de celles qui s'étendent en dessous jusqu'à la lune. » Cette traduction est au moins compréhensible, et le parallélisme de l'idée impose la correction.

réfutation ne manque pas d'une certaine éloquence et à un moment donné, Culcien s'écrie: « Par les dieux! Bisoura, je suis dans l'admiration de ta grande science, quoique je n'approuve pas ton culte ». Bisoura lui répondit: « De quoi accuses-tu notre culte? » — Vous n'adorez, dit Culcien, ni le soleil, ni le ciel, ni la terre qui nourrit toutes les choses qui la couvrent! » C'est une nouvelle occasion pour Bisoura de faire montre de sa science: il n'y manque pas; mais à la fin: « Je ne puis supporter ton orgueil, dit Culcien, tu te ris par trop de nous dans ton désir de nous vaincre par les pièges que tu tends. Sacrifie aux dieux, car il te suffit d'avoir dit tout ce que tu as proféré avec bavardage[1]. Si vous ne sacrifiez pas, je vous châtierai et en dernier lieu je vous ferai enlever la tête! » Les saints refusèrent; on les mit sur le chevalet, on leur appliqua aux flancs des torches ardentes; mais les supplice n'enlevaient pas la parole à Bisoura qui continuait d'injurier le gouverneur, l'appelant malheureux imbécile, stupide, aveugle! Las de s'entendre injurier, Culcien les fit jeter en prison et commanda de laisser les portes ouvertes, espérant qu'ils s'enfuiraient. Mais les portes ouvertes ne servirent qu'à permettre aux chrétiens du dehors d'entrer dans la prison et de venir se faire guérir par les confesseurs. Culcien, à cette nouvelle, pris de peur et redoutant que la ville entière ne se convertît au culte du Messie, ordonna de conduire Bisoura et ses compagnons hors de la ville et de leur trancher la tête. Bisoura obtint des soldats de faire une longue prière dans laquelle il recommanda au Messie tous ceux qui lui avaient été ou lui seraient serviables[2] il tendit le cou et on lui trancha la tête; ses trois compagnons

---

1. Ces mots dans les *Actes* de Saint Ignace sont placés dans la bouche de Trajan.
2. Je ne peux relever toutes les fausses traductions de M. Hyvernat, même pour justifier les différences de ma traduction; mais ici je me trouve en présence d'une phrase monumentale. D'après M. Hyvernat, Bisoura s'exprime ainsi: « A tous ceux qui construisent un oratoire en l'honneur de celui qui a été méprisé pour ta cause, multiplie leur récompense en considération de la sollicitude qu'ils auront apportée à la glorification de nos corps couverts de blessures. Comme ils auront rendu un honneur publique (sic, les fautes

Théodore, Phalnagous et Biskhoun[1], eurent le même sort[2].

Si l'on ajoute à ces trois œuvres, un quatrième martyr sur lequel je reviendrai plus loin, parce qu'il fait partie d'une série d'*Actes* attribués à un même auteur, c'est tout ce que l'on raconte dans le *Synaxare* sur le rôle de Culcien dans la persécution[3]. J'en aurais tout à fait fini avec la Haute-Egypte, s'il n'existait un certain nombre d'*Actes* qui n'ont rapport ni à Arien, ni à Culcien, ni à un autre gouverneur; trois martyres de cette série se passent dans la Haute-Egypte et je dois les faire connaître ici. Ce ne sont pas les moins curieux : ils sont même d'un ton plus relevé, car nous n'avons plus à faire à des sous-gouverneurs ou à des gouverneurs généraux, mais à un empereur en personne, à Maximien qui voyage en Egypte pour son plaisir, pour ses affaires, et surtout pour martyriser les chrétiens.

Il y avait donc au village de Bilgâi un soldat en activité de service, nommé Abadious. Il était bien fait, avait fort bonne tournure, un visage agréable; il avait gardé sa virginité et était parfait en toute belle vertu. Il voulait être martyr, mais ses parents l'en empêchèrent. Le Seigneur, qui voyait sa patience, vint à son secours; il envoya son Ange lui dire : « Quand tu te seras levé demain matin, va sur les bords du fleuve; tu trouveras une barque. Tu apprendras ton histoire

---

d'orthographe abondent dans cette publication) à nos membres sans vie, bien plus *comme cet acte leur aura valu un pacte avec toi qui est vivant, tout ce qu'ils te demanderont accorde-le leur sur cette arche de la puissance.*» Op. cit. p. 132-133). Je laisse à de plus habiles que moi le soin de deviner ce que cela peut vouloir dire. M. Hyvernat appartient sans doute à cette école qui jetterait le discrédit sur la science, si on pouvait prendre ses productions au sérieux. Il faudrait pourtant se dire que si les Coptes ont écrit c'était pour dire quelque chose. Le texte signifie : « A quiconque bâtira un oratoire à celui qu'on aura traité avec ignominie pour toi, multiplie son salaire en échange de son zèle à glorifier nos corps qui ont beaucoup souffert; et, parce qu'il a ostensiblement rendu honneur à notre corps après notre mort, et surtout parce que sa vie se sera acquis de toi un droit, tout ce que nous le demandons, envoie-le sur ce tombeau de la vertu. » L'oratoire recouvrant les corps des martyrs, cela se comprend très-bien, et c'était dans ces oratoires que se faisaient les miracles.

1. Les noms sont fournis par le *Synaxare*.
2. *Synaxare*, 9 Thoth.
3. Le nom de Culcien apparaît dans d'autres *actes*, mais non plus comme l'acteur principal après le martyr; il n'y est plus qu'un personnage épisodique. C'est pourquoi j'ai attaché ces *Actes* aux autres acteurs premier rôle.

aux gens de cette barque et ils te conduiront vers le sud au village connu sous le nom de Khalàkhis ; là tu confesseras le Messie et tu obtiendras la couronne du martyre ; car je suis chargé de te garder depuis ton enfance. » L'Ange lui donna la paix et remonta aux cieux. Le lendemain matin, Abadious se rendit au fleuve, trouva la barque et raconta au gens de cette barque ce que lui avait dit l'Ange du Seigneur. Ceux-ci furent bien contents d'avoir été désignés par l'Ange du Seigneur ; ils reçurent avec empressement le soldat qui allait au martyre. Comme ils avaient du cœur, ils ne voulurent pas entendre parler de salaire et le nourrirent même de leurs provisions jusqu'à ce qu'on eût atteint Khalàkhis. En ce village il y avait une station militaire ; le soldat monta au château et se joignit à la garnison. C'était le temps où Maximien montait dans la Haute-Égypte pour inspecter les villes, les villages, les châteaux et obliger les gens à se prosterner devant les idoles : il envoyait des lettres pour annoncer son arrivée.

Quand le commandant de la station eut reçu la lettre, il fit rassembler les soldats pour la leur lire ; Abadious se présenta n'ayant plus son ceinturon au milieu de la taille. Le capitaine lui dit : « Comment oses-tu te présenter sans ceinturon pour entendre lire la lettre du roi ? » — « Je ne crains pas tes menaces, dit Abadious, car un soldat ne peut pas servir deux rois ; or, je suis soldat au service du Seigneur le Messie, le roi des rois. » — Le capitaine se tourna vers son lieutenant et lui dit : « Quels tourments mérite celui qui a injurié Apollon ? » — Le lieutenant répondit : « Il mérite la mort. » — « Puisque tu m'as condamné à mort, dit Abadious au capitaine, va enterrer ton fils, car un scorpion vient de le piquer et il est mort. » — « Quel est ce maléfice ? » dit le capitaine et il ordonna de le fouetter. Abadious dit alors au lieutenant : « Va enterrer ta femme, car elle est morte ! » Le lieutenant dit à son scribe : « Va voir ce qu'il en est ! » Et lorsque le scribe fut sorti du château, il trouva les serviteurs du capitaine qui déchiraient leurs habits et pleuraient la mort du jeune homme piqué par un scorpion ; au même instant il entendit les pleurs et les lamentations de la mort dans la maison du lieutenant. Il courut vite faire son rapport et il ajouta : « Cet homme-là est un homme de Dieu ! » Le capitaine fit mener Abadious en prison. Sur ces entrefaites arriva l'empereur. On lui raconta tout ce qui s'était passé ; il fit venir le soldat et lui dit : « Apprends-moi comment tu as enchanté la femme du lieutenant et le fils du capitaine[1]. » Abadious se défendit sans doute d'être un enchanteur[2] ; en tout cas, il n'apprit rien à Maximien qui le fit étendre à terre et fouetter jusqu'à ce que le sang coulât comme de l'eau. Quand on cessa, le malheureux n'avait plus qu'un souffle ; on le porta dans la prison. Il implora Jésus le Messie, et aussitôt descendit l'Ange du Seigneur qui le guérit. L'Ange lui commanda d'aller trouver le roi, et le soldat tout dispos sortit de la prison sans qu'aucun des gardiens l'eût aperçu. Il monta sur le toit du magasin à enseignes, prit son ceinturon, le jeta devant le roi et s'écria : « Je suis soldat de Jésus le Messie, le roi des rois. » Maximien furieux ordonna à ses soldats de monter aussi sur le toit et de l'en précipiter la tête la première ; mais, arrivés sur le toit, ils virent l'atmosphère remplie d'Anges qui portaient des couronnes et entouraient le martyr ; ils crièrent à l'empereur : « Nous ne pouvons le précipiter la tête la première, car les Anges l'entourent ! » Cependant l'un des soldats « eut l'audace de le jeter la tête en bas » ; le saint rendit l'âme : les Anges ne l'avaient pas pris dans leurs bras ; il est vrai qu'ils n'étaient pas descendus du ciel pour cela, mais pour lui apporter des couronnes. Maximien fit jeter le cadavre aux bêtes ; mais un moine vint qui l'enleva[3].

1. Il faut entendre ici par ce mot *enchanter* : rendre quelqu'un le *sujet* d'un enchantement bon ou mauvais, et non-seulement lui donner le sens qu'on lui attribue d'ordinaire.
2. Je dis *sans doute*, parce que l'abrégé ne donne pas la réponse du martyr.
3. *Synaxare*, 25 Toubah.

Une seconde œuvre nous fait retrouver Maximien près d'Akhmîm, poursuivant son voyage. Cette œuvre, le martyre de Naou et de Banîna, devait être l'une des plus riches de la Haute-Egypte en renseignements de toute sorte ; malheureusement elle ne nous est parvenue qu'en abrégé[1]. Le héros du récit est Banîna : Naou n'est qu'un ami et un second rôle. Banîna était né au village de Dourat-Sourian, de parents chrétiens et craignant Dieu : sa mère était sortie d'une famille assez riche de la ville d'Antinoë. Lorsque Banîna eut grandi, sa mère dit à son père : « Tu sais que mes frères sont à Antinoë ; je ne veux pas que cet enfant reste ici à ne rien faire ; si tu le veux, je le conduirai à ses oncles qui l'enverront au maître d'école avec leurs enfants et qui en prendront soin comme nous le ferions nous-mêmes. » Le mari voulut bien : on prit l'enfant, on traversa le fleuve, on se rendit à Antinoë et la mère apprit à ses frères ce qu'elle attendait d'eux. Ceux-ci se montrèrent tout joyeux de la proposition et conduisirent Banîna vers un maître habile chez lequel il apprit la science bellement. Les progrès furent si rapides que l'élève-maître en conçut une grande jalousie[2] ; car Banîna était intelligent, habile, et réussissait mieux que personne. Un jour que le maître était sorti, l'élève-maître se leva plein d'une jalousie diabolique, il saisit la tablette sur laquelle écrivait Banîna, lui prit les doigts, les tordit et les cassa en les ramenant en arrière[3] ; car l'enfant avait le corps délicat.

---

1. Quelques fragments en sont conservés en copte à la bibliothèque nationale parmi ceux que j'ai moi-même achetés en Egypte. J'ai cru un moment que ce Banîna pouvait être le Banesniou dont il est parlé dans un fragment de la Propagande ; mais il n'y a rien de semblable dans mon abrégé. Cf. Zoëga. *Cat. Cod. Copt.* n. CLXII. p. 228.
Georgi a publié ces fragments : le texte est très fautif, la traduction encore plus, mais ma propre copie m'a démontré qu'il ne pouvait s'agir des mêmes *Actes*.

2. Il en est encore de même en Egypte. L'enseignement est mutuel ; quant un élève est assez avancé, le maître lui confie les commençants. L'élève le plus avancé a la surveillance de tous les autres *moniteurs*. C'est lui que notre texte appelle *élève-maître*.

3. Ce détail est typique, il montre que toute la science consistait dans l'art d'écrire. En cassant les doigts de Banîna, son ennemi lui enlevait tout moyen de faire des progrès dans la science en lui enlevant la possibilité d'écrire. C'est toujours l'antique amour de l'Egyptien pour le beau métier de scribe si vanté dans les papyrus.

Après ce bel exploit, il se sauva dans un village au-delà du fleuve chez des connaissances de ses parents. Cependant Bantna était tombé sans connaissance; quand il reprit ses sens, il pleura abondamment, se rendit chez ses oncles et de ce jour ne voulut plus retourner à l'école. Toute la nuit qui suivit sa mésaventure, il la passa dans de grandes douleurs; mais enfin le chef de toutes les milices célestes lui apparut, le guérit, et au matin il ne paraissait plus rien. De retour chez ses parents, il rencontra un jeune garçon de son âge, nommé Naou; ensemble ils se mirent à faire des prières, et des jeûnes, à pratiquer la pureté. Quand le Seigneur eut vu la beauté de leur conduite, il leur envoya l'Ange Michel qui leur dit de se rendre dans le Fayoum et d'y habiter près d'un saint célèbre par sa vie pleine de pureté. « Nous sommes jeunes, dirent les deux enfants, nous n'avons jamais voyagé. » — « Qu'à cela ne tienne, reprit l'Archange, je vous accompagnerai et je vous ferai arriver. » Il en fut ainsi. Près d'arriver, ils virent venir à eux le saint vieillard averti par l'Archange; il les accueillit avec joie et ils demeurèrent près de lui trois ans « pour apprendre la beauté de son adoration. » Au bout de ce temps, l'Archange leur apparut de nouveau et leur dit: « Le moment est venu de vous transporter de ce pays vers le Sud, selon l'ordre du Messie, à lui la gloire! » Il les conduisit de rechef et les mena à la montagne de Ptolémaïs, au delà d'Akhmîm. Ils y trouvèrent une foule de moines qui célébraient la Messe dans une église qui n'était pas assez grande pour les contenir. On en bâtit une plus grande et plus belle. L'église bâtie, on se trouva en présence d'une grande difficulté: qui consacrerait cette église? L'évêque de Ptolémaïs, Psoti, notre connaissance, avait pris la fuite et se cachait dans les campagnes, si bien déguisé que personne ne pouvait le reconnaître; car la crainte de Dioclétien était répandue par tout le pays d'Égypte. On se consulta et l'on se dit: « Qui donc ira chercher l'évêque pour consacrer l'église? » Bantna s'offrit et fut chargé de la mission; il parcourut tout le pays sans succès et, un jour qu'il marchait dans la campagne, fatigué, n'ayant plus d'espoir au cœur, il rencontra un homme qui marchait aussi. Il eut bientôt fait de reconnaître Psoti, quoiqu'il ne l'eût jamais vu. Psoti lui dit : « Que veux-tu ? » Banina le lui dit et Psoti avec joie l'accompagna à la montagne où non-seulement il consacra l'église, mais encore Banina prêtre, et Naou diacre. Cependant il n'était pas dans la destinée des deux amis de rester toujours à la montagne de Ptolémaïs ; l'Ange du Seigneur leur apparut et leur commanda de se transporter à la montagne d'Adriba (Athribis de la Haute-Egypte).[1] Ce n'était pas sans un secret dessein que Dieu les y conduisait. Il y avait près de cette montagne une statue qui tenait à la main un plat de cuivre pouvant contenir un *ardeb* bien mesuré[2]. Chaque année, au dix-huitième jour du mois de Baba[3], les prêtres païens célébraient une fête en l'honneur de l'idole ; une foule de gens s'y rendaient de tout le pays. On amenait, comme victimes au dieu, douze enfants âgés de douze ans ou de moins, on les égorgeait dans le plat qui se remplissait de leur sang. La cérémonie se faisait vers le soir ; le matin venu, s'il ne restait plus trace de sang dans l'immense plat, on éclatait alors en réjouissances, car c'était signe que le dieu avait trouvé leur offrande agréable puisqu'il avait bu le sang des victimes ; on prenait aussitôt les cadavres des enfants, on les enterrait, et chacun s'en retournait joyeux dans son village, assuré que cette année-là le dieu leur accorderait une bonne moisson[4]. Quand Banina et son com-

---

1. C'est sur l'emplacement de cette ville que Schnoudi éleva son célèbre monastère. Cf. E. Amélineau : *Monum. p. serv.* etc. (p. 9 et 20) ; — *Les Moines Egyptiens. Histoire de Schnoudi*, p. 86-90.
2. C'est-à-dire près de deux hectolitres.
3. C'est-à-dire le 16 octobre, au moment où l'on va commencer les semailles dans le pays.
4. Le temple de cette statue a existé, il n'en reste aujourd'hui que le seuil encore en place. Cependant aucune des pierres n'a péri, elles ont servi à construire le monastère de Schnoudi et l'on voit encore à la corniche de cette forteresse carrée les ornements coloriés des pierres du temple. Je ne sais si l'on y célébrait des sacrifices humains. J'ai longtemps refusé de croire que des sacrifices humains aient eu lieu en Egypte : je ne peux cependant en douter, le sacrifice humain était de règle après une expédition militaire ; les

pagnon Naou se furent établis dans cette montagne, l'Ange du Seigneur leur commanda d'entrer dans ce temple et de prier Dieu de le faire disparaître. Cette même année, lorsqu'on eut égorgé les douze victimes et versé le sang dans le plat, les deux saints se mirent en prière sur une colline à l'Ouest d'Adriba : le lendemain matin, le sang se trouvait encore dans le plat. Les prêtres furent dans une grande colère, car ils voyaient que leur dieu était irrité et ils connaissaient la cause de son courroux : « Tant que ces deux vieillards resteront près de nous, dirent-ils, notre Dieu sera mécontent de nous, il n'acceptera pas nos offrandes, ne rendra pas abondante la moisson cette année-ci et, si nous l'invoquons dans nos misères, il ne nous exaucera pas. » Aussitôt quarante jeunes hommes se levèrent, ceignirent leurs armes et coururent sus aux deux saints ; mais ils en furent pour leur course ; le Seigneur le Messie prit soin de cacher ses deux serviteurs.

Sur ces entrefaites le roi Maximien arriva, parcourant l'Egypte à la tête d'une nombreuse armée, parce qu'il avait entendu dire que ce pays renfermait des chrétiens : il naviguait sur le Nil au milieu d'une véritable flotte, portant avec lui des idoles parées de bijoux et de vêtements de soie, dont quelques-unes tenaient à la main des épées nues et les autres des sabres ; il était précédé d'une foule de barques remplies de musiciens, jouant de toute espèce d'instruments, et de chanteurs ; c'était merveille à voir et à entendre. Il s'arrêtait près de chaque temple et n'hésitait pas à parcourir les déserts pour s'y rendre : à chaque édifice sacré, il faisait don d'un *Kantar* d'or[1]. Quand il fut arrivé à Adriba, il voulut en examiner les temples ; les

---

prisonniers de guerre étaient réellement immolés : une stèle raconte tout au long ce sacrifice. Il est de même fait mention de sacrifices d'enfants dans la *Vie de Schnoudi* (op. cit. p. 321 et seqq.). On peut rapprocher de ces mentions le fait rapporté par un historien arabe : à savoir que les Egyptiens offraient une jeune fille au Nil lorsque le fleuve montait ; on la jetait dans les flots. C'est ici la même occasion.

1. Le *Kantar* vaut 44 kilos et demi environ. Maximien était généreux.

prêtres s'avancèrent à sa rencontre et se plaignirent à lui du voisinage des deux saints qui rendait leur dieu mécontent. Maximien ordonna aussitôt de les lui amener. Il ne fut pas difficile de les trouver; ils vinrent eux-mêmes se livrer aux soldats, car l'archange Michel leur était apparu de nouveau et leur avait dit : « Le roi vous demande ; hâtez vous, car l'occasion de souffrir pour Dieu ne se présente pas toujours. » L'archange leur avait appris en même temps ce qui devait leur arriver et promis les couronnes célestes. Le roi les interrogea ; ils lui répondirent par des injures : « Tes idoles, dirent-ils, sont de la pierre ou du bois sans réalité, ce sont des satans. » Que pouvait faire Maximien ? Se mettre en colère ? Il le fit et emmena les deux saints avec lui jusqu'à ce qu'il fût monté à Edfou. On s'arrêta près d'un lac, en face de la ville, pour y trancher la tête aux deux saints. Le Messie leur apparut et les consola, leur promit les privilèges habituels, et leurs têtes furent tranchées sans difficulté. Les soldats lavèrent leurs glaives dans l'eau du lac, et cette eau devint la cause d'une foule de prodiges[1] : tous ceux qui s'y lavaient étaient guéris. Leurs corps restèrent sans sépulture jusqu'au départ de l'empereur ; quelques chrétiens vinrent alors sous un déguisement et les emportèrent[2].

Une autre œuvre nous transporte dans la Basse-Egypte tout d'abord, et nous fait assister à d'autres scènes de la vie égyptienne dont le théâtre fut encore la Moyenne-Egypte. Harakioun était évêque d'Abou-el-hid, près d'Alexandrie, sacré par le patriarche Théonas avant le décret de persécution. Quand il eut appris que la persécution avait éclaté, il résolut d'aller trouver le patriarche Pierre et de lui demander ce qu'il devait faire. Comme il sortait de sa ville, il rencontra en route des barbares qui se saisirent de sa personne, l'atta-

---

1. Il s'agit ici du lac sacré du temple d'Edfou. Ces lacs sont restés chers à la mémoire des égyptiens. Encore aujourd'hui les fellahs en font le séjour de toutes sortes de divinités bienfaisantes ou malfaisantes, et content, à leur occasion, d'interminables légendes.
2. *Synaxare*, 7 Kihak.

chèrent à un chameau et l'emmenèrent avec eux. Une nuit qu'il était ainsi attaché, il implora Dieu, pleurant et soupirant, car son cœur était dégoûté et son âme était devenue petite. L'Ange du Seigneur lui apparut, lui souhaita la paix et lui fit observer qu'être attaché à un chameau ne pouvait être comparé à être torturé sur le chevalet, cuit dans des chaudières pleines d'huile et de poix, ou être rôti sur un lit de fer. Il lui conseilla de prendre patience, lui promettant d'ailleurs qu'il aurait la victoire. Cependant les barbares avaient poursuivi leur chemin, pillant les villages écartés, se réfugiant dans la montagne dès qu'ils étaient poursuivis; ils arrivèrent en dernier lieu à Behnesa (Oxyrrinchus). En cette ville se trouvait l'émir Jean, du corps d'armée de Victor, fils de Romanos, le grand vizir de Dioclétien[1]. Ayant appris l'incursion des barbares, il sortit à leur rencontre à la tête de deux cents cavaliers; les barbares comptaient deux mille combattants. Jean fut effrayé et du nombre et de la physionomie des barbares qui portaient « un voile sur leur visage, qui étaient noirs, effrayants, terrifiants et étaient montés sur des chameaux ». Mais Jean était chrétien, ou du moins l'avait été[2]; il savait les Ecritures et se rappelait que Josué, fils de Nun, avait fait périr vingt-sept royaumes, que le géant Samson avait dispersé les Philistins, et que le petit David avait tué l'énorme Goliath. Ces souvenirs lui rendirent courage, il descendit de cheval, se tourna vers l'Est et fit une belle prière au Messie, ayant bien soin de rappeler ces exemples mémorables, et somma le Messie de venir à son secours. Cela fait, il se remit en selle, chevaucha au milieu de ses cavaliers et leur cria de sa plus haute voix : « Fortifiez vos cœurs et que le Seigneur soit avec vous! il combattra pour vous. » Aussitôt la troupe entière s'élança sur les barbares

---

[1]. La légende entre de nouveau dans le récit. J'aurai plus loin l'occasion de faire connaître Romanos, son fils Victor et tout le cycle de Dioclétien.

[2]. Je mets cette restriction, parce qu'il est de toute invraisemblance que Dioclétien ait conservé en Egypte un grand officier de son armée qui aurait été chrétien.

en la force du Messie. Les barbares qui ne connaissaient point les Ecritures et qui n'avaient personne à opposer à Josué, à Samson et à David, furent naturellement vaincus, taillés en pièces, si bien qu'un petit nombre seulement parvint à prendre la fuite.[1] Ils laissaient un énorme butin que les soldats se partagèrent : brebis, vaches, bestiaux de toute sorte, hommes, femmes, et, dans un coin, attaché à son chameau, Harakioun, les habits en lambeaux, son *burnous* tout aussi déchiré que son corps. Un homme riche demanda à l'émir Jean de lui donner ce vieillard ; il avait reconnu un moine et, lorsque l'émir le lui eut donné, il voulut le renvoyer à son monastère ; mais Harakioun s'excusa, il n'était pas moine, mais évêque d'Abou-el-hid et ne tenait pas à retourner dans sa ville épiscopale ; « car, dit-il, aucun chrétien n'ose se montrer à cause de l'oppression violente qui règne sur eux. » Il resta donc chez le riche, ayant perdu tout goût pour le martyre, préférant même de prier, jeûner, faire de grandes dévotions et fatigues. Cependant l'évêque de Behnésa, Théodose, ayant appris qu'on avait trouvé un évêque dans le butin fait sur les barbares et que cet évêque était chez le riche personnage, faisant des dévotions et opérant des prodiges, eut une vision à son sujet : un homme lui apparut en songe qui lui dit : « Hâte-toi d'aller trouver l'évêque Harakioun, car il doit infailliblement s'asseoir sur ton siège. » Le pauvre Théodose se leva tout tremblant, se demandant ce qui lui arriverait et si on allait le déposer ; il se hâta d'aller visiter Harakioun et, l'esprit tout occupé de ses pensées, il lui dit : « O mon père, as-tu jamais entendu dire qu'un évêque ait été chassé de sa place pour la laisser à un autre ? » — Le saint Harakioun sut bientôt en Dieu ce que pensait Théodose, il lui dit : « O mon père, ce n'est pas ce que tu penses ! Tu auras le destin de

---

1. Ces barbares, d'après la description qui en est faite, sont évidemment les mêmes que ceux dont parle Pline (L. V. ch. VIII.) qui n'avaient point de têtes et dont les yeux et la bouche étaient appliqués sur la poitrine. La mention du voile fait penser aux Touaregs, et il faudrait ainsi admettre que les Blemmyes (car c'est d'eux que parle Pline) étaient d'origine berbère.

Jérémie qui vécut dans le désert afin de prier pour le peuple ; car il est impossible que tu ne t'en ailles pas au désert, lorsque surviendra le trouble pour les Chrétiens. Quant à moi, le pauvre, je n'aurai pas la force de me sauver et tu me laisseras le soin de l'église. » Théodose fut rassuré. Enfin arriva l'ordre terrible de Dioclétien : « Quiconque ne se prosternera pas vers l'Ouest, pour adorer les dieux, périra promptement. » Théodose, ne voulant pas se prosterner à l'Ouest, mais ne se trouvant aucune envie de mourir, réunit son peuple, le conduisit à Harakioun, le lui confia et se retira dans le désert pour imiter Jérémie : c'était plus sûr. Harakioun resta dans la ville et continua de faire des prodiges. Il en fit tant que le vali en eut connaissance et le fit jeter en prison. Ce n'était pas le moyen de faire cesser les prodiges qui s'opérèrent de plus belle. Harakioun avait consacré Paul, le fils de son hôte, prêtre et lui avait remis son burnous : Paul le visitait dans la prison, lui portait des fruits et faisait une petite rente au geôlier qui ne le laissait entrer qu'en raison d'un dinar d'or à chaque fois. Le vali cependant se montra fort mécontent que l'évêque Harakioun continuât ses prodiges, il le fit venir en sa présence, saisit la lance d'un de ses soldats et en perça le saint qui mourut sur le champ. On jeta son corps hors de la ville pour le faire dévorer par les bêtes et les oiseaux. Le vali avait compté sans le saint qui apparut à Paul, lui reprocha sa négligence et lui commanda d'aller chercher son corps et de l'ensevelir. Paul obéit. Le vali l'apprit et le fit emprisonner. Mais comme c'était un riche personnage, l'émir Jean qui se trouvait à Behnésa pour inspecter les troupes, intercéda pour lui près du vali et le fit mettre en liberté[1].

Il faut aussi mentionner un martyr sous le gouverneur Maxime, à Behnésa ; il se nommait Schnoudi. Le gouverneur de la ville apprit par délation que Schnoudi était chrétien ; il le fit venir et l'interrogea sur sa foi. Schnoudi ne nia point et

---

1. *Synaxare*, 26 Kihak.

confessa le Messie. Le gouverneur lui fit d'abord donner la bastonnade : son sang inondait la terre ; alors on le traîna par les pieds et on le jeta dans un réduit ténébreux. Pendant la nuit, l'Ange du Seigneur lui apparut, le consola, le guérit et lui dit : « Prends courage et ne crains pas ; à toi la couronne de la vaillance. Tu endureras de grands tourments, mais je serai avec toi, par l'ordre du Seigneur. » Puis l'Ange disparut. Au matin, le gouverneur dit aux soldats : « Allez voir dans la prison et examinez l'état de cet homme qui désobéit aux rois ; s'il est mort, jetez le hors de la prison. » Mais Schnoudi n'était point mort, il se portait au contraire très-bien et priait de tout son cœur, debout selon l'usage. On en informa Maxime qui le fit venir, le fit mettre à nu et examina son corps ; cet examen le rendit stupéfait : il n'y avait pas trace de plaie. Malgré tout, Maxime ne se découragea pas, il fit pendre Schnoudi la tête en bas, au dessus d'un feu qu'on avait allumé ; il le tortura ensuite sur le chevalet ; enfin, fatigué de le torturer sans résultat, il lui fit trancher la tête et ordonna de jeter le corps aux chiens. Des fidèles prirent le corps, le parfumèrent de parfums et le mirent dans un cercueil où on le conserva [1].

1. *Synaxare*, 15 Barmahat.

CHAPITRE QUATRIÈME.

J'en ai fini avec la Haute et la Moyenne Egypte et il faut maintenant étudier les Actes qui ont trait plus spécialement à la Basse-Egypte[1]. Nous y rencontrerons les trois séries de documents que nous avons déjà rencontrés pour la Haute-Egypte, ceux où le gouverneur est incertain, ceux où les gouverneurs de petites villes jouent le premier rôle, ceux enfin qui se groupent autour d'Arménius, gouverneur d'Alexandrie. Il en est même une quatrième qui touche aux trois autres et que j'étudierai séparément, car elle est composée d'œuvres toutes attribuées à un même auteur sur lequel nous avons des renseignements assez nombreux, Jules d'Aqfahs, celui que l'on a nommé l'historiographe des martyrs. J'examinerai chacune de ces séries de documents dans l'ordre où je viens de les énumérer.

Les documents que l'on ne peut rattacher à un gouverneur connu sont plus nombreux pour la Basse que pour la Haute-Egypte; mais, pour la plupart, ils ne sont pas aussi développés

---

[1]. J'entends par la Basse-Egypte tout le Delta y compris Alexandrie. Je ne veux pas cependant dire que la scène des événements que j'ai à raconter, soit toujours dans le Delta, mais la scène principale s'y trouve toujours placée.

que les autres [1]. Le premier qui se présente n'est pas le moins curieux de cette littérature. Le héros en est Abou Mina, le saint aux deux chameaux si souvent représenté. La famille de ce saint était originaire de Nikious ou Prosôpis ; son père était un émir nommé Eudoxios. Eudoxios avait un frère qui fut jaloux de lui et l'accusa près du roi qui l'exila d'Égypte et l'envoya dans la province d'Afrique en qualité de gouverneur [2]. C'était un homme doux, pitoyable, miséricordieux. Les peuples de sa province furent bien contents de l'avoir pour gouverneur. Quoiqu'il fût exilé du beau pays d'Égypte, sa vie eût été heureuse sans un amer chagrin auquel ni lui, ni sa femme ne savaient de remède. Ils n'avaient point d'enfant. Un jour qu'on célébrait une fête en l'honneur de Notre-Dame la Vierge Sainte, mère du salut du monde, la femme d'Eudoxios se rendit à l'église : elle y vit les parents chrétiens entourés de leurs enfants parés de leurs plus beaux habits, tout le monde avait l'air joyeux : elle seule soupirait et pleurait. Elle se rendit devant l'image de la Vierge et la conjura de lui accorder un enfant. Soudain l'image s'anima et une voix en sortit disant : *Amen.* La pauvre femme toute heureuse se hâta d'aller raconter à son mari la promesse qui lui avait été faite ; Eudoxios se contenta de lui répondre : « Que la volonté de Dieu s'accomplisse ! » mais à quelque temps de là sa femme put lui annoncer qu'elle était grosse. L'enfant vint au monde et on l'appela Mina d'après la promesse que sa mère avait entendu [3]. Dès qu'il en fut capable, les heureux parents firent instruire

---

1. La raison de ce peu de développement se trouve dans ce fait que les *martyres* en question sont rattachés aux derniers mois de l'année. Ces derniers mois sont beaucoup plus courts que les premiers. L'auteur était visiblement fatigué et trouvait que son ouvrage était assez long : le synaxare se compose en effet de deux gros volumes.
2. Cette défaveur paraîtra assez bizarre. En admettant qu'Eudoxios fût gouverneur de Nikious, le gouvernement de la Mauritanie était un avancement en dignité ; mais il fallait quitter le beau pays d'Égypte et c'était un exil déguisé.
3. Il y a là un jeu de mots ; en copte amen s'écrit ⲀⲘⲎⲚ, Mina ⲘⲎⲚⲀ ; si l'on déplace l'*alpha* c'est le nom même de Mina. De même en arabe مينا امين.

leur enfant dans les livres et les sciences spirituelles [1]. Il avait onze ans lorsque son père mourut, et trois ans après sa mère mourut aussi. Le jeune Mina resta donc « orphelin de parents, isolé d'âme. » Pour se consoler, il s'appliqua au jeûne avec ferveur. Cependant les capitaines et les lieutenants de la province qui avaient conservé la plus grande affection pour son père lui donnèrent la survivance de la charge paternelle. Tout alla bien jusqu'au moment où Dioclétien devint infidèle et où le décret de persécution fut apporté dans la province d'Afrique. Alors le jeune Mina résigna sa charge et se retira dans le désert où il demeura « des jours nombreux dans une belle adoration. » Un jour, il eut une vision, il vit les cieux ouverts et les martyrs couronnés de belles et magnifiques couronnes. Elles lui firent envie : il revint à la ville pour être martyr et, malgré toute la bonne volonté du gouverneur pour le sauver, il fallut lui trancher la tête. Le gouverneur avait ordonné de brûler le corps de Mina ; on exécuta son ordre ; mais le feu refusa de consumer le corps sacré. Des fidèles l'emportèrent, l'ensevelirent bellement et le gardèrent chez eux. Après la fin de la persécution, des gens, qui sont appelés *Maraiazos* [2], prirent le corps et l'emportèrent. Des êtres inconnus, ayant le corps des animaux féroces et le cou des chameaux, étant sortis de la mer et ayant léché le corps du saint, furent consumés par le feu du ciel. Les pieux ravisseurs, qui s'étaient enfuis à la vue de ces monstres, revinrent alors et emportèrent le corps à Alexandrie. Lorsqu'ils eurent fini leurs affaires au pays d'Egypte, ils voulurent retourner en leur pays et emporter le corps du saint Mina. Ils le placèrent sur un chameau, mais le chameau ne se leva pas ; ils le mirent sur un second chameau, et le second chameau fit comme le premier. Ils comprirent alors que la volonté de Dieu était manifeste : ils enterrèrent le

---

1. Il faut entendre par les livres l'Ecriture et par les sciences spirituelles ce qu'on appelle ailleurs les sciences de l'Eglise.
2. Je ne connais pas ce nom par ailleurs. Il semble désigner une peuplade à laquelle auraient appartenu ces marchands.

corps à l'endroit même où les chameaux avaient refusé de se lever et retournèrent dans leur pays. Le corps eût pu rester indéfiniment à l'endroit où il avait été enterré sans une circonstance extraordinaire. Non loin de cet endroit, se trouvait un lac ; un jour qu'un berger faisait paître ses brebis près de ce lac, comme il en avait un certain nombre de galeuses, il les fit descendre dans le lac pour les y baigner, selon la méthode qui se pratique encore aujourd'hui. Les brebis, sorties du lac toutes ruisselantes d'eau, allèrent se coucher sur l'endroit où était enterré le corps de Mîna. Il en résulta que leur gale disparut sur le champ. Le berger en fut stupéfait ; mais en homme pratique, il prit aussitôt de la poussière de cet endroit, en fit avec de l'eau une sorte de mortier et de ce mortier graissa tous ses moutons malades : ils étaient guéris sans plus tarder. Un si grand prodige ne pouvait rester ignoré : la renommée en remplit l'Egypte et parvint même jusqu'à Constantinople. Or, le roi de Constantinople à cette époque avait le cœur bien triste, car sa fille était lépreuse. La nouvelle des prodiges qui s'opéraient en Egypte lui donna courage : il se dit que le mortier qui guérissait la gale des moutons pouvait bien guérir la lèpre d'une princesse impériale, il fit préparer toute une expédition et envoya sa fille à cet endroit béni. La pauvre princesse ne pouvait s'offrir à la vue de personne, tant elle était dévorée par l'horrible maladie ; elle fit cependant venir le berger et lui demanda comment il s'y prenait pour guérir ses moutons. Il le lui dit et elle fit comme il lui avait appris ; elle prit de la poussière de l'endroit, y versa de l'eau, en fit un mortier dont elle se graissa consciencieusement et elle fut guérie. Or, pendant la nuit, le saint Mîna lui apparut et lui ordonna de creuser le lendemain matin pour trouver son corps. On creusa en effet et le corps sacré apparut. Dans toute sa joie, la princesse écrivit à son père le récit de tous les prodiges qu'elle avait vus s'opérer pour elle : l'empereur envoya de grandes sommes d'argent et l'on bâtit une belle église en l'honneur du saint

Mina. Sous le règne d'Arcadius et d'Honorius, cette première église fut remplacée par une autre beaucoup plus belle encore qui resta en grand honneur jusqu'après la conquête musulmane [1].

Le *martyre* de Mina nous a transportés hors d'Egypte, quoique Mina soit l'un des martyrs égyptiens les plus en honneur en Egypte ; il faut maintenant nous acheminer vers Péluse. A Péluse habitait un homme, tisserand de son métier et nommé Epimaque : il faisait des houppes de soie et des couvertures de prix. Il avait deux amis, Théodore et Callinique. Ayant appris l'arrivée du gouverneur qui persécutait les chrétiens, il exhorta ses amis au martyre ; mais n'ayant pu les convaincre, il leur dit adieu et se dirigea vers El-Bakrouq, où il trouva le vali qui torturait une pauvre femme. Il confessa le Messie : il avait alors vingt sept ans. On lui fit endurer le supplice du chevalet : pendant qu'on le tourmentait une goutte de son sang atteignit le visage d'une jeune fille aveugle qui vit aussitôt ; on le crucifia, mais le Seigneur le délivra. Le gouverneur commanda alors de lui couper la tête ; mais quatorze bourreaux se succédèrent sans pouvoir lui détacher la tête du tronc. Il fallut le traîner sur une haute montagne où il rendit le dernier soupir. L'un des soldats, qui était sourd, fut guéri de sa surdité en portant le saint. Des gens d'Edkou vinrent prendre le corps qui opéra quantité de miracles, si bien que le vali eut peur et s'enfuit. Les habitants de Damira consolèrent les parents du martyr qui emportaient son corps à Péluse, où le gouverneur de cette ville l'ensevelit de ses propres mains. A Damira, mille sept cent cinquante personnes, hommes, femmes et enfants, s'étaient converties à la vue des prodiges [2].

De Péluse, le *Synaxare* nous transporte à Saïs où les saintes Dabamoun, Bastamoun, leur mère Sophie et leurs com-

---

[1]. *Synaxare*, 15 Hathor. Cette église est décrite par un auteur arabe du XIIe siècle dans les mêmes termes que dans un autre passage du Synaxare, au 15 Baonah. Cette église se trouve près du lac Mariout.
[2]. *Synaxare*, 13 Paschons.

pagnons achèvent leur martyre. Ces saintes habitaient tranquillement le village de Tahmoun dans le diocèse de Banâ, lorsque se réfugia chez elles un homme du nom de Ouarschenoufa que l'on voulait faire évêque et qui ne le voulait pas. Pendant son séjour dans la maison de ces saintes femmes, l'Ange du Seigneur lui apparut et lui dit : « Pourquoi dors-tu pendant que le combat se livre et que les couronnes sont prêtes ? Lève toi, va trouver le vali, confesse le Messie et tu obtiendras la couronne. » Le lendemain matin il raconta sa vision à ses hôtesses et, tous les quatre, ils se mirent en route à la recherche du martyre. Ils trouvèrent le vali à Benschlil ; il les fit torturer, jeter en prison, puis les emmena à Sanhour. Là, il les tourmenta de nouveau ; mais les tourments n'y faisaient rien, car l'Ange du Seigneur les fortifiait. Le vali les emmena encore à Saïs, où Dabamoun injuria les dieux, ce dont les prêtres se plaignirent fort au gouverneur. Dans cette ville, le nombre des confesseurs s'augmenta. Non loin de la ville, dans le village de Digoua, habitait avec sa mère une jeune fille, nommée Jeanne, dont tout le pays célébrait le mérite et la beauté. Sa mère et elle faisaient de la toile, vivaient de leur métier et trouvaient le moyen de faire de grandes aumônes. Le vali ne put supporter pareil scandale : il envoya un bourreau à Digoua, avec ordre de couper la tête à Jeanne. Mais le bourreau, nommé Eulogios, était homme avant que d'être bourreau : il tomba en admiration devant la belle et brave jeune fille, il ne voulut point détacher une aussi belle tête et se contenta de l'amener à Saïs en déclarant qu'il était lui-même chrétien. Ils eurent tous la tête tranchée en dehors de la ville, après que Dabamoun eut été torturée pendant plusieurs jours sans en mourir, parce que l'Ange du Seigneur la fortifiait[1]. Les femmes de la ville les accompagnèrent au lieu du supplice, pleurant et gémissant ; mais Da-

---

1. Cette formule signifie que les supplices n'étaient point ressentis par les martyrs ou que, si la mort s'ensuivait, il y avait bientôt résurrection.

bamoun, le sourire aux lèvres, les consolait [1]. Ouarschenoufa fut le dernier à consommer son martyre. Le vali ne se décida à le faire jeter dans une fournaise qu'après l'avoir vu déchirant le décret impérial qu'il faisait lire aux chrétiens rebelles et refusant d'adorer les dieux de l'empereur [2].

A Damanhour, « du diocèse de Bousir, à l'ouest du fleuve d'Egypte, » nous trouvons quatre martyrs : Abakir, Phelba son frère, et les deux prêtres Jean et Ptolémée. Abakir était très riche ; mais il préféra les biens célestes à ceux de la terre. Il se mit d'accord avec son frère et les deux prêtres ; tous les quatre, ils se rendirent à Qarnatsa trouver le vali et confesser le Messie. Le vali ordonna de les percer de flèches ; mais les flèches se détournèrent des martyrs. Il les fit jeter dans une fournaise ardente ; mais l'Ange du Seigneur descendit et les sauva. Le gouverneur les fit attacher à la queue des chevaux et traîner depuis Qarnatsa jusqu'à Damanhour : ils n'en éprouvèrent aucun mal. Force fut de leur enlever la tête en dehors de la ville de Damanhour et leurs corps furent emportés à Saïs par les gens de cette ville [3].

Je ne citerai que pour mention le saint jardinier Isaac de de Schamamà ; la sainte Llaria de Demelliana qui n'avait que onze ans lorsque l'Archange Raphaël lui apparut et lui ordonna d'aller au martyre [4] ; les saintes Tècle et Mougt de Farafes auxquelles Notre Dame et sainte Elizabeth apparurent pendant qu'elle se rendaient à Alexandrie pour être martyres [5]. Leurs actes sont très abrégés et n'offrent que la répétition d'événements connus. Un personnage plus intéressant est

---

1. *Synaxare*, 10 Baonah.
2. *Synaxare*, 27 Abib.
3. *Synaxare*, 11 Baonah.
4. Il faut noter ici un fait curieux. Llaria va trouver le vali à Toua : le vali l'emmène avec lui dans un autre endroit. Il se faisait ainsi suivre d'une véritable armée de martyrs, sept mille six cents. Il avait une provision toute prête pour les supplices. Pendant le voyage, l'un d'eux tomba à l'eau : un crocodile aussitôt le mangea. La sainte implora le Seigneur qui ordonna au crocodile de *rendre* vivant celui qu'il avait mangé. Ainsi fut fait, comme jadis pour Jonas ; Jonas aurait pu à la rigueur passer par le gosier de la baleine ; mais le gosier d'un crocodile est de plus petite mesure.
5. Tous ces martyres sont rapportés au *Synaxare*, 25 Abib.

Abkirgoun de Banouan, qui commença par être voleur et finit par être martyr. Il était même un voleur sacrilège : un jour il s'était associé avec deux camarades et, à eux trois, ils avaient comploté de dévaliser un moine. Lorsqu'ils furent arrivés près de la cellule de ce moine, celui-ci veillait encore ; ils attendirent qu'il s'endormît, mais il ne s'endormit pas et, au matin, il sortit à leur rencontre. En ce moment la grâce les toucha, les trois voleurs se firent moines à côté de celui qu'ils voulaient d'abord voler. Six ans se passèrent et la persécution commença. Abkirgoun se sépara de son père spirituel et se rendit à Nikious pour être martyr. Il y trouva le roi Maximien qui lui fit peigner le corps avec des peignes de fer. On l'envoya ensuite à Alexandrie où cinq fois de suite on le pendit à un mât, et à chaque fois la corde cassa. On l'enferma dans un sac de cuir et on le jeta dans la mer ; l'Ange du Seigneur le retira des flots et lui ordonna de se rendre à Samannoud. Chemin faisant, l'idée lui vint de retourner en son village, pour voir si l'on se souvenait encore de lui. Il s'y rendit et demanda aux gens s'ils connaissaient Abkirgoun : « Il y a longtemps qu'il est parti, » lui répondit-on. Cependant une fille l'observait et tout d'un coup, elle s'écria : « Mais c'est lui qui est Abkirgoun ! » Tous les habitants du village se hâtèrent dès lors de venir recevoir la bénédiction de ce bon larron, après quoi il s'achemina vers Samannoud. Près de la ville il rencontra un soldat et lui dit : « Je suis chrétien, attache-moi et traîne moi par la ville. » Le soldat obéissant lui fit ce qu'il désirait et le conduisit au vali qui se nommait Justus. On l'attacha à une pierre, la tête en bas, jusqu'à ce qu'il eût perdu beaucoup de sang par la bouche et par le nez : alors il maudit la fille du vizir qui mourut sur le champ. Elle resta morte dix-huit jours : au bout de ce temps, à force de supplications faites à Abkirgoun, celui-ci la ressuscita et la jeune fille raconta tout ce qu'elle avait vu dans la Géhenne. Le vizir Justus, sa femme sa fille, toute sa maison, ses soldats crurent au Messie et se firent martyrs au nombre de neuf cent trente cinq personnes. Abkirgoun fut envoyé à Alexandrie ; d'Alexandrie on le renvoya à Samannoud où on le frappa avec des massues. On l'envoya de nouveau à Alexandrie ; mais à Tellbarmouda le Seigneur lui apparut et lui apprit que là serait la fin de son martyre[1].

La liste des martyres de la première catégorie de la Basse Egypte sera close par les *actes* de Benjamin et de sa sœur Eudoxie. Ils étaient nés dans la ville de Nabatschir de deux parents chrétiens, hospitaliers et qui pratiquaient dans le monde les vertus des solitaires au désert. Ils firent donner à leurs enfants une éducation chrétienne. Devenu grand, Benjamin voulut être martyr, il se rendit à Schentouf devant le vali qui le fit jeter en prison. A cette nouvelle, ses parents et sa sœur l'allèrent trouver, baignés de larmes ; il les consola et « leur apprit que la vie de ce monde est peu de chose, que celle de l'autre monde n'aura pas de fin. » Sa sœur Eudoxie lui dit alors : « Vive le Seigneur, je ne me séparerai point de toi et je mourrai de la même mort que toi ! » On rapporta cette parole au vali qui fit enfermer le frère et la sœur dans un endroit ténébreux et les y laissa vingt jours sans boire, ni manger. Au bout de vingt jours, on les tira de leur cachot, on leur attacha au cou de lourdes pierres et on les jeta dans le Nil. L'Ange du Seigneur descendit, détacha les pierres et les deux saints nagèrent tranquillement jusqu'au village de Botra où une vierge fidèle les fit monter sur la berge. Le vali finit par leur faire trancher la tête et ils consommèrent ainsi leur martyre[2].

1. *Synaxare*, 10 Mésoré.
2. *Synaxare*, 25 Abib.

CHAPITRE CINQUIÈME

La seconde série *d'Actes de martyrs* de la Basse Égypte ne comprend guère que trois récits, très abrégés d'ailleurs, mais que je ne puis cependant passer sous silence, si je veux donner une idée juste et complète du sujet que je traite. Évidemment les martyrs dont on a ainsi écourté l'histoire n'avaient pas grande célébrité, ni, sans doute, grande puissance aux yeux de l'auteur du *Synaxare*; on pouvait donc les traiter avec assez de désinvolture sans avoir à en craindre les suites.

Un soldat du *castrum* de Babylone fut mis à mort par le gouverneur de Péluse, Pompéius. Ce soldat, jeune homme de seize ans, avait été arraché à son père pour être enrôlé comme légionnaire, sous le tribun Callinique, dans la légion qui tenait garnison à Babylone, située au midi de la ville d'Héliopolis. Ce jeune homme était originaire du petit village de Sabarou, dans l'île de Pschoati, l'une des villes *métropoles* de l'Égypte. Son père était prêtre, il se nommait Sotérichus, il avait un autre fils, nommé Jean. Le soldat s'appelait Apatil. Tout alla bien tant que Dioclétien n'eut pas rendu son édit de persécution; mais alors les choses se brouillèrent un peu. L'édit de persécution fut apporté par un vérédaire nommé Denys, qui le remit au comte Arménius.

Arménius convoqua aussitôt Arien, gouverneur de la Thébaïde, Ammon, qualifié de *reparius*, et de nombreuses troupes de soldats. Il leur lut le décret, les fit sacrifier aux dieux, et aussitôt Arien s'élança parcourant la Haute-Egypte jusqu'à l'Ethiopie. Lorsqu'il fut arrivé à Babylone, on l'instruisit du cas d'Apatil. Arien se le fit amener, voulut lui faire adorer les idoles et, comme il n'y réussit pas, il ordonna de le jeter dans un grand bûcher ; mais une nuée survint, une grande pluie tomba et le bûcher fut éteint. Après plusieurs autres supplices, les grands dirent à Arien : « Seigneur *præses*, ne le tourmente pas, ici, mais envoie-le à Pompéius, gouverneur de Pérémoun. » Arien le fit et Pompéius, à l'arrivée du soldat chrétien, ordonna de le jeter dans la mer. La mer ayant refusé d'engloutir le martyr du Christ, le gouverneur ordonna de lui couper la tête. La chose réussit parfaitement, et Sotérichus, le père d'Apatil, vint chercher le corps de son enfant[1].

A l'autre extrémité du Delta, près de la frontière de Syrie, au village d'Arousch, deux martyrs, Paul et Silvain donnèrent le spectacle de l'héroïsme chrétien et des prodiges auxquels tout martyr qui se respectait était tenu. En ce temps là, le grand vali avait réuni tous les valis des districts qui étaient sous sa main et leur avait dit : « Que chacun de vous cherche les chrétiens qui se trouvent dans son nome, pour voir s'il leur persuadera de lever l'encens ; sinon il doit les punir. » Or, dans le village d'Arousch, le gouverneur, nommé Jules, connaissait deux chrétiens, Paul et Sylvain. Il les fit venir en sa présence et leur dit : « Sacrifiez aux dieux du roi ! » — D'une seule bouche, ils répondirent : « Nous n'avons d'autre Dieu que Jésus le Messie ! » Le vali se mit en colère, ordonna d'apporter un lit de fer rougi au feu et d'y étendre les deux confesseurs. On le fit. Paul et Sylvain ôtèrent leurs habits, se signèrent du signe de la croix, s'étendirent sur la couche de feu, et voici que cette couche devint aussi fraîche

---

1. *Cod. vat. copt*, LXVI et LXII — *Synaxare*, 16 Abib.

que l'eau. Ils glorifièrent Dieu ; mais Jules devint furieux. Il fit amener une paire de vaches très vigoureuses, attacha les deux saints à leurs queues et ordonna de les traîner jusqu'à ce que leur corps fût en lambeaux. Les deux confesseurs n'en éprouvèrent aucun mal. Alors le vali les fit pendre, la tête en bas, à un accacia qui se trouvait à la porte du temple : la foudre tomba sur l'accacia, le brûla, brûla aussi la moitié du temple avec les idoles, et les deux martyrs se trouvèrent debout, sains et saufs. A cette vue, les prêtres s'écrièrent au vali et le conjurèrent d'en finir avec Paul et Sylvain. Jules ordonna de leur couper la tête sur le champ[1].

Héliopolis eut aussi son martyr, mais il était étranger à cette ville. Il se nommait Bschai Anub[2] ; il était né à Banabous, dans le diocèse de Damiette, et il était soldat de Cyriaque, vali d'Athribis. On conduisit le martyr à Antinoë près d'Arien qui le menaça beaucoup et ordonna enfin de lui trancher la tête. Comme on le menait au lieu du supplice, une grande foule de gens le suivirent. Dans la foule se trouvait le *saïs*[3] des lions appartenant au gouverneur ; il menait avec lui deux lions attachés avec des chaînes[4]. Tout à coup l'un des lions bondit, brisa sa chaîne et alla se placer près du saint : alors l'Ange du Seigneur plaça le martyr sur les lions et aux yeux émerveillés de la foule, Ange, martyr et lions s'élevèrent dans les airs : tous les quatre, ils fendirent de concert la plaine liquide jusqu'au dessus de la ville d'Héliopolis. Là, ils descendirent. Le saint avait toujours les yeux bandés et ne savait où il se trouvait. Il finit sans doute par le savoir et consomma son martyre dans la *Ville du Soleil*[5].

---

1. *Synaxare*, 14 Barmahat.
2. Le texte arabe ajoute : ce qui signifie *or à dorer*. C'est un contre-sens. Anoub est le nom du dieu Anoub pour Anoubis.
3. Ce terme ne s'applique d'ordinaire qu'aux coureurs qui précèdent les gens de qualité ; mais le texte l'emploie à cette occasion.
4. Cette mention de lions apprivoisés n'est pas extraordinaire. La vie de Schnoudi en contient un exemple (cf. E. Amélineau : *Monum.* etc. p. 71) ; dès la dix-huitième dynastie le roi Thouthmès III faisait à ses capitaines don de lions domestiques.
5. *Synaxare*, 19 Baonah. Ce martyre est malheureusement fort écourté et mal résumé.

CHAPITRE SIXIÈME

Ces deux premières catégories d'actes ainsi épuisées pour la Basse Egypte, nous nous trouvons en présence d'acteurs plus considérables, les documents vont se multiplier, le ton se hausser et les détails abonder, comme pour Arien dans la Haute Egypte. Désormais c'est le gouverneur d'Alexandrie qui va jouer le premier rôle : je me servirai donc à son égard de la méthode que j'ai déjà employée à l'égard d'Arien, réservant toutefois pour un examen spécial les œuvres de Jules d'Aqfahs qui était son interprète en chef et le chef de sa chancellerie.

Les auteurs coptes n'ont pas fait d'Armenius un chrétien comme ils avaient fait d'Arien, ils ne l'ont pas davantage fait martyr, comme son collègue et son émule ; ils se sont rattrapés sur sa famille : comme Arien avait martyrisé son beau-frère, Arménius martyrisa son neveu et sa propre fille. Ce neveu s'appelait Georges : son frère, riche marchand, avait épousé la sœur d'Arménius, sans en avoir eu d'enfant. Comme il était chrétien, le jour où l'on consacra dans la ville d'Alexandrie la première église au grand St Georges[1], le

---

[1]. St-Georges est appelé ici : Georges Balad, je ne sais pourquoi. J'aurai lieu de parler amplement de son martyre.

beau-frère d'Arménius se trouvait à l'église et il supplia le grand athlète du Christ de lui accorder un enfant. L'enfant fut accordé et nommé Georges. A la mort de ses parents, il habita chez son oncle le gouverneur ; il avait alors vingt-cinq ans, aimait les pauvres, leur faisait l'aumône et fréquentait assidûment l'église. Le vali n'en était pas autrement ému. Arménius avait une fille : cette jeune personne, se promenant un jour aux environs d'Alexandrie, en compagnie de ses femmes, arriva près d'un monastère où se cachaient des moines : les moines chantaient une douce mélopée qui pénétra dans le cœur de la jeune fille. Elle n'y comprit rien, mais elle en demanda l'explication à son cousin Georges. Celui-ci lui eut bientôt appris que les pécheurs seraient punis dans l'Amenti et les justes récompensés dans le ciel. Il n'en fallut pas davantage pour cette intelligente cousine, elle alla sans plus tarder trouver son père et confessa le Messie. Arménius, un peu surpris, voulut lui faire entendre raison, la caressa, lui fit les promesses les plus séduisantes ; mais il ne put lui persuader d'abandonner sa nouvelle foi et dut lui faire trancher la tête. Il rechercha alors qui avait détourné sa fille vers la religion du Christ : on lui dit que c'était son neveu Georges. Il le fit aussitôt mander, le tortura du mieux qu'il put et l'envoya dans la ville d'Antinoë, où on lui coupa la tête. Un prêtre de Menouf réussit à prendre son corps et l'emporta chez lui. La femme d'Arménius l'ayant appris, envoya chercher les reliques de son neveu et les déposa près du corps de sa fille qu'elle conservait [1].

Un homme qui épargnait si peu sa propre famille ne devait guère songer à épargner les autres : il le fit bien voir. Les premiers martyrs que l'on rencontre sous son nom dans le Synaxare sont Aghana, Pierre, Jean, Amon, Amona et leur mère Rafiqa. Ils étaient de Samnoutia dans la province de Qous. Le Seigneur leur apparut pendant la nuit, leur annonça qu'ils seraient tous martyrs à Schoubra, près d'Alexan-

---

1. *Synaxare*, 7 Hathor.

drie, et les bénit. Ces saintes gens eurent la plus grande joie de ce qui leur avait été annoncé ; ils se levèrent au matin, distribuèrent tous leurs biens aux pauvres et se rendirent à Qous où ils confessèrent le Messie en présence du général en chef, Denys. Leur mère Rafiqa les encourageait et se montrait la plus vaillante. C'est par elle que Denys commença, continuant par les cinq enfants. Les tourments n'y firent rien et l'on conseilla à Denys d'envoyer toute la famille à Alexandrie de peur que les habitants de la ville ne fussent séduits par leur exemple, car chacun les aimait. Denys les y envoya en effet ; mais non pas sans qu'un grand nombre d'habitants se fussent convertis et eussent enduré la mort. Les martyrs rencontrèrent Arménius dans le village de Schoubra, près d'Alexandrie ; lorsqu'il eut pris connaissance de leur affaire, il leur fit endurer les plus cruels supplices, il les coupa en morceaux, les fit cuire dans des chaudières, les crucifia la tête en bas ; le Seigneur le Messie les ressuscitait à chaque tourment, si bien que le gouverneur en resta confondu avec sa troupe. On leur coupa la tête et on mit leurs corps dans une barque pour les jeter à la mer, mais un homme de Taqraha, dans le Bahira, eut une vision ; il recueillit les corps et les garda précieusement[1].

Comme je l'ai fait observer à propos de martyrs de la Haute Egypte, les soldats fournirent leur contingent et un contingent relativement considérable aux confesseurs de la foi chrétienne ; il en fut de même dans la Basse Egypte. L'un des martyrs de Péluse fut Sina, cavalier au service du gouverneur de la ville. Ce Sina avait pour intime ami un marchand de laine, nommé Isidore. Tous les deux étaient fort charitables et donnaient régulièrement aux pauvres ce qui ne leur était pas nécessaire. Une nuit, ils virent en songe comme si une jeune vierge leur posait sur la tête une couronne. Ils se racontèrent leur songe, l'un à l'autre, et furent certains que

---

1. *Synaxare*, 7 Thoth.

le Seigneur les invitait au martyre. Tous deux, ils se rendirent devant le vali et confessèrent le Messie, Sina ayant défait son ceinturon. Il les fit jeter en prison, et l'Ange du Seigneur y descendit les consoler. Le gouverneur envoya Sina au vali d'Alexandrie et garda Isidore ; mais Arménius renvoya le cavalier à Péluse. Le gouverneur fit alors torturer les deux amis, puis il ordonna de remplir de feu une fosse qu'on avait creusée et d'y jeter Isidore. Celui-ci demanda quelque temps aux soldats pour prier et se jeta de lui-même dans le feu où il mourut, sans que le feu eût brûlé la moindre partie de son corps. La mère de Sina se désolait de ce que son fils eût été séparé d'Isidore dont elle vit l'âme emportée vers les cieux par une multitude d'esprits bien heureux [1]. Sina n'attendit pas trop longtemps. Quelque temps après la mort d'Isidore, le gouverneur de Péluse fut destitué et un nouveau vali arriva avec les ordres les plus sévères pour les chrétiens ; on lui conta l'histoire de Sina et, sans plus tarder, il ordonna de lui trancher la tête. Sa mère eut la consolation d'avoir la même vision qu'à la mort d'Isidore : les corps des deux martyrs furent réunis et on les conserva dans la ville de Samannoud où, le jour de leur fête, s'opéraient quantité de miracles pour ceux qui avaient la foi [2].

Cette ville de Péluse eut un sort privilégié parmi les villes d'Égypte au temps de la persécution. S'il fallait en croire les actes fort abrégés de Hor de Syriakous, son gouverneur se serait même fait chrétien. Hor était un jeune homme dont le père était forgeron. Il vivait avec sa sœur près de son père, lorsque l'idée lui vint de se faire martyr. Il se rendit à Péluse et confessa le Messie devant le gouverneur. Celui-ci lui fit endurer les plus grands tourments ; mais devant les prodiges opérés par le chrétien, le vali, qui avait le cœur honnête, et ne ressemblait ni à Arien, ni à Arménius, que les miracles endurcissaient, comme autrefois Pharaon, se convertit avec

1. *Synaxare*, 18 Barmahat.
2. *Synaxare*, 25 Barmoudah.

sa femme et ses filles. Arménius les fit mettre à mort sur le champ et l'on envoya Hor à Antinoë où il fut torturé, pendu la tête en bas et finalement décapité[1].

Ce fut à Alexandrie même que mourut Abamoun de Ternout. Abamoun se trouvait dans la Haute-Égypte pendant que le gouverneur Arien exerçait ses cruautés envers les chrétiens. La vue des supplices qu'ils enduraient l'enflamma d'un saint désir, il se présenta devant le vali et confessa le Messie. Le vali l'en récompensa par la torture, la bastonnade et plusieurs pendaisons ; on lui enfonça ensuite de grands clous dans le corps et on le cloua à terre. Le Seigneur le délivra de tous ces supplices. Arien envoya finalement le martyr au gouverneur d'Alexandrie et, pendant le voyage, le Seigneur apparut au confesseur et le consola. Les tourments recommencèrent à Alexandrie : un grand nombre de gens se convertirent à son occasion, entre autres une vierge nommée Théophila, qui se rendit vers le gouverneur, l'injuria et confessa le Messie. Arménius ordonna de la jeter dans le feu et, comme le Seigneur l'en avait sauvée, de lui trancher la tête. Abamoun eut le même sort, quand on eut constaté que tous les autres supplices ne servaient à rien[2].

Les *actes* de Thomas de Schindalat sont plus mouvementés que les précédents et ce saint donna assez de peine au gouverneur Arménius. Thomas était un jeune garçon de onze ans, lorsque l'Archange Michel lui apparut dans le champ où il gardait des cochons et lui ordonna d'aller confesser le nom du Messie. Thomas obéit, laissa tout, ne prit que son fouet et se rendit à Alexandrie. Arrivé devant le gouverneur, Thomas confessa le Messie et Arménius l'engagea vivement à sacrifier aux idoles, lui promettant de le faire son secrétaire, s'il obéissait. Pour toute réponse, il allongea son fouet et en cingla le vali, car il était en colère de ce qu'on lui eut fait

---

1. *Synaxare*, 12 Abib. Ces actes sont très abrégés, pour la raison que j'ai indiquée déjà. C'est regrettable, quoique sans doute ils ne dussent reproduire que ce que nous avons dans les autres documents de cette sorte.
2. *Synaxare*, 27 Abib.

une semblable proposition. Arménius le fit saisir et torturer : Thomas invoqua le Seigneur qui envoya aussitôt son Ange le guérir. En prison, le geôlier le pria de guérir son fils ; Thomas lui confia son fouet, lui recommandant de l'étendre sur le malade, l'assurant que la maladie disparaîtrait. Quand Arménius eut appris ce prodige, il fit venir Thomas et le supplia de sacrifier. Thomas y consentit et le gouverneur plein de joie le conduisit au temple ; là, Thomas invoqua de nouveau le Seigneur, le priant d'anéantir les idoles, et toutes les idoles tombèrent en morceaux ; Arménius lui-même fut saisi à la gorge par un Satan qui ne le lâcha pas avant que le gouverneur eût confessé qu'il n'y avait pas d'autre Dieu que le Messie. Pareille confession ayant été obtenue par violence ne valait rien ; Arménius le fit voir en tenant Thomas enfermé quinze jours en prison [1]. L'Ange du Seigneur allait visiter le prisonnier et le consolait. Ensuite on le crucifia la tête en bas ; l'Ange du Seigneur le sauva. Thomas ayant rendu la vue à un enfant aveugle en le signant, Arménius fit lâcher sur lui une lionne ; la lionne lui lécha les pieds. On le frappa à coups de massue, en même temps que Paphnouti de Bandara et Moyse de Belqim qui en moururent ; Thomas survécut. On lui versa sur la tête de l'huile et du goudron bouillants, on le fit cuire dans une chaudière, on lui coupa les testicules, on lui attacha au cou une grosse pierre pour l'étouffer : rien n'y fit. Alors Arien d'Antinoë le prit avec lui, l'emmena à Tammouieh et lui fit trancher la tête [2].

Les actes qu'il me reste maintenant à examiner de cette catégorie ont été conservés en copte et exigent de plus grands développements. Le premier document se rapporte aux deux frères Pirdou et Athôm, ou comme prononcent les coptes actuels, Abirou et Atoum. Ces deux saints étaient nés

---

1. Quoique cela ne soit pas dit, cette prison devait être un cachot, ou bien on ne laissait pénétrer personne, comme le donne à penser la visite de l'Ange.
2. *Synaxare*, 27 Abib.

à Tasempoti, près d'Abousir assez loin de Péluse¹. Leurs parents étaient chrétiens, leur père se nommait Jean et leur mère Marie. Jean était prêtre, ce qui ne l'empêchait point de se livrer au négoce, et il avait acquis une grande fortune. Au moment où s'ouvre le récit, les parents étaient morts et les deux frères continuaient le négoce de leur père. Abirou avait trente ans; c'était un homme de belle apparence, roux comme Esaü, aux yeux bleus et la tête fournie d'une épaisse chevelure² : il était sérieux de caractère, aimait beaucoup la prière, le jeûne et l'aumône. Atoum était un jeune homme brillant, noir d'yeux et de barbe, doux, aimant l'église, hospitalier, fort de constitution et plein de zèle. L'aîné avait trente ans, le cadet vingt-huit. Ils se rendirent un jour à Péluse pour leur négoce. Dans les rues de la ville, ils trouvèrent les soldats du gouverneur Pompéius qui emportaient le corps d'un prêtre qu'on venait de martyriser et qu'on allait jeter à la mer. Les deux frères achetèrent le corps aux soldats pour deux pièces d'or, leur promirent le secret, emportèrent le cadavre, l'embaumèrent et retournèrent dans leur village où ils le déposèrent dans leur maison, au dessous d'un bassin toujours rempli d'eau, avec une lampe qui brûlait jour et nuit. Huit mois s'étaient écoulés, lorsqu'un jour Abirou dit à son frère : « Que faisons-nous en restant ici quand le combat s'étend, que les couronnes sont prêtes et qu'on les distribue gratis? » Ils se levèrent alors, distribuèrent leurs biens aux pauvres et s'acheminèrent vers Alexandrie, afin d'être martyrs. Ils trouvèrent Arménius assis à son tribunal et jugeant les chrétiens. « Gouverneur, s'écrièrent-ils, écoute-nous avec attention! Nous sommes chrétiens ouvertement, nous croyons à Notre Seigneur Jésus le Christ, le fils du Dieu vivant. Quant

---

1. On pouvait se rendre de Tasempoti à Péluse en une nuit, d'après les *Actes*, ce qui est complètement faux.
2. M. Hyvernat (op. cit. p. 136) traduit : « Il était blond, et ses cheveux étaient frisés. » Le mot employé est celui que la Genèse emploie pour Esaü. Pour les cheveux frisés, quand M. Hyvernat aura appris à connaître les mœurs des anciens Égyptiens et aura vu l'Égypte moderne, il changera sans doute sa traduction.

à tes idoles et à ton roi impie, nous les méprisons de tous les mépris. Elles iront à la perdition, elles et tous ceux qui croient en elles! » A ces paroles, Arménius craignit la menace qu'ils avaient proféré en dernier lieu, surtout lorsqu'il s'aperçut que la grâce de Dieu était sur leur visage. Il les fit toutefois mettre en prison, car l'heure était avancée. En prison, les deux frères entendirent une voix qui leur disait : « Courage, ô mes élus, Abirou et Atoum, je serai avec vous jusqu'à la fin de votre combat. » Le lendemain, Arménius les fit comparaître à son tribunal. « D'où êtes-vous? leur dit-il; quels sont vos noms? Je vois que vous vous ressemblez. » — « Impie, répondit Abirou, sommes-nous venus ici pour que tu nous demandes nos noms et notre patrie? » Atoum promit cependant de répondre. « Par le salut d'Apollon le grand dieu, dit Arménius, si vous m'apprenez vos noms, je vous donnerai de nombreux honneurs. » Abirou lui apprit alors leurs noms et celui de leur village, puis il ajouta : « Et maintenant, apprends-nous quels honneurs tu veux nous donner, comme tu l'as dit! » — « Sacrifiez d'abord, dit Arménius, et j'écrirai à mon seigneur le roi à votre sujet, afin qu'il vous enrôle comme soldats, qu'il vous élève dans le palais, qu'il vous donne l'annone chaque mois et qu'il vous permette de vous tenir en sa présence à chaque instant. » — « O chien insensé qui mange son vomissement, répondit Atoum, tu es maudit, toi, les idoles impures, ton roi impie et apostat. » Le dialogue ne pouvait continuer longtemps sur ce ton, sans que le gouverneur se mît en colère. La colère vint, en effet, et Arménius ordonna de les étendre sur le ventre et de les battre avec des nerfs de bœuf. Quatre soldats fustigèrent ainsi chacun des frères, pendant que l'aîné exhortait le cadet. Après ce supplice, ils se tinrent debout devant le gouverneur, comme s'ils n'eussent rien ressenti. Arménius les fit torturer sur le même chevalet; l'archange Gabriel descendit du ciel, brisa le chevalet et détacha les martyrs. La foule s'écria : « Il n'y a pas d'autre Dieu que le Dieu d'Abirou et d'Atoûm. » Les deux frères interpellèrent alors le gouverneur et l'injurièrent. « Abirou, dit alors Arménius, ne diras-tu pas à ton frère de sacrifier, car je vois que c'est un petit garçon qui a le corps délicat. » Abirou ayant refusé, Arménius fit apporter le lit de fer qu'on chauffa à blanc, on y mit une grande quantité de clous rougis et on roula les deux saints sur le lit jusqu'à ce que les clous fussent entrés dans leurs chairs. Au milieu de cette torture, ils s'écrièrent : « Notre Seigneur Jésus le Christ, vite au secours ! » Aussitôt des coups de tonnerre retentirent, il y eut des éclairs, et la terre trembla trois fois; une nuée laissa tomber ses eaux sur eux, éteignit le feu qui se changea pour eux en un souffle frais comme la rosée. Instantanément, ils furent sur pied devant le gouverneur. La foule répéta son cri, les soldats de l'escorte prirent des pierres pour lapider le gouverneur, et celui-ci se hâta de faire reconduire les saints en prison, les chargea de chaînes et l'on mit sur eux deux grosses pierres dont chacune pesait trois qantars[1]. A minuit, le Seigneur Jésus descendit du ciel avec Michel à sa droite et Gabriel à sa gauche; la prison fut illuminée et, à la parole du Messie, les chaînes tombèrent et les pierres furent rejetées loin des martyrs qui se jetèrent aux pieds de Jésus. Le lendemain, on les conduisit de la prison au tribunal; chemin faisant, ils guérirent un possédé que son démon quitta, en grognant comme un san-

---

1. M. Hyvernat qui a promis d'expliquer tous les mots gréco-byzantins qui se trouvent dans ses *actes*, me permettra de lui signaler deux inexactitudes à propos des mots τάξις et κεντηνάριον. Ces deux mots sont par lui traduits ainsi : « Et les *gens de l'office* prirent des pierres pour les jeter au gouverneur. Celui-ci fit conduire les saints en prison, attachés avec des chaînes de fer, et il leur fit mettre dessus, à chacun, deux grosses pierres de *trois cents livres.* » Sans parler du français de cette traduction qui est déplorable, le mot τάξις signifie le rang, l'escorte du gouverneur comme traduisent les traductions arabes et comme les œuvres coptes permettent elles-mêmes de le voir par la comparaison des passages. Ensuite, le mot κεντηνάριον est la forme grécisée du mot *qantar*, d'origine égyptienne, mot encore en usage aujourd'hui en Egypte. Le *qantar* pèse plus de 44 kil. En outre, on ne met pas deux pierres sur chacun d'eux, mais une seule: l'expression qui veut dire chacun se rapporte au mot pierre et non pas aux deux frères. D'ailleurs le chiffre de 300 livres n'est pas éloigné du poids réel. Le *qantar* valant au juste 44 kil. 493, 3 qantars valent 133 kil. 389 ou 267 livres 278 grammes. D'ailleurs le poids pour un philologue comme M. H. n'est guère intéressant : le mot devait l'être davantage.

glier. A la nouvelle de ce prodige, Arménius vit bien qu'il avait affaire à des magiciens; cependant il hésitait à les torturer, parce que c'étaient de beaux garçons. Les deux frères l'excitèrent eux-mêmes, et le gouverneur leur ayant fait percer les talons où l'on passa des cordes, les fit suspendre à un arbre élevé, la tête en bas, pendant deux jours. Le sang leur sortait par la bouche et par le nez : on les croyait morts. Le troisième jour, Arménius envoya des soldats voir si les deux chrétiens étaient morts. Les soldats se rendirent au pied de l'arbre et crièrent : « Abirou, Atoum, êtes-vous vivants ou êtes-vous morts! » A peine avaient-ils prononcé ces paroles que Michel descendait du ciel, coupait les cordes, et les deux frères se tenaient debout devant Arménius, sains et saufs. La foule, à la vue de ce prodige, s'écria : « Il n'y a pas d'autre Dieu que le Dieu d'Abirou et d'Atoum. » Elle défendit au gouverneur de leur faire le moindre mal et menaça de le lapider. Arménius eut peur et fit reconduire les saints en prison. Sur ces entrefaites, le gouverneur reçut de Dioclétien une lettre qui disait : « Éparques, comtes, ducs, gouverneurs de chaque ville, en toute hâte rassemblez-vous tous à la fois, venez tous à Antioche, car j'ai quelque chose à vous dire. » Aussitôt tous les officiers nommés s'embarquèrent pour Antioche : quelques jours après ils revenaient à Alexandrie. Arménius leur donna un grand banquet et, après le festin, il dit à Pompéius, gouverneur de Péluse : « J'ai deux jeunes chrétiens qui sont magiciens; je n'ai rien pu contre eux, emmène ces impies et rends leur sentence. » On jeta les deux frères dans le fonds d'un bateau, pieds et poings liés; les habitants d'Alexandrie leur avaient fait cortège jusqu'au lieu de l'embarquement. On mit dix-sept jours pour aller d'Alexandrie à Péluse et on les mit en prison, en attendant que le gouverneur fût arrivé. Un homme fidèle de Péluse, qui avait une fille aveugle de naissance, se rendit à la prison, il répondit pour les saints et obtint de les emmener chez lui. Là, il voulut leur servir à manger; mais les deux frères, en gens bien appris, n'acceptèrent rien avant d'avoir rendu la vue à la jeune fille, ce qui ne tarda guère. Tous les malades de la ville se présentèrent alors et furent guéris. Lorsque les deux martyrs n'eurent plus de miracles à faire, ils retournèrent à la prison. Tel fut le premier martyre d'Abirou et d'Atoum qui devaient en subir trois.

Cependant Pompéius arriva à Péluse à cinq heures du soir; comme il était tard, il entra dans sa maison jusqu'au lendemain[1]. Les deux frères, ayant appris l'arrivée du gouverneur, passèrent la nuit à prier. Comme ils étaient encore debout, Gabriel l'archange leur apparut et leur annonça par le menu tout ce qui leur arriverait. Le matin venu, Pompéius s'assit sur son tribunal dans le prétoire, fit amener les deux martyrs et les considéra un moment : leur visage lançait des rayons comme le soleil et le gouverneur fut en grande admiration de leur beauté. « Allons, leur dit-il, sacrifiez aux dieux glorieux et ne croyez pas que vous parlez avec le comte d'Alexandrie! Par le salut d'Apollon, si vous désobéissez au commandement de notre maître, le roi, je broierai votre corps en des tourments tous plus cruels les uns que les autres[2]. Ayez donc maintenant pitié de vous-mêmes, ne mourez pas de mâle mort en mes mains, et ne faites pas de tort à votre jeunesse. » Les deux frères n'avaient pas oublié les injures qu'ils avaient eues au service d'Arménius; il les servirent à Pompéius et l'avertirent qu'ils le confondraient trois fois plus. Le gouverneur courroucé fit mélanger de suite de la chaux non éteinte[3], du poivre et du vinaigre et leur fit verser cette mixture dans la bouche et dans le nez. L'effet ne

---

1. Cela se passait au mois de décembre; à cinq heures du soir la nuit n'était pas encore venue, mais peu s'en fallait, et alors chacun s'enfermait chez soi.
2. M. Hyvernat traduit : *par mille tourments*. Il y a une difficulté grammaticale que je n'ai pas comprise, l'adjectif étant au comparatif.
3. Le texte se sert du mot grec χονία. M. Hyvernat traduit : *de la cendre non éteinte*. Je lui signale encore ce mot gréco-byzantin. D'après la composition de la dite mixture qui précède et qui doit être brûlante pour l'intérieur du corps, on ne voit pas trop ce que ferait la cendre, tandis que la chaux a bien son emploi. Le *synaxare* emploie d'ailleurs le mot chaux.

fut pas tel qu'attendait Pompéius et il déclara à ses soldats qu'il n'avait jamais vu de plus grands magiciens. Il fit apporter le lit de fer et l'on fit si grand feu par dessous que les deux saints disparurent dans les flammes. On se disait dans la foule : « Malheur à ces jeunes garçons, leur beauté a péri dans les flammes ! » lorsque des tonnerres se firent entendre, des éclairs sillonnèrent le ciel, un nuage chargé d'eau s'arrêta au-dessus du lit et une douce pluie tomba qui changea les flammes en rosée rafraîchissante. Les saints, quoique liés, marchèrent au gouverneur; ils n'avaient aucun mal, aucun de leurs cheveux n'avait été brûlé, pas même leurs habits. La foule éclata en cris d'admiration, et trois des principaux bourreaux, ayant détaché leurs ceinturons, les jetèrent à la figure du gouverneur en disant : « Désormais nous ne sommes plus les soldats, mais ceux de Jésus le Christ. » — « Mauvaises têtes, dit Pompéius, vous n'êtes pas dans l'erreur comme Abiron et Atoum? Sur le salut d'Apollon et d'Artémis, si vous prononcez une autre fois ce nom devant moi, je vous enlèverai la tête du tranchant du glaive. » — « Par la vie de Notre Seigneur Jésus le Christ, notre Dieu, dirent les trois soldats, si tu ne prononces notre sentence, c'est nous qui t'enlèverons la tête. » Les soldats avaient leur épée, le gouverneur eût peur et se hâta de les satisfaire : cent soldats les conduisirent à l'est de la ville et on leur trancha la tête, le vingt-huitième jour de Kihak. Quarante autres soldats les avaient imités et eurent le même sort. Le gouverneur revint à la charge près des deux frères, mais inutilement. Il leur fit arracher les ongles des pieds et des mains, casser leurs dents qui tombèrent à terre et arracher la langue qu'on plaça dans leurs mains. Quoique n'ayant plus de langue, les deux martyrs prièrent à haute voix; Gabriel descendit du ciel et, se plaçant entre les deux saints, les couvrit de ses ailes. Aussitôt, leurs ongles se plantèrent dans leurs pieds et leurs mains, leurs dents sautèrent chacune dans son alvéole, leur langue retourna dans leur bouche. A cette vue : « Grand est le Dieu des saints Abirou et Atoum ! » s'écria la foule, et elle ne permit pas au gouverneur de continuer ses tortures. On reconduisit les saints en prison. Cette même nuit, la femme de Pompéius fut prise des douleurs de l'enfantement ; l'enfant resta enfermé en son sein et elle mourut. A cette nouvelle, le gouverneur déchira ses vêtements, se couvrit la tête de cendre, avec tous ses serviteurs ; la ville entière se réunit chez lui pour le consoler, les musiciens et les pleureuses commencèrent les chants funèbres. La maison était dans le plus grand trouble. La foule s'écria à Pompéius : « Envoie chercher les chrétiens et ils ressusciteront ta femme. » Pompéius l'eût bien fait, mais il pensait avec assez de raison que les deux frères n'avaient pas à se louer de lui. Les grands de la ville se rendirent alors à la prison, implorèrent les martyrs : « Nos seigneurs les martyrs de Jésus le Christ, dirent-ils, faites-nous l'amitié de nous suivre chez le gouverneur et de ressusciter sa femme. » — « Si vous reconnaissez que notre Dieu fait ressusciter les morts, dirent les deux frères, pourquoi ne croyez-vous pas en lui? » Les grands s'excusèrent sur la peur qu'ils avaient des rois et de la torture. Toutefois les saints se rendirent chez le gouverneur qui leur baisa la tête, leur demanda pardon, leur promit la liberté et de grands honneurs, s'ils ressuscitaient sa femme. La femme fut ressuscitée, après une prière et un signe de croix ; elle parla à son mari, à ses serviteurs, et dit aux saints en les adorant : « Bénie soit l'heure où vous êtes entrés dans cette ville. » Pompéius tint ses promesses, donna de l'or aux deux frères, les mit en liberté et les conduisit sur le chemin de leur village. Lorsqu'ils y furent arrivés, tous les gens de leur village et des villages environnants vinrent les adorer et baiser leurs cicatrices, tous les malades et les possédés se faire guérir. Quand tout le monde fut guéri, les deux frères cherchèrent un homme fidèle auquel ils firent don de leur maison, à condition qu'il prendrait soin du corps du martyr Abanoua, mettrait de l'eau dans son bassin et tiendrait la lampe allumée. Puis ils distribuèrent tous leurs biens aux pauvres[1]. Tel fut le second martyre.

Évidemment, après avoir si bien commencé, les deux frères ne pouvaient rester en chemin. Le 20 Baonah[2], à l'aurore, ils furent d'avis que le moment était venu d'achever leur martyre. Ils donnèrent à Sarapamon, celui qu'ils avaient mis dans leur maison, leurs derniers ordres au sujet de leurs corps et se rendirent à Psariom où ils trouvèrent le gouverneur jugeant un chrétien; ils confessèrent le Messie et répondirent aux premières questions de l'interrogatoire, comme ils l'avaient déjà fait à Alexandrie, et en prirent occasion de faire un discours sur la sottise des idolâtres. Le gouverneur les fit frapper sur la bouche. Quand tout le monde les crut morts, ils se dressèrent devant le gouverneur. Celui-ci leur fit percer les talons, on y passa des cordes de palmier et on les traîna par la ville, si bien que la cervelle leur sortait par le nez. Une femme sourde et muette ayant pris de leur sang et s'en étant frotté le cœur, la bouche et les oreilles, recouvra à l'instant l'ouïe et la parole. Le gouverneur ne sachant plus que faire, consulta son assesseur qui lui conseilla de rendre la sentence capitale. Le gouverneur le fit, et l'on emmena les saints bâillonnés à l'est de la ville pour leur trancher la tête. Arrivés à l'endroit, ils dirent aux soldats : « Frères, enlevez-nous ce bâillon de la bouche afin que nous puissions prier[3]. » Les soldats y consentirent; les deux saints firent une courte prière, et aussitôt le Messie descendit du ciel. Michel était à sa droite, Gabriel à sa gauche, et des milliers d'Anges chantaient des hymnes en son honneur. Le Sauveur leur fit toutes les promesses accoutumées et les assura que l'archange Gabriel serait particulièrement préposé à la

---

1. Nous avons déjà assisté à une première distribution; on voit qu'elle n'avait pas été complète.
2. C'est-à-dire le 15 juin.
3. Le scribe copte ne s'est pas aperçu de la bêtise qu'il écrivait. Le bâillon empêchait les saints de prier, mais ne les empêchait aucunement d'adresser la parole aux soldats pour les prier d'enlever ce bâillon qui les rendait muets.

garde de leur tombeau. Quand le Seigneur fut remonté au ciel, les deux martyrs firent encore une recommandation à Sarapamon qui se trouvait là au sujet de leurs corps, ils tendirent le cou et on leur trancha la tête, le huitième jour d'Abib[1]. Michel emporta leurs âmes au Sauveur qui leur donna trois couronnes, pendant que les Anges faisaient entendre des cantiques en leur honneur. Cependant Sarapamon prit les têtes des deux frères, les rapprocha de leurs corps et elles s'y recollèrent. Il écrivit aux gens de Tasempoti, les priant de venir avec des linceuls et des parfums. Ils vinrent, et à minuit on procéda à l'embaumement, puis on chargea les corps sur des chameaux et l'on se mit en route pour retourner au village. A quelque distance de ce village, les chameaux s'agenouillèrent; les conducteurs voulurent les faire lever, d'abord par leur cri habituel, ensuite par une grêle de coups : tout fut inutile. On amena d'autres chameaux plus forts qui s'agenouillèrent aussi[2]. Les pauvres gens étaient dans un grand embarras, lorsque des corps bienheureux sortit une voix qui disait : « C'est ici le lieu que le Seigneur nous a destiné pour que nous y demeurions. » Aussitôt on déchargea les chameaux, on y apporta des bancs[3], on y déposa les corps et l'on s'occupa de construire une église[4].

Il ne nous reste plus à examiner que les *Actes* de St Pierre d'Alexandrie, le patriarche et le *dernier des martyrs*. Ils sont

---

1. C'est-à-dire le 3 juillet.
2. Tout ce passage a donné lieu à une assez forte méprise au traducteur, M. Hyvernat. Il dit en premier lieu que les chameaux *s'endormirent* et en second lieu qu'ils *tombèrent* (op. cit. p. 171 et 172). Le mot copte veut en effet dire *se coucher*, et, quand il s'agit de chameaux, il signifie que les chameaux se couchent, s'agenouillent, comme ils le font lorsqu'on les charge et qu'on les décharge. Ici, il fallait décharger les chameaux, puisqu'on était arrivé; les chameaux s'agenouillèrent d'eux-mêmes pour montrer la volonté de Dieu. Ils n'avaient ni besoin de dormir, ni de tomber à terre. Les méprises semblables fourmillent dans la traduction de M. H.
3. Le texte emploie le mot à forme grecque ⲥⲉⲙⲯⲉⲗⲓⲟⲛ. M. Hyvernat a sans doute considéré ce mot comme *gréco-byzantin* et l'a traduit par *sempselions*. Ce n'est pas se compromettre. Je me permettrai de lui faire observer que le mot n'est autre que le latin *subsellium*. Il pourra ainsi se risquer à traduire en français.
4. Hyvernat : *Actes des Martyrs de l'Egypte*, tom. I, livr. II et III, p. 135-179. *Synaxare*, 8 Abib.

célèbres et nous ont été conservés en entier sous une double forme[1]. Pierre avait été le fruit tardif du mariage de son père, Marc, archiprêtre d'Alexandrie, et de sa mère Sophie. C'étaient de saintes et pieuses gens, craignant Dieu, faisant de nombreuses actions de miséricorde et de pitié, aimant tout le monde; mais ils n'avaient point d'enfant. Et lorsqu'arriva le cinquième jour d'Abib[2], ils fêtèrent les saints apôtres Pierre et Paul; Sophie, en voyant combien les gens étaient heureux au milieu de leurs enfants revêtus de beaux habits[3], soupira et ses larmes tombèrent comme la pluie. Elle implora Dieu devant la porte du sanctuaire[4] et le supplia de lui accorder un enfant. La nuit suivante, les deux apôtres lui apparurent et lui apprirent que sa prière avait été exaucée, lui recommandant d'aller le lendemain matin trouver le patriarche qui prierait sur elle. A peine réveillée, Sophie raconta le songe à son mari qui fut bien content, loua Dieu, remercia les Apôtres[5], et le lendemain, la femme se rendit près du patriarche. Elle dit au sous-diacre qui veillait à la porte :

1. La première forme est celle d'un panégyrique attribué au patriarche Alexandre, successeur de Pierre; la seconde comprend les Actes mêmes du martyre, tandis que le panégyrique ne raconte l'histoire (!) de Pierre que jusqu'au martyre.
2. C'est-à-dire le 30 juin, jour auquel on célèbre encore aujourd'hui la fête des deux apôtres.
3. Ce détail ne se trouve que dans le *synaxare*.
4. Dans les églises coptes, le sanctuaire étant séparé par une cloison de la nef où se tiennent les fidèles, ceux-ci n'ont vue sur l'autel que par une porte. C'est près de cette porte que pria Sophie.
5. Cette manière miraculeuse dont est annoncée la conception est sans doute imitée du livre des Juges, de celui des Rois et de l'évangile selon St Luc; mais je dois faire observer que les auteurs égyptiens n'avaient pas besoin des livres juifs pour décrire la chose. Ici même, et encore plus ailleurs, la femme doit aller à l'église et près du patriarche. Dans un fragment conservé à la *bibliothèque nationale*, la femme reçoit du ciel l'ordre d'aller passer la nuit dans l'église et fait part à son mari de l'ordre qu'elle a reçu. Le mari n'est pas d'abord trop content: tant de choses peuvent se passer la nuit, même dans une église; cependant il consentit à la fin et il a un fils. Dans les anciens monuments de l'Égypte, l'épouse royale entrait la nuit dans le temple et le Dieu s'approchait d'elle. Aussi le Pharaon était aussi bien le fils de Dieu que de son père. D'ailleurs ils ne faisaient qu'un, le Pharaon n'était que l'image visible du Dieu invisible, comme le patriarche. Je ne veux pas faire de rapprochement inconsidéré, puisque tout cela n'est que pieuse légende : je signale seulement l'origine égyptienne de ces légendes et la vitalité des idées égyptiennes, même après l'adoption du christianisme. Ce qui se passa pour Aménophis III, dont toute l'histoire était peinte sur les murs du temple de Louqsor, fut raconté par les auteurs coptes, qui n'y voyaient aucun mal.

« Dis à mon père l'archevêque que je désire baiser ses pieds sacrés. » L'archevêque ordonna de l'introduire, elle lui raconta sa vision, il la bénit en la comparant à la mère de Samuel. Peu de temps après, Sophie conçut, en fit prévenir le patriarche qui dit : « Appelez son nom de celui du chef des apôtres, Pierre, car je crois qu'il sera un rempart solide de la foi orthodoxe et un défenseur de tous les chrétiens. » L'enfant vint au monde et fut nommé Pierre. Lorsqu'il eut sept ans, sa mère le remit au patriarche, comme jadis Anne avait conduit Samuel à Héli. Le patriarche le traita comme son propre enfant, l'envoya à l'école, et en peu de jours le jeune Pierre fut bellement instruit de la sagesse du dehors[1]. On le fit lecteur, et, en six ans, il apprit par cœur l'écriture ancienne et la nouvelle; il lisait l'Ecriture dans l'église, et si belle était sa voix, si douces ses modulations, si parfaites ses intonations, que tout le peuple chrétien se rendait dès le matin à l'église pour l'entendre chanter l'Ecriture. Par l'ordre de l'archevêque, il guérit une femme possédée dont le diable avait déclaré qu'il ne sortirait que par l'ordre de Pierre. Lorsque Sabellius prêcha son hérésie et que ses partisans voulurent argumenter avec l'archevêque, celui-ci envoya Pierre soutenir la bonne cause contre eux. On ne pouvait choisir un meilleur avocat, car il dit aux hérétiques : « Si vous avez quelque chose à dire, dites-le; sinon, taisez-vous, ne blasphémez point; » et ils s'étaient tus, comme s'ils eussent été frappés de la foudre. Une pareille lumière ne pouvait rester sous le boisseau : aussi les patriarches qui se succédèrent jusqu'à Théonas l'élevèrent peu à peu jusqu'à la prêtrise, à travers tous les degrés de la cléricature. Pierre faisait des miracles nombreux, avait de célestes visions et apercevait la main du Fils de Dieu qui retenait les indignes, lorsque ceux-ci s'approchaient des saints mystères. Aussi

---

1. Par cette expression, il faut d'abord entendre la science de l'écriture et de la lecture, puis la connaissance du grec et ce qu'elle entraîne. Il n'est pas probable que Pierre sût l'égyptien.

quand l'archevêque Théonas fut malade de la maladie dont il devait mourir, Pierre lui fut-il indiqué dans une vision comme celui que Dieu avait choisi pour lui succéder. Pierre fut élu, et à peine eût-il pris la direction de son vaisseau spirituel, qu'il le conduisit vers le port du salut. Tous les passagers étaient égaux à ses yeux, les riches ne différèrent des pauvres en rien, et la sainte communauté fleurit. Son patriarchat fut paisible jusqu'à la promulgation de l'édit de Dioclétien : le trouble se répandit alors en Afrique, en Mauritanie, en Egypte et en Orient, et les martyrs furent nombreux. Pierre, ce berger fidèle, s'enfuit en Mésopotamie avec Achillas et Alexandre qui tous deux devaient lui succéder. Leur présence, dans une ville qui n'est pas nommée, suscita des soupçons. Le magistrat les envoya chercher et s'adressant à Pierre : « Quelle est ta profession ? dit-il, et pourquoi es-tu venu ici ? » — Pierre répondit : « Je suis un général, je vais en chaque endroit pour enrôler des soldats sous l'obéissance de mon roi le Christ[1]. » Il ne se souvenait plus qu'il avait déserté pendant le combat. — « Où sont les vivres et les armes que tu leur distribues ? dit le magistrat, où est ton roi ? » Pierre assura que ses armes et ses vivres étaient spirituels, que son roi habitait les cieux et donnait de grandes grâces à ses soldats, les guérissait de toutes les maladies. Le magistrat le mit à l'épreuve, fit amener un aveugle et promit de croire au Messie, si Pierre ouvrait les yeux de l'aveugle. Une parole suffit et les yeux s'ouvrirent. La foule s'écria aussitôt qu'il n'y avait pas d'autre Dieu que celui des chrétiens et demanda le baptême. Des myriades de personnes se convertirent ainsi.

Mais pendant l'absence du pasteur, un loup dévorant faillit entrer dans la bergerie. Ce loup fut Mélèce, évêque d'Assiout, qui, trouvant l'occasion favorable par la désertion de Pierre, s'empara du siège archiépiscopal. Or, dans un moment de

---

1. M. à m. : je vais ceignant des soldats sous les pieds de mon roi le Christ.

calme, Pierre reparut dans sa ville et chassa l'intrus qui mourut misérablement. Pendant ce temps aussi parut Arius[1]. La fuite du berger n'avait vraiment pas été profitable aux brebis. Il est vrai qu'un grand miracle vint bientôt affermir les cœurs chancelants. Dioclétien avait près de sa personne, à Antioche, un grand émir qui ne trouvait rien de meilleur que d'être toujours de l'avis du roi. Comme Dioclétien, il avait apostasié. Il avait deux enfants, et sa femme qui était chrétienne ne pouvait les faire baptiser à Antioche, par peur de son mari. Elle prit la résolution de s'embarquer pour Alexandrie, afin de les y faire baptiser à l'insu du père. Pendant la traversée « la mer s'agita, les vagues devinrent fortes, les tourbillons de vent furent immenses, on fut sur le point de périr. » La mère eût peur que ses enfants ne mourussent sans baptême, elle découvrit ses mamelles, les déchira de ses ongles, prit du sang qui coulait, s'en servit en guise de chrême pour signer le visage de ses enfants et les plongea dans les flots en disant : « Au nom de la Trinité sainte, Père Fils et Saint-Esprit. » Le vent se calma, les flots s'adoucirent et la barque entra dans le port d'Alexandrie. Sara, c'était le nom de la femme, à peine débarquée conduisit ses enfants à l'église pour les faire baptiser. On prépara le baptistère, on bénit l'eau et Pierre prit l'un des enfants pour le plonger dans l'eau régénératrice : aussitôt l'eau se glaça. Pierre, étonné, laissa l'enfant et prit son frère : l'eau demeura glacée. Il prit alors d'autres enfants et les plongea sans peine dans l'eau redevenue liquide. Il essaya de nouveau pour les deux frères et de nouveau l'eau se glaça, ce dont il fut stupéfait. La cérémonie finie, le patriarche demanda des explications à la mère des deux enfants, et celle-ci lui apprit ce qui s'était passé. « Le Saint-Esprit a donc déclaré que c'était un baptême ! » dit Pierre. Sara put alors retourner à Antioche avec ses deux

---

[1]. Tout ce qui précède est analysé du panégyrique de Pierre d'Alexandrie par son deuxième successeur Alexandre. Hyvernat: *op. cit.* livr. IV, p. 257-262. *Synaxare*, 29 Hathor.

enfants; mais son mari la dénonça au roi Dioclétien qui la fit venir et lui dit : « Tu es allée à Alexandrie commettre des adultères avec des chrétiens ! » — « Les chrétiens ne commettent point de mal » dit Sara. Et l'empereur la fit étendre à terre, on lui attacha ses deux enfants sur le ventre et on les brûla tous les trois[1].

Une lettre pastorale que Pierre adressa à son peuple le perdit. Dioclétien se courrouça en apprenant qu'il faisait des miracles et défendait aux peuples d'adorer les idoles; il envoya l'ordre au gouverneur d'Alexandrie de le mettre en prison, puis de lui couper la tête. L'ordre fut exécuté. Le peuple ayant appris la nouvelle s'arma, se rendit à la prison pour tuer les envoyés du roi[2] et délivrer le patriarche. « Qu'on nous tue d'abord, disait la foule, alors on l'exécutera. » Les tribuns furent dans l'embarras; mais ils se décidèrent bientôt à faire un exemple des plus mutins. Ici se passe l'épisode connu d'Arius et de la vision de Jésus-Christ avec sa tunique déchirée[3]. Pierre refusa de lever l'excommunication d'Arius et se prépara les moyens d'achever son martyre. Comme le peuple gardait toujours les portes de la prison, et se montrait prêt à empêcher qu'on ne fît sortir le patriarche pour le mener au supplice, il envoya des vieillards dire aux envoyés du roi : « Venez à minuit au sud de la prison : je frapperai au mur; vous le troucrez et je sortirai. » Grâce au vent et à la tempête qui se firent les complices du saint martyr, la chose s'exécuta de point en point; le mur fut percé, le patriarche extrait de sa prison, conduit au Boucoléon, où déjà St Marc avait achevé sa course. Après avoir demandé aux soldats la permission de s'entretenir un moment avec le

---

1. *Synaxare*, 29 Hathor et 25 Barmoudah. Le panégyrique ne contient pas tout ce récit; mais, dans le *synaxare*, il est soudé aux *Actes* de Pierre.
2. Les actes ne parlent pas d'*Arménius*. Peut-être le gouverneur était-il absent.
3. Je ne raconte pas cet épisode, parce que tout le monde le connaît et que les détails sont les mêmes. Je ferai seulement observer que Pierre, en parlant aux envoyés d'Arius, reconnaît avoir foi et leur rappelle, que dans sa fuite à travers « la Mésopotamie, la Syrie, la Phénicie, la Palestine et les Iles », il n'a jamais manqué de les instruire par lettres.

St Évangéliste dans son église, Pierre, qui avait amené avec lui un vieillard et une vieille femme, trouvés en chemin et se rendant à la ville vendre une peau et deux linceuls, fit étendre la peau et les deux linceuls, pria, quitta ses vêtements et tendit le cou. Les cinq bourreaux, voyant son courage, tremblèrent, et personne n'osa le frapper. Ils s'encouragèrent en disant que les autres donneraient chacun cinq pièces d'or à celui qui trancherait la tête de l'archevêque : l'un d'eux se décida, donna le coup, prit l'argent et tous s'enfuirent par crainte du peuple. Le peuple arrivait en effet quand tout était fini ; mais il put voir son archevêque resté debout, pendant deux heures, quoique décapité. Les premiers arrivés recollèrent la tête au tronc, recueillirent le sang et commencèrent les lamentations. Il fallut bientôt monter bonne garde autour du corps pour empêcher le peuple de mettre en pièces les vêtements du martyr. On réussit enfin à l'ensevelir ; mais au moment de l'emporter une grave dissension éclata. Les habitants du quartier du Dromos voulaient l'enterrer dans l'église de Théonas qu'il avait fait bâtir ; ceux d'un autre quartier voulaient le porter dans l'église de St-Marc. On allait en venir aux mains, quand au beau milieu de la discussion, des habitants avisés du Dromos qui étaient allés chercher une barque, se saisirent du corps, l'embarquèrent, mirent à la voile, doublèrent le phare et débarquèrent à Leucates. Ils déposèrent le corps dans le cimetière que Pierre avait fait construire dans le faubourg méridional de la ville. Le peuple s'y rendit aussitôt et ne permit pas qu'on l'enterrât avant qu'on ne l'eût fait asseoir sur son trône. Pierre en effet depuis longtemps n'avait plus voulu s'asseoir que sur les degrés de son trône, parce que, prétendait-il, une puissance lumineuse, dont la vue faisait entrechoquer ses os, s'y asseyait à ses côtés. Plusieurs fois le peuple s'était mutiné pendant l'office sacré et lui avait crié : « Assieds-toi sur ton trône, archevêque, assieds-toi à l'endroit où tu as été sacré. » Mais on ne put rien obtenir et le peuple, qui avait renoncé à l'y faire asseoir par violence, ne devait avoir sa revanche qu'après sa mort [1].

Tel fut le martyre de l'archevêque. Pendant qu'il priait un jour dans l'église de S*t*-Marc, une vierge avait eu une céleste vision et une voix lui avait dit: « Pierre a été le premier des apôtres, Pierre sera le dernier des martyrs ! » Le nom lui en est resté en effet, et peut-être fut-il en réalité le dernier des chrétiens suppliciés dans la ville d'Alexandrie. Aussi en aurais-je fini avec les *Actes des Martyrs*, où l'on peut espérer trouver un fond de réalité, si je n'avais encore à examiner l'œuvre multiple d'un écrivain célèbre en Egypte et nommé l'historiographe des martyrs. Ce ne sera pas la partie la moins intéressante de cette étude, ni celle qui réserve à mes lecteurs le moins de surprises.

---

1. *Hyvernat*, op. cit. fasc. IV, p. 269-283. Je ne ferai pas observer les défauts de la traduction pour ne pas être fastidieux. — *Synaxare*, 29 Hathor.

CHAPITRE SEPTIÈME

De tous les *Actes* des martyrs que j'ai analysés jusqu'ici, à peine y en a-t-il trois ou quatre attribués à un auteur désigné par son nom. Nous allons être plus heureux désormais. Toute une partie de la littérature que j'examine est attribuée à un personnage dont le nom est donné en toutes lettres, qui joue lui-même un rôle dans la plupart des *actes* et qui finit enfin par être martyr lui-même, à l'imitation de ceux dont il est dit avoir écrit la passion. Ce personnage s'appelle Jules et il était natif du petit bourg d'Aqfahs. Je ne crois pas m'éloigner beaucoup de la vérité en disant qu'il est presque complètement inconnu; mais grâce à cette mine inépuisable qu'on appelle le *synaxare*, les détails ne nous feront pas défaut sur sa personne, son emploi, sa vie et sa mort[1]. Son bagage litté-

---

[1]. Quand je dis qu'il est presque complétement inconnu, je dois avertir que Georgi (De Miraculis s. Colluthi pag. XXXIV et 199), Zoëga dans son catalogue, Quatremère dans ses *Mémoires sur l'Egypte*, et l'auteur du nouveau catalogue des mss. arabes de la bibliothèque nationale en ont parlé. Si je ne me trompe, cela ne suffit pas pour qu'un personnage soit connu. Quatremère et Zoëga ne donnent d'ailleurs aucuns détails. Georgi nous apprend seulement que le dit Jules écrivit deux *actes* de martyrs, ceux de Saint Epimé et ceux de Saint Nub. L'auteur du catalogue est mieux renseigné, il sait non-seulement que Jules d'Aqfahs a écrit des *martyres*, mais encore des *vies de saints*. Il dit en effet à propos d'une vie des deux Sts Macaires l'Égyptien et l'Alexandrin, qui est attribuée à un auteur qu'on nomme Julien : « Sur Saint Jules et son recueil de vies des saints, voyez cat. des mss. éthiopiens de la

raire était jusqu'ici d'assez mince volume, seulement quatre récits de martyrs : je vais pouvoir lui en restituer plus du double, sans compter ceux où son nom a disparu et où son influence est manifeste.

Nous ne sommes pas très riches en renseignements sur le compte de l'auteur des *Actes et « des vies de Saints »*, jusqu'au moment où nous le trouvons en fonctions près du gouverneur d'Alexandrie. Il était né dans le petit village d'Aqfahs d'où lui vient son nom : ses parents devaient être fort riches et lui firent donner une éducation des plus distinguées, car il devint secrétaire-interprète en chef du gouverneur d'Alexandrie, et il avait des goûts littéraires très développés, comme nous aurons bientôt l'occasion de le voir. Pendant toute la persécution, il assista aux jugements et aux tortures des martyrs, il les visitait dans leur prison, les ensevelissait, écrivait leur histoire, au su et au vu de tout le monde, et cependant Arménius ne sembla jamais se douter que Jules fut chrétien, car il l'était, et chrétien convaincu. La chose paraît assez invraisemblable ; cependant elle peut n'avoir pas été impossible en cet étrange pays. Le *synaxare* en donne une bonne raison : « Dieu avait mis un voile d'oubli sur le cœur des

---

bibl. nat. p. 156 et seqq. (cat. des mss. ar. de la bibl. nat. p. 20, note 3). Cela ne semble rien, et c'est déjà beaucoup ; nous savons au moins que Jules avait écrit des vies de saints et entre autres celle des deux Macaires. Pour avoir de plus amples détails, nous n'avons qu'à chercher le passage indiqué du cat. des mss. éthiop. On y lit : « Martyre de Jules d'Aqfahs, de son fils Théodore, de son frère Jonas, de ses cinq cents esclaves, et d'un grand nombre d'autres personnes, parmi lesquelles Arménius, gouverneur de Djemnouti, et le gouverneur d'Athrib, du temps de l'empereur Constantin. St Jules avait rédigé les vies des martyrs et employait pour les transcrire trois cents esclaves. » (Loc. cit. p. 156). Mais ici, il y a bien une petite difficulté. Comment Jules d'Aqfahs qui fut martyr sous Constantin put-il écrire la vie des deux Macaires qui vivaient encore après le règne de Julien l'Apostat ? Ce problème vaut la peine d'être examiné et je ne doute pas que l'auteur du catalogue, avec son érudition si sûre et si étendue, n'en trouve la solution. Je lui en signalerai même d'autres. Sebas et Schabas sont-ils deux villages différents (op. cit. p. 173 181) ? Sinoda et Schenouti deux personnages ? Est-il bien sûr qu'Asuan soit Esna ou Latopolis (op. cit. p. 166) ? Le catalogue des mss. éthiopiens est vraiment intéressant à étudier : il fournit d'aperçus nouveaux sur l'histoire et la géographie de l'Égypte. L'auteur est évidemment de première force, mais il eut bien fait d'observer des règles de transcription plus certaines, de consulter des terriers mieux orthographiés et d'éviter quelques conjectures malvenues.

gouverneurs ; personne ne lui dit rien et on ne le força point d'adorer les idoles : Dieu le gardait pour ses serviteurs, les martyrs. » Il le fallait bien, car personne n'aurait au cas contraire écrit l'histoire de leurs combats. Jules lui-même n'y aurait pas suffi ; mais il avait trois cents domestiques [1] sachant écrire et il les occupait à écrire les histoires des martyrs et « des saints ». Il occupait donc une grande maison, et sa maison n'était qu'une succursale de la chancellerie impériale où il tenait la première place au bureau des traductions, succursale uniquement destinée à la littérature égypto-chrétienne. La place qu'il occupait lui donnant de grands privilèges et son nom lui ouvrant toutes les portes et tous les cœurs, il pouvait puiser ses renseignements aux meilleures sources, et nous le verrons écrire presque sous la dictée des héros dont il a raconté les exploits. Les martyrs l'avaient en grande vénération et lui prédirent maintes fois qu'il était de toute impossibilité qu'après avoir été si bon pour les athlètes du Christ, il ne fût lui-même martyr. Cependant la persécution de Dioclétien avait passé et Jules était toujours vivant. Constantin régnait déjà, mais n'avait pas encore été baptisé. Il fallait donc se hâter. Aussi, un beau jour, le Seigneur lui ordonnait-il de se rendre à Samannoud et d'y confesser sa foi devant le vali Arcanios. Jules obéit et le vali lui fit souffrir [2] de nombreux supplices. Peine inutile, le Seigneur ressuscitait Jules. Un jour, il fit une prière, la terre s'entrouvrit, elle engloutit les soixante dix idoles que Dioclétien avait fait faire et les cent quarante prêtres qui les servaient : ainsi fut punie l'obéissance des prêtres aux ordres du vali qui leur avait commandé de les porter devant Jules, son fils et la petite armée de serviteurs qui l'avaient suivi, cinq cents. A la vue de ce prodige, le vali, qui était un honnête homme, comprit

---

1. M. Zotenberg dit : esclaves (Cat. op. miss. Ethiopiens de la Bib. nat. loc. cit.) ; je ne puis admettre cette traduction. Les esclaves ne savaient ni lire ni écrire ; on ne les traitait pas en Égypte comme à Rome. Jules avait à son service des scribes.
2. Synaxare, 22 Thoth.

bien qu'il n'y avait plus rien à attendre de dieux qui se laissaient engloutir sans résistance, il se convertit et, de compagnie avec le saint, s'achemina vers Athribis pour y confesser sa foi nouvelle. Le gouverneur d'Athribis tortura Jules du mieux qu'il put ; le martyr mourut trois fois et trois fois fut ressuscité par le Messie. Un jour qu'on avait préparé tout ce qu'il fallait pour célébrer une grande fête dans le temple d'Athribis, qu'on avait prié les dieux, allumé les lampes, découvert les statues, entouré l'édifice sacré de feuilles de palmier le saint fit une prière et Dieu envoya son Ange qui coupa la tête à toutes les statues, souilla leur visage de boue, brûla toutes les feuilles de palmier et tous les ustensiles du temple. Le lendemain, quand les gens arrivèrent revêtus de leurs plus beaux habits, ils se trouvèrent en face de ce beau spectacle ; ils reconnurent leur faiblesse, une foule considérable se convertit, ainsi que le gouverneur. Il fallut se rendre ailleurs pour obtenir le martyr de ces trois héros. Jules et les deux valis se rendirent à Tora[1]. Le gouverneur de Tora ne fut pas peu épouvanté à leur vue : le secrétaire en chef du gouverneur général et deux nomarques plus élevés en dignité qu'il ne l'était lui-même, cela méritait réflexion. Il refusa de les faire mourir et leur dit qu'il allait les conduire à Alexandrie. Mais cela ne faisait pas l'affaire des généreux martyrs ; Jules donna l'ordre à ses domestiques de mettre l'épée au clair, de se précipiter sur le vali et de lui dire : « Si tu ne rends pas notre sentence, nous te tuons ! » Le malheureux vali fut bien embarrassé. Comme il ne voulait pas être tué, il se décida à faire écrire la sentence ; mais il ne put trouver personne pour écrire cette sentence. Un démon impie qui se trouvait là et poussait des cris horribles fut contraint par Jules de se prêter à ce ministère nouveau pour lui[2]. La sentence rendue, l'exécution se fit rapidement : Jules eut la tête tranchée, ainsi que

---

1. *Synaxare*, 25 Babah.
2. S'il y a quelque fond de réalité à ce récit, il doit s'agir de quelque scribe renégat.

son fils Théodore, son frère Joukios, son secrétaire, les deux valis et toute sa suite, en tout quinze cents personnes[1]. On transporta le corps de Jules à Alexandrie et, plus tard, Constantin qui apprit la belle conduite de ce saint pendant la persécution, l'approuva fort et envoya de grandes richesses pour lui bâtir une église dont le patriarche Alexandre célébra la dédicace[2].

Tel est le personnage. On voit que s'il écrivit de beaux *martyres* pour ses amis, on lui rendit bien la pareille. Le résumé que nous en a conservé le *Synaxare* nous montre même qu'on suivit sa méthode pas à pas. Cette méthode va se développer clairement dans l'étude des *Actes* qui sont attribués à Jules d'Aqfahs. De ces *Actes*, quatre seulement ont échappés aux ravages des temps; les autres ne nous sont connus que par l'abrégé du *Synaxare*. Je vais examiner tout d'abord les premiers.

Les *Actes* de Didyme de Tarschebi s'offrent les premiers à l'examen dans l'ordre du *Synaxare*. L'auteur prend les évènements dès le principe et nous fait assister à la délibération où Dioclétien résolut de promulguer l'édit de persécution. Le récit de cette séance comporte la connaissance des *Actes* purement romanesques et légendaires; toutefois je laisserai encore ici de côté les évènements qui ne sont pas nécessaires à l'intelligence de ce qu'il me faut raconter. Dioclétien était donc empereur et avait fait la guerre à ses ennemis avec tout le succès désirable, lorsqu'un matin il réunit son conseil et dit : « Écoutez-moi, car j'ai à vous parler[3]. » — « Parlez, Seigneur, dirent les conseillers, vos serviteurs écoutent. » — « Vous savez, dit Dioclétien, qu'un roi ne dit pas de mensonge. Or, cette nuit, pendant que je dormais, Apollon le grand Dieu est venu vers moi avec les autres dieux des

---

1. *Synaxare*, 22 Thoth.
2. *Synaxare*, 7 Babah.
3. Le texte de ce préambule n'est pas entier dans les *Actes* de Didyme où le commencement est perdu (un seul feuillet); mais il se retrouve presque mot pour mot dans les *Actes* d'Epimé de Pankôleus du même auteur, non encore publiés, mais que j'ai en ma possession.

soixante-dix. Ils m'ont dit : — Voici que nous t'avons honoré[1] et t'avons donné la victoire dans la guerre; à ton tour rends-nous honneur dans ton royaume. — Que voulez-vous que je leur fasse ? » — Le stratélate Romanos, que les traductions arabes nomment le grand vizir, demanda la parole et prenant texte de l'exemple donné jadis par le roi Pharaon qui fit faire des dieux en lesquels son peuple eut confiance[2], il conseilla d'établir des gouverneurs dans tous les nomes de l'Egypte, dans toutes les villes, de rechercher les évêques, les prêtres, les diacres, jusqu'aux simples lecteurs, de brûler les livres des chrétiens, de relever les temples, de restaurer le culte des dieux, d'arrêter tous les chrétiens et de les mener au duc d'Alexandrie. Ce conseil plut infiniment au roi qui se leva le lendemain de grand matin et expédia dans toutes les provinces de son empire des courriers avec l'édit suivant : « Moi, Dioclétien le roi, j'écris en tout mon royaume, à quiconque est sous ma puissance, stratélate, soldat, habitant des villes et villages, en un mot à quiconque est sous ma domination. Que je n'entende plus ce nom de Jésus sortir de leur bouche; mais qu'on adore les dieux, qu'on tourne son visage à l'Occident, qu'on leur offre de l'encens, du vin sans mélange, de la farine et de l'huile. » Ce beau décret fut rendu le 28 mars de la 18ᵉ année de Dioclétien (302). Aussitôt pour donner l'exemple, l'empereur sacrifia avec sa cour, son armée, ses employés et la population de la ville, soit 160,000 soldats, 30,000 employés civils et 240,000 hommes, femmes et enfants. Ce fut un beau sacrifice que celui de ces 430,000 personnes. Cependant cette imposante cérémonie ne se passa pas sans encombres. Au milieu de la pompe universelle, un jeune soldat, nommé Christodoros, fils de Basilide le stratélate[3],

---

1. Les *Actes* d'Epimé disent : Nous t'avons guéri.
2. Cet exemple paraît assez mal choisi; mais on y doit voir l'habileté de l'auteur copte qui prend des exemples tournant à la confusion de ce personnage, l'un des plus détestés de ces récits.
3. Nous retrouverons plus loin ce Basilide dans la série des romans qui roulent sur Dioclétien et la persécution.

pleurait et s'adressait au Seigneur en disant : « O mon S. J. le Christ, secours-moi, allume en moi ma lampe, afin que je puisse parler à ce roi impie qui outrage ton saint nom. » Ce disant, le jeune soldat défit son ceinturon et s'approcha du roi qui lui dit : « Qui es-tu? pourquoi te présenter ainsi sans ton ceinturon. » — « Impie, dit le jeune homme, de cette heure je ne suis plus ton soldat, car le diable a pris possession de ton cœur; mais je confesserai mon S. J. le Christ qui a créé le ciel, la terre, etc. » Le roi furieux prit une épée lui ouvrit le ventre et ordonna aux soldats de le mettre en pièces, ce qui fut fait[1]. Alors l'empereur remit le décret scellé au magistrien Denis, le vérédaire,[2] et l'envoya en Egypte, au comte Arménius[3], afin que celui-ci le fît porter à tous les gouverneurs depuis Alexandrie jusqu'à Assouan, depuis la Libye jusqu'à la Pentapole. On devait détruire les églises, rebâtir les temples et faire adorer les soixante-dix dieux que s'était faits le roi, trente cinq mâles et trente cinq femelles : si quelqu'un refusait de les adorer, on devait le livrer au tranchant de l'épée.

Ces soixante-dix dieux du roi se retrouvant un peu partout, il ne sera pas inutile de faire connaître ici leur histoire, car nous la devons à notre auteur, Jules d'Aqfahs, et nous la connaissons d'après les *Actes* des deux cousins, Jean et Siméon[4]. Quand Dioclétien était encore chrétien et qu'il combattait les Perses, il s'était emparé de Nicomède, fils du roi des Perses. Il l'avait fait conduire à Antioche et l'avait confié au patriarche, en disant : « Garde-le moi, jusqu'à ce que je le réclame ! » L'archevêque garda Nicomède en son pa-

---

1. On pourrait voir ici un souvenir de la lacération de l'édit de Nicomédie telle que la rapporte Eusèbe (*Hist. eccl.*).
2. M. Hyvernat appelle cet officier, *feretarius*. C'est une nouvelle dignité. Un peu plus on aurait eu le *feretrarius*, le moderne croque-mort. Le texte emploie le mot latin, et transcrit le v par un B, ce qui donne la prononciation exacte. M. H. n'y regarde pas de si près, et dans une même page il transcrit le p par f (feretarius), par b Tarchebi, et par ou, Chouenti, op. cit. p. 286-287.
3. Arménius est appelé plus haut duc. Je conserve ces contradictions, parce qu'elles me fourniront des arguments.
4. On y fait allusion en quelques lignes dans les *Actes* d'Epimé.

lais, mais ne put faire si bonne garde que le roi Nicanor n'apprit que son fils était prisonnier chez l'archevêque. Nicanor, lui envoya des richesses immenses, tout en lui proposant de faire un échange. Les yeux de l'archevêque furent éblouis, il accepta l'échange proposé et remit le jeune homme aux mains des envoyés. Pour tromper Dioclétien, il fit faire un cercueil qu'il garda chez lui, comme si Nicomède fût mort. Or, il arriva qu'en revoyant son fils, Nicanor reprit courage, recommença la guerre et mit en mouvement une armée dont les soldats étaient aussi nombreux que les grains de sable de la mer. Dioclétien regarda attentivement cette armée et resta stupéfait d'y reconnaître Nicomède. Il appela ses soldats et leur dit : « N'est-ce point Nicomède, le fils du roi des Perses. » — « C'est bien lui, » répondit-on. — « Comment se fait-il » reprit Dioclétien, qu'il soit ici, lorsqu'il devrait être entre les mains de l'archevêque? Allons, attaquez, prenez-le et nous saurons la vérité. » Nicomède fut repris et apprit au roi ce qui s'était passé. Dioclétien recommanda à son armée le secret le plus absolu vis-à-vis de l'archevêque, fit sonner les trompettes, termina promptement la guerre et revint à Antioche. L'archevêque sortit à sa rencontre pour le féliciter; le roi l'embrassa, le fit entrer en son palais, s'assit sur son trône et dit : « Seigneur évêque ! » — « Roi, vis à jamais ! » répondit l'archevêque. — « Envoie chercher le fils du roi des Perses que je te confiai jadis, dit l'empereur ; j'ai promis à son père de le lui renvoyer. » — L'archevêque répondit : « O roi, vis à jamais ! il y a deux mois qu'il est mort ! » — « Fais moi voir son cercueil ! » dit l'empereur. On apporta le semblant de cercueil et l'archevêque dit : « Voici le cercueil devant vous ! » — « C'est le jeune homme que je t'ai confié ? » interrogea le roi. — « Oui, c'est lui. » — « Je ne vois que le dehors du cercueil, mais viens et jure moi que c'est lui. » — « Je te le jurerai, » dit l'archevêque. Le matin suivant, l'archevêque avec ses clercs, le roi avec son armée se rendirent à l'église; on célébra la Messe et l'archevêque, tenant en main le corps du Sauveur, jura que Nicomède était dans le cercueil. Cet archevêque était vraiment un grand coquin, et l'on comprend très bien que Dioclétien eut prié Dieu d'envoyer le feu du ciel pour le dévorer. Mais le feu du ciel ne descendit point et Dioclétien fit tout à coup paraître Nicomède qu'il avait tenu caché jusqu'alors. Ce fut au tour de l'archevêque d'être stupéfait. Le roi furieux s'avança, renversa l'autel d'un coup de pied, jeta à terre les saintes espèces, entraîna l'archevêque hors de l'église, se fit remettre le prix de la trahison, le fit fondre et verser dans la bouche de l'archevêque jusqu'à ce que son corps en fut rempli. Du reste, il fit faire les soixante-dix dieux, trente cinq mâles et trente cinq femelles, qu'il ordonna d'adorer dans toute l'étendue de son empire [1].

La persécution résolue et l'édit publié en Thébaïde, Arien s'assit sur son tribunal et fit comparaître les chrétiens. On lui en présenta quatre.

Or, il y avait à Darschaba, dans le nome de Masil Dantoun, un prêtre nommé Didyme, pieux, craignant Dieu dès son enfance, visitant les malades et cherchant à ramener au bercail les brebis égarées. A la onzième heure de la nuit [2], un homme lumineux lui apparut et, en des termes que nous connaissons déjà [3], lui ordonna d'aller chercher le martyre. Dès le matin, sans avertir ses parents, Didyme après avoir prié se rendit à Athribis, s'approcha du gouverneur et lui dit : « Je suis chrétien publiquement. Il n'y a pas d'autre Dieu que Jésus le Messie ! » Le gouverneur dit à Visamon, son interprète : « Demande lui d'où il est et quel est son nom ? Quelle puissance l'a conduit ici [4] ? » Didyme ré-

---

1. Les *Actes des Mart. de l'Ég.*, p. 192-196. Cet épisode est à peu près bien traduit.
2. C'est à dire : à quatre heures du matin.
3. C'est la formule toujours employée dans les *actes* : « Pourquoi restes-tu assis quand le combat se livre, que les couronnes se distribuent gratis, etc. » Il est inutile de la répéter désormais.
4. M. Hyvernat traduit : Quel motif l'amène ici. Il n'a pas compris. Le mot grec ἐξουσία employé ne veut pas dire motif. L'apparition de l'Ange, les réponses de Didyme auraient dû montrer à M. H. qu'il se trouvait en présence

pondit : « Mon nom dans la chair est Didyme ; mais celui que j'ai au service de mon Dieu est l'Invincible *Jésus le Messie* ; je suis de Deirchaba dans le nome de Dantoua ; et, puisque tu veux savoir qui m'a conduit ici, c'est la vertu de mon Seigneur Jésus le Messie. » — « Puisqu'il en est ainsi, dit le gouverneur, nous allons voir si ton Messie pourra te sauver d'entre mes mains. » On le vit en effet, car après qu'il eût été torturé, qu'on lui eût versé du plomb fondu dans le ventre, Didyme fit une prière qui monta aux oreilles du Seigneur Sabaoth et Michel descendit qui le guérit. Le plomb fondu semblait de l'eau fraîche au palais de Didyme qui se moqua d'Arien ; car c'est lui que nous retrouvons sans qu'on nous ait avertis du voyage. Arien furieux lui fit donner la bastonnade par quatre soldats qui se relayaient[1] ; nouvelle prière, nouvelle descente de Michel, nouvelle guérison. Arien confondu le fit venir et le pria de lui faire connaître de quelle fameuse magie il se servait, avant qu'on le torturât et qu'on le brûlât vif. Didyme ne fit aucune difficulté de la donner, elle ne pouvait servir au gouverneur infidèle ; la formule consistait en ces paroles du Christ : « Ne craignez pas celui qui tuera votre corps, mais qui ne peut pas tuer votre âme. » Arien réfléchit que la formule serait aussi bonne pour le feu, qu'elle l'avait été pour le plomb fondu, et il renvoya Didyme en prison. Le portier avait une fille en travail d'enfant depuis neuf jours : l'enfant restait enfermé, ne pouvant sortir. Le père avait amené quantité de médecins dont les remèdes n'avaient rien fait, quantité de magiciens dont les formules et les recettes étaient restées impuissantes. Didyme bénit un peu d'huile, ordonna d'en frotter la jeune femme et un beau garçon vint au monde ; par reconnaissance,

de l'idée religieuse de l'influence de Dieu sur les hommes, influence à laquelle on n'est pas libre de se soustraire, idée profondément égyptienne.

1. M. Hyvernat a fort mal compris tout ce passage. Il parle de quatre escouades de quatre soldats chacune et de l'instrument de supplice sur lequel on fit étendre le martyr. Le texte dit qu'on fit coucher Didyme à terre sur le ventre. C'est la position que l'on voit figurée sur les monuments dès la plus haute antiquité. Un professeur d'égyptologie ne devrait pas ignorer cela, même au collège Romain.

on le nomma Didyme. Un homme appelé Cyrinnéus avait un fils possédé d'un démon à cœur de bête féroce. Il fallait le garder dans une chambre de fer, autrement il poursuivait les gens et les mordait. Médecins et magiciens n'avaient pu le guérir. Didyme l'eut bientôt fait. Cependant Arien fit de nouveau comparaître les chrétiens : « N'es-tu pas encore décidé à sacrifier aux dieux? » dit-il à Didyme. — « Que cela ne m'arrive point! » répondit le martyr. — « Je suis las de toi, repartit Arien; mais je vais te faire torturer jusqu'à ce que tu meures de mâle mort. » Il fit apporter une chaise de fer, on alluma des torches et on les plaça sous les fesses[1] du martyr pendant trois heures. Didyme se souvenant des trois jeunes hommes, de Daniel et de Suzanne, pria Dieu de confondre ces nouveaux Assyriens. Aussitôt les bourreaux devinrent aveugles et s'écrièrent : « Nous n'y voyons plus! » Arien pria Didyme de rendre la vue aux malheureux par un nouvel enchantement, et Didyme le fit aussitôt. Arien, ne sachant plus que faire, consulta son assesseur qui lui conseilla d'envoyer Didyme au gouverneur Arménius, ce qui fut fait. Pendant le trajet, le Seigneur apparut à Didyme qui, à son arrivée devant son nouveau juge, était encore moins disposé à sacrifier qu'auparavant. Arménius lui fit arracher les ongles des pieds et des mains, et couvrir ses blessures d'un mélange de chaux et de vinaigre. Le martyr prononça le nom de Jésus; l'Ange du Seigneur le guérit aussitôt. Arménius lui fit mettre sur le ventre un fût de colonne que dix hommes avaient peine à porter ; au nom de Jésus, la colonne tomba à terre, roula jusqu'au gouverneur et lui cassa les jambes. Sans s'inquiéter de ce contre temps, Arménius s'écria : « Je savais bien qu'on pouvait, grâce à ce nom, faire toutes les magies possibles. » — « Puisque tu blasphèmes, dit le saint, tu vas devenir muet. » Et le gouverneur devint muet, ce qui ne l'empêcha pas de prier Jules d'Aqfahs d'intercéder pour

---

1. Le texte emploie expressément le mot qui est au pluriel.

lui, afin que Didyme lui rendit la parole. La foule applaudissait. Le martyr ne consentit à rendre la parole à ce muet qui parlait qu'à la condition que le gouverneur écrirait : « Il n'y a pas d'autre Dieu que le Père, le Fils et le Saint-Esprit. » Le gouverneur ne se fit pas prier et Didyme pria le Seigneur de rouvrir la bouche d'Arménius, comme il avait ouvert celle de Zacharie dans le temple[1]. Jules convint alors avec Didyme de tout ce qu'il faudrait lui faire après sa mort. Le gouverneur le fit ensuite pendre la tête en bas et arroser d'huile bouillante; mais des ténèbres épaisses enveloppèrent toute l'escorte, excepté Jules d'Aqfahs. La foule glorifiait Dieu, et Jules dit à Arménius : « Encore un peu plus et ils vont nous lapider. » — « Je ferai tout ce que tu me diras, » dit le gouverneur. Jules se rendit près de Didyme et le supplia de faire disparaître les ténèbres. Le saint le voulut bien et ce nouveau prodige convertit un millier de citadins et cinq cents soldats de l'escorte. Tous criaient : « Nous sommes chrétiens. » — « Décidément, dit le gouverneur à son assesseur, on va nous lapider. » — Rends la sentence, » répondit l'assesseur. La sentence fut aussitôt rendue: on coupa la tête à Didyme et à six autres habitants du nome de Dantoua. Les quinze cents convertis furent jetés dans le feu et brûlés vifs. Jules prit soin du corps et envoya deux de ses domestiques le porter à Deirschaba[2].

Les *actes* d'Epime ou d'Abima comme on prononce maintenant, offre beaucoup de ressemblance avec ceux de Didyme. Les premières pages ne diffèrent que par quelques mots, jusqu'au moment où la lettre du roi est portée à Culcien, gouverneur de Pemdje, c'est-à-dire Oxyrrinkhe ou Behnesa. Après quelques réflexions, l'auteur s'écrie : « Ecoutez maintenant, vous à qui l'ouïe a été donnée, entendez, vous à

---

[1]. La bouche de Zacharie fut ouverte en sa maison et non dans le temple selon saint Luc, I. On voit quelles libertés les auteurs coptes prennent avec l'Ecriture. Cf. *Le Christ. chez les anc. Cop. Rev. des rel.* VII.
[2]. Hyvernat : *op. cit.* IV ad. p. 281-309. — *Synaxare*, 8 Thoth — Cod. vat. Copt. 62, fol. 252-265.

qui la science a été donnée, car vous savez combien est doux ce nom de Jésus et qu'il n'y a pas de nom plus glorieux que celui de chrétien ! » Puis il entre en matière. Il y avait dans le village de Benkolaous un riche propriétaire, nommé Abima. Ses parents étaient chrétiens, son père se nommait Elie et sa mère Sophie. C'était un homme consommé en toute vertu, juste, sage, charitable, donnant à l'Eglise toutes les prémices de ses aires et des productions de ses champs : les paroles de l'Ecriture sainte étaient comme un miel en sa bouche et comme une lampe éclairant son intérieur ; il vivait par la pensée dans les cieux en tout temps. Une nuit qu'il était couché Jésus le Messie lui apparut en personne et lui commanda d'aller se présenter au gouverneur pour être martyr. Le matin venu, sans rien dire de son intention, il appela ses hommes et leur dit : « Je veux aller aujourd'hui à la foire de Behnésa pour m'acheter une vache, car j'en ai vraiment besoin. » — Ses hommes lui dirent : « Va en paix et que le Seigneur devant toi envoie son Ange pour t'indiquer le chemin bellement ! » A peine sorti de sa maison, le saint Abima se tourna vers l'Orient, fit une prière, se signa et se mit en marche pour Behnésa. A la ville, Abima apprit que le gouverneur était à son tribunal, près du Tétrapyle, occupé à tourmenter des chrétiens. Abima s'y rendit et fit une nouvelle prière. Comme il était encore debout, Sabianos l'intendant le vit, s'avança vers Culcien et lui dit : « Monseigneur le gouverneur, voici apa Abima, la tête de Benkolaous, il est debout devant toi ; ordonne qu'il se présente maintenant, qu'il amène tous les clercs de son village, les diacres, qu'il apporte tous les vases de son église, les livres, les tables, les coupes, selon l'ordre du roi. » Aussitôt Culcien dépêcha le cubiculaire Théodore qui amena le saint Abima. — « C'est toi Abima, le chef de Benkolaous? » demanda le gouverneur. — « C'est moi, dit Abima, mais Dieu est notre chef à tous ! » — « Quel est ton Dieu? dit Culcien, Apollon ou Zeus ? Choisis quelqu'un parmi eux qui te protège ». — « Mon Dieu, répondit le Confesseur, est Jésus le Messie, le Dieu du ciel. » — « Envoie me chercher tes prêtres, reprit Culcien, tes diacres et les vases de l'autel. » — « Nous n'avons point de prêtre, dit Abîma ; le samedi et le dimanche, je vais cherchant par les villages jusqu'à ce que j'en trouve un qui me bénisse ; quant aux vases où nous recevons la *Bénédiction*, ce sont des vases de verre. Nous sommes de pauvres gens et nous habitons des huttes de terre. » — « Ne te moque pas de moi, repartit le gouverneur, on m'a précisément averti de l'erreur où tu te trouves. Ecoute-moi donc et tu ne perdras pas ta chair en de mauvais tourments. » — « Mon Seigneur Jésus le Messie vient de me prévenir, répondit Abîma, en me disant : Ne craignez pas ceux qui peuvent tuer votre corps, mais n'ont pas la puissance de tuer votre âme. » — « Tu veux donc, dit Culcien, que nous torturions ta chair ? » — « Fais-moi ce qu'il te plaît ; mon Seigneur Jésus le Messie est avec moi et me donne la force. » — « Je t'arracherai la langue, dit Culcien, afin que ta bouche ne prononce plus ce nom en ma présence. » — « Tu n'es même pas digne d'entendre ce nom, » repartit Abîma. Sur ce, Culcien se mit en colère, fit apporter un rasoir qui n'avait jamais servi, fit arracher la langue d'Abîma et le fit reconduire en prison où on lui mit les entraves. Abîma pria en « en son cœur ; » aussitôt Michel descendit et lui rendit sa langue : Abîma se mit alors à prier à haute voix et tous ceux qui étaient dans la prison furent émerveillés. Culcien le fut aussi le lendemain, et, comme il ne put faire sacrifier le martyr, il le fit torturer sur le chevalet. Quand ses chairs furent mises à nu, ses entrailles ouvertes, son corps arrosé de son sang, Abîma pria, rassembla ses forces et se releva pour s'écrier : « Rougis, impie, impur, avec ton roi impie aussi. » Les spectateurs répétèrent ses malédictions. Culcien le fit reconduire en prison où l'archange Michel le guérit de nouveau. Le lendemain matin, il se présenta à Culcien, frais comme quelqu'un qui sort du festin. « Comment tu vis encore ! dit le gouverneur, tu es vraiment un grand magicien. » Et de nouveau, il tenta de le faire sacrifier. Il ne recueillit que de nouvelles malédictions. Furieux il fit apporter la chaise de fer rougie au feu, l'y fit asseoir et mit sur sa tête un casque de même rougi au feu ; avec deux longs clous chauffés, il le cloua à la chaise pendant qu'on appliquait des torches ardentes à ses côtés. Abîma pria, aussitôt le casque se changea en une couronne de perles précieuses, les torches se retournèrent et brûlèrent les bourreaux. La foule s'écria : « Il est grand le Dieu des chrétiens ! » et défendit au gouverneur de torturer le martyr. Culcien supplia Abîma de guérir les bourreaux qui souffraient beaucoup. Abîma y condescendit et les signa du signe de la croix. Culcien surpris de la vertu de ce signe, demanda au confesseur de le lui faire connaître ; Abîma lui apprit que c'était le signe dont Dieu avait signé Adam après sa création et que le Messie donnait à ses fidèles. Culcien n'osa plus le tourmenter et l'envoya au gouverneur d'Alexandrie. Pendant le voyage, Abîma, triste et enchaîné au fond de la barque, fut consolé par la visite du Messie qui descendit à lui sur une nuée lumineuse, ayant Michel à sa droite et Gabriel à sa gauche. Le martyr arriva à la ville au jour où l'on célébrait les jeux en l'honneur du *dies natalitius* des rois : on conduisit Abîma au cirque et Arménius voulut le juger sur le champ ; mais la foule s'écria : « Ne perdons pas les jeux ; tu le jugeras demain. » Le duc le fit conduire en prison. Cette première nuit, Abîma guérit un possédé et la fille du geôlier, en mal d'enfant depuis trois jours. Ce fut ensuite le tour d'un aveugle qui mendiait à la porte de la prison. Un prodige autrement important le mit en relations avec Jules d'Aqfahs. Jules avait une sœur, nommée Eucharistia, personne fort vertueuse, mais à laquelle un démon avait porté envie et dont il s'était emparé comme de la première pécheresse venue : elle était paralysée depuis quatorze ans. Jules alla trouver Abîma, le supplia de guérir sa sœur, lui promettant de le faire relâcher, son élargissement dût-il coûter trois livres d'or qu'on donnerait au gouverneur. Abima ne demanda qu'une chose, que Jules « prît soin de son corps et le fit conduire en Egypte dans le tombeau de ses parents et de tous ses hommes, » et guérit Eucharistia. Cependant Arménius apprit tous ces prodiges, il fit dresser son tribunal près du temple de Césarion et manda le chrétien. Le gouverneur le traita de magicien ; mais Abima s'en défendit et en donna une bonne preuve par l'histoire du magicien Astratole[1] qui avait voulu voir le puits de l'abîme, l'avait ouvert par ses incantations, y était descendu, mais n'avait pu remonter. Les démons lui avaient coupé le retour. Pendant qu'ils discutaient sur son sort, les uns voulant l'enchaîner, les autres l'écorcher, les uns lui couper la tête, les autres lui arracher les ongles, tous décidés à lui faire payer cher son audace, Astratole appelait toutes les puissances à son secours sans résultat ; il avait soudain pensé au Dieu des chrétiens et son cœur avait repris confiance. Si tel était l'effet d'une simple pensée, s'était dit le magicien, celui d'une invocation ne manquera pas d'être considérable ; il fit l'invocation et se trouva hors du puits de l'abîme. Preuve évidente que le Dieu des chrétiens était supérieur aux magiciens. Arménius n'en fut pas convaincu, pressa le confesseur de sacrifier, lui fit les plus belles promesses, même celle d'écrire au roi en sa faveur. Abima ne trouva pas la chose si extraordinaire ; d'ailleurs il n'aurait accepté aucune faveur, pas même si on lui eut offert cent soldats dépendant uniquement de lui. Arménius le fit questionner sur le chevalet ; pendant la torture, Michel descendit et se posa sur la tête du martyr, sous la forme d'une tourterelle blanche : les liens se brisèrent, le chevalet se cassa en deux et Abima se trouva debout sur le tribunal.

Le gouverneur le fit torturer de nouveau, puis jeter dans une fosse pleine de feu où on le roulait avec de grandes fourches ; le tout sans effet. On lui arracha les ongles et l'on

---

[1]. Ce nom me semble formé des deux mots latins : Astra tolle.

couvrit les plaies de chaux et de vinaigre, on lui coupa les entrailles et l'on versa sur l'endroit de l'huile bouillante. Abima confessa qu'il était dans le même état qu'un homme qui boit de l'eau fraîche après une chaude journée de *Khamsin*. Arménius le fit traîner par la ville avec des chaînes de fer aux pieds et aux mains : le sang du martyr se coagulait à terre; mais quand on l'eût ramené, il n'avait plus aucun mal. Les foules applaudirent et Arménius jura par Apollon que le Messie ne sauverait pas Abima de ses mains. Pour sa punition, il devint muet et il dut se plier de nouveau aux exigences que nous connaissons, écrire une profession de foi chrétienne. A peine guéri, Arménius le fit jeter dans le four des bains publics qu'on chauffa trois jours et trois nuits. Au bout de trois jours, Arménius voulut aller aux bains : pendant qu'il se déshabillait, il se souvint d'Abima et dit : « O Abima, tu es maintenant confondu et ton Dieu n'a pu te sauver de mes mains ! » Il n'avait pas fini de parler que l'Archange Michel déposait Abima devant lui. Arménius fut si étonné qu'il se rhabilla et ne voulut pas se baigner ce jour-là. Tout en marchant par les rues de la ville, Abima ressuscita le fils du protopolite, lequel était tombé d'un échafaudage et s'était brisé le crâne. A la vue de ce prodige, cent six hommes se saisirent du gouverneur et lui dirent : « Tu n'iras pas souper que tu n'aies rendu notre sentence. Nous sommes chrétiens. » Arménius appela le bourreau Symmaque et lui commanda de les tuer tous, comme il l'entendrait. Symmaque commença sa besogne, mais dut s'arrêter au milieu, car il était fatigué. Comme il se reposait assis sur une pierre, un nommé Dioscore lui dit : « Symmaque, mon fils, c'est assez d'avoir versé le sang de ces hommes; leur Dieu est puissant et te fera rendre raison. » — » Si je meurs, répondit Symmaque, qu'on place ma prunelle droite sous le seuil de la porte de l'Amenti. » — « Amen, qu'il en soit ainsi, » répondirent les saints et Symmaque les tua rapidement. Les Anges remplissaient les airs, recevaient les âmes et les revêtaient de toiles de pourpre. Abîma qui voyait ce beau spectacle s'approcha d'Arménius et lui dit : « Tu ne t'en iras pas que tu n'aies rendu ma sentence. » Arménius l'eût fait volontiers, mais il avait peur de la foule. Il fit amener une barque, y chargea un lion, une hyène, une panthère, un léopard et Abîma; puis il ordonna de la remorquer dans la mer pendant trois jours; alors on devait couper le câble et laisser aller la barque à la dérive. On le fit. Abîma chantait le cantique de Daniel dans la fosse aux lions; les animaux féroces lui léchaient les pieds et l'Archange Michel ramena la barque au rivage. Arménius en le revoyant fut fort surpris : il fit dresser son tribunal près de la mer, en face du temple de Poseidôn et fit étendre le saint sur le lit de fer : une nuée lumineuse éteignit le feu et les ténèbres enveloppaient tous les assistants, à l'exception de Jules d'Aqfahs qui dut prier Abîma de les faire disparaître. Par reconnaissance, Arménius voulut faire recommencer les tortures ; mais la foule s'y opposa, et on conseilla au gouverneur d'exiler le saint en Egypte. Arménius le remit en effet au gouverneur Rokellianos et au duc Sebastien, nommé gouverneur du sud. Rokellianos était gouverneur de Behnésa, de Hnès et de Kaïs[1]. Ils emmenèrent le saint que Jules d'Aqfahs fit suivre de deux de ses serviteurs, Faustus et Théotime. Quand on fut arrivé à Hnès, puis au village de Phouoheniamlou on dut s'y arrêter trois jours, faute de vent. Comme il y avait un temple non loin de là, les deux magistrats firent apporter une statue d'Apollon et voulurent faire sacrifier les chrétiens. Abîma cassa la statue et renversa le trône du gouverneur. On le mit dans une chaudière d'huile bouillante, on le soumit à la torture : tout fut inutile et il fallut le condamner à avoir la tête tranchée. Après avoir prié le Seigneur et avoir reçu sa réponse, il rendit l'âme et acheva son martyre. Les serviteurs de Jules d'Aqfahs conduisirent son corps à son village et,

---

1. On voit que dans ce récit Arien et Culcien disparaissent. Pourquoi ? Je n'en sais trop rien.

quand on fut arrivé à l'endroit prédestiné, les bêtes de somme s'arrêtèrent d'elles-mêmes, une voix s'étant fait entendre qui ne laissa aucun doute[1].

Avec les deux cousins, Jean et Siméon, l'œuvre de Jules d'Aqfahs ressemble fort à un pur roman. Au village de Sarmoulos, du nome de Bana, vivait un homme nommé Moyse, dont la femme stérile s'appelait Hélène. Le mari très triste fit vœu de bâtir une église à Saint Jean-Baptiste, si Dieu lui accordait un enfant. Il prit même la précaution de bâtir l'église par avance. Le soir du deux Baonah[2], jour de fête pour le précurseur, au moment où l'on allumait la lampe du soir, Moyse répéta sa prière. Pendant la nuit, Saint Jean-Baptiste lui apparut et lui annonça que sa prière était exaucée. En effet, Hélène conçut, au grand contentement de son mari ; elle jeûna pendant toute sa grossesse et elle accoucha d'un garçon qu'on nomma Jean. On le baptisa 40 jours après sa naissance. Quand il eut onze ans, son père l'envoya garder les moutons en compagnie de son cousin Siméon. La bonne entente ne dura pas longtemps entre les deux cousins, et Siméon déclara un jour qu'il n'irait plus garder les moutons avec Jean. On lui demanda le pourquoi. Il répondit que Jean jeûnait tous les jours et lui prenait son pain pour le donner aux mendiants qui passaient. Le père de Siméon alla trouver Moyse, père de Jean ; tous les deux se concertèrent pour savoir la vérité. Le lendemain, ils se rendirent au champ où se trouvaient les deux enfants ; ils s'assirent près d'eux et Moyse dit à son fils : « Donne-moi quelques-uns des pains que je t'ai donnés, lorsque tu es allé aux champs. » — « Va les prendre dans la hutte, » reprit l'enfant et, comme il savait qu'il n'y avait rien, il voulut s'enfuir. Le père entra dans la hutte et trouva la panetière pleine de pains chauds, comme si l'on venait de les retirer du four. Au même instant son corps fris-

---

1. *Cod. cat. cop.* LXVI fol. 96-123 ; — *Synaxare*, 8 Abib. L'abrégé est très court et mal fait.
2. C'est-à-dire le 28 Mai.

sonna et il comprit que c'était un prodige. Il le raconta à la mère qui ne voulut plus laisser un tel fils garder les moutons [1]. On l'envoya à l'école et il apprit par cœur le psautier, les quatorze épîtres de saint Paul et les Actes des Apôtres [2]. Lorsqu'il eut douze ans, son père voulut le marier ; mais il refusa et dit : « Mon père, si tu me prends femme, je ne resterai pas avec toi ; mais j'irai à Scété pour y rester jusqu'au jour de ma mort [3]. » Sur ces entrefaites, le dernier jour du mois de Barmahat, l'évêque vint au village : le père de Jean l'invita à dîner. L'évêque avait avec lui quatre clercs, grands disputeurs ; pendant le repas ils s'entreprirent sur les Actes des Apôtres : le petit Jean les écoutait et les reprenait quand ils se trompaient. L'évêque était émerveillé. Il ordonna aux clercs de réciter chacun onze psaumes [4]. Le petit Jean les reprenait dès que quelqu'un se trompait. L'évêque dès le lendemain fit de Jean un prêtre. Au bout de trois années de sacerdoce, Jean obtint le don des guérisons, chassait tous les démons, guérissait toutes les maladies. Il se fit construire une petite cellule et y habita, ne mangeant que tous les samedis. Or, un jour, un grand soldat du roi, se trouvant en Égypte pour recueillir l'impôt, arriva au village de Sarmoulos. Il avait un serviteur borgne qui alla recevoir la bénédiction de Jean et recouvra l'œil perdu. L'officier s'en alla répandant partout la renommée de ce prodige et, sa mission remplie, retourna vers le roi. Vers la même époque, les parents de Jean se reposèrent dans le Seigneur, et Siméon, ayant loué des bergers qui devaient prendre soin de ses troupeaux, se mit sous

---

1. Le texte dit qu'avant de garder les moutons Jean avait onze ans ; après qu'il les a gardés, il n'en a plus que dix. C'est là une de ces contradictions qui n'ont aucune importance aux yeux d'un auteur. Peut-être y a-t-il faute de copiste.
2. M. Hyvernat traduit : Les lettres de nos pères les Apôtres. Plus bas, il met les actes. C'est une preuve du soin qu'il a apporté à sa publication.
3. Cette phrase est curieuse. Elle a une grande importance pour déterminer la date de la composition de cette littérature.
4. M. Hyvernat traduit : Onze psaumes, un à un. Ce français-là signifie qu'on récite un psaume après un autre psaume. Il n'est guère possible de faire autrement et point n'était besoin de le dire. C'est une des perles de sa traduction, petite d'ailleurs ; il y en a de plus belles et de plus grosses.

la direction de son cousin. Cependant Jean avait le discernement des cœurs, reprochait aux gens de dormir avec leurs femmes quand ils devaient communier, faisait la leçon aux riches qui ne voulaient pas laisser les veuves glaner dans leurs champs, punissait de mort les hommes qui procréaient sans être mariés légitimement, avait enfin le don de connaître les justes et les méchants au moment de la communion, lorsqu'il mit le sceau à sa réputation par le plus extraordinaire des prodiges. Le roi de ce temps-là se nommait Quintilien[1]; il avait une fille et, certaine nuit, pendant que la princesse dormait, un noir dragon entra en elle par la bouche et lui descendit dans l'estomac. Pendant deux jours, la malheureuse ne s'en aperçut pas ; mais le troisième jour, le dragon commença de s'agiter dans l'estomac, la princesse se mit à pousser des hurlements de douleur, la reine à déchirer ses habits avec toutes les pallacides du palais. Toute la ville d'Antioche se réunit à ses cris, tout le monde croyait que la fille du roi allait mourir. Au soir, le grand soldat dit au roi : « Si tu veux que ta fille guérisse envoie chercher Jean de Sarmonlos ; » et il raconta au roi l'histoire de son serviteur. Quintilien lui donna une lettre et huit soldats, le fit partir le lendemain pour l'Egypte avec mission d'en ramener Jean. Celui-ci savait que le roi l'enverrait chercher, mais il ne voulut pas y aller; cependant il se soumit à ce que Dieu déciderait. Une nuée lumineuse l'enleva et le transporta dans la ville d'Antioche, près du lit où le roi était couché. Quintilien fut d'abord effrayé, mais Jean le rassura et lui dit de faire venir sa femme et sa fille. La jeune fille présente, il lui commanda d'ouvrir la bouche, récita le *Pater*, introduisit la verge qu'il tenait à la main dans la bouche de la princesse et, quand il la retira, le dragon était suspendu au bout de la verge comme un poisson qui a mordu à l'hameçon. Le roi fut émerveillé, il voulut que

---

[1]. C'est le nom d'un roi nouveau dans l'histoire. Ordinairement les auteurs coptes appellent Numérien le prédécesseur de Dioclétien. Jules tient à être neuf.

Jean bénit la reine, il lui donna une poignée d'or et, réflexion faite, il se dit que c'était chose absurde de laisser partir un homme aussi précieux, il voulut le retenir ; mais la nuée lumineuse l'enleva et le roi ne retint que la ceinture du saint pour la montrer le lendemain à ses officiers, comme une preuve irréfragable du prodige. Jean n'échappa pas aux questions indiscrètes de Siméon : « Vraiment, je te le jure, dit Jean, je n'ai pas descendu l'escalier et je n'ai pas ouvert la porte[1]. » Cependant il lui raconta tout. Neuf mois après, Quintilien mourait, Dioclétien régnait et les événements se déroulaient qui devaient amener la persécution, comme je l'ai raconté plus haut d'après ces *actes*[2]. Jean et Siméon prirent la résolution d'être martyrs, vendirent tous leurs bestiaux, en distribuèrent le prix aux pauvres, donnèrent un grand festin à tout le clergé et à tout le peuple du village, se dirigèrent vers le fleuve et s'embarquèrent pour Alexandrie. Ils se présentèrent devant Arménius qui les interrogea de la manière accoutumée, les fit torturer et mettre en prison jusqu'au lendemain. Jules d'Aqfahs les alla trouver dans la prison, avec un dîner tout préparé, et pria Jean de lui raconter son histoire. Jean l'eut bientôt fait en ces termes : « Je suis un pécheur indigne, je n'ai jamais accompli un précepte qui pût être agréable au Seigneur. » Jules, un peu déconcerté, se retourna vers Siméon qui avait grande envie de parler : Siméon lui raconta tout, Jules l'écrivit lui-même en grec et le fit traduire en égyptien par le notaire Mina. « Vive le Seigneur, dit Jules, je n'y ai rien ajouté, ni rien retranché. » Le lendemain, onzième jour d'Abib, Arménius reçut une convocation de la part du roi ; avant de partir, il se dépêcha de

---

1. Ce passage est très agréablement traduit par M. Hyvernat : « Il me dit avec humilité : Par la cuisson ! mon frère, je n'ai point abaissé l'échelle, ni même ouvert la porte pour sortir. » Je voudrais bien savoir quelle était cette cuisson par laquelle jure le thaumaturge Jean. Le texte emploie le mot ⲫⲓⲥⲓ. Ce mot est le mot grec φύσει écrit avec l'iotacisme : c'est une expression adverbiale fort connue. Ce serait vraiment ici le cas de tirer l'échelle, après une pareille philologie, car M. H. se donne comme un philologue.
2. Voyez plus haut.

condamner tous les chrétiens; Jean et Siméon durent avoir la tête tranchée. Ils se rendirent au lieu du supplice en compagnie de Jules qui les assura qu'il aurait soin de leurs corps, ils firent leur prière et tendirent le cou. Jules renvoya leurs corps dans leur village par le ministère de six de ses domestiques [1].

Les Actes d'Anoub commencent aussi par l'histoire du décret de persécution, de son envoi en Égypte et de sa promulgation à Athribis, où le stratélate Evhius [2] l'avait apporté au gouverneur Cyprien. C'étaient deux amis qui passèrent la journée à sacrifier aux dieux, à boire, à manger ensemble et à faire torturer les chrétiens au nombre de huit cent cinquante [3]. Or il y avait à Naïsi, en arabe Nehissa, dans le nôme des *Terres basses*, un ménage chrétien; le mari s'appelait Macaire, la femme Marie et l'enfant de leur amour, Anoub, joli petit garçon de douze ans, humble, prudent, convenable, parfait en un mot. Ses parents le laissèrent orphelin : il en fut inconsolable pendant une multitude de jours. Un jour de fête, il se rendit à l'église pour y recevoir les saints mystères et entendit le prêtre prêcher les fidèles, les affermir dans la foi et leur faire l'éloge du martyre. La cérémonie achevée, « chacun s'en retourna dans sa maison, triste de cœur grandement, à cause de la tempête qui s'était élevée contre tous les chrétiens. » Anoub rentra chez lui, prit les biens que ses parents lui avaient laissés, les pièces d'or, les vêtements précieux, jeta le tout à terre et se tint le discours suivant : « Il est écrit : l'or périt, l'argent perd son éclat, les vêtements pourrissent, le monde passera et toute chose qu'il renferme; celui qui fait la volonté du Seigneur demeurera éternellement. » Alors il distribua tous ses biens

---

1. Hyvernat : *op. cit.* fasc. III, p. 174-201. — *Cod. vat. Copt.* 60, fol. 61-85. — *Synaxare*, 11 Abib. — Bibl. nat. mss. ar. Supp. 89 fol. 74 à 112.
2. M. Zotenberg dit que ce nom correspond au grec εὐχαῖος. S'il en était ainsi, ce nom eût été écrit en copte ⲈⲨⲬⲈⲞⲤ ou ⲈⲨⲬⲀⲒⲞⲤ et non ⲈⲨⲎⲒⲞⲤ. C'est un mot à tournure latine. Evhius joue un grand rôle dans la littérature copte ; son nom a une orthographe constante.
3. Nous retrouverons ces martyrs à propos de Serge d'Athribis.

aux pauvres, sortit de sa maison, pria tourné du côté de l'Orient, se mit en route pour Samannoud, à pied. Il y trouva les églises renversées et le temple des idoles en grand honneur. Tout en marchant par la ville, il entendit qu'on injuriait le Christ et les chrétiens; il demanda le nom du gouverneur de la ville : on lui dit que le gouverneur était Lysias. Anoub laissa passer ce jour, et, le soir, il se mit en prière. Comme il priait l'Archange Michel lui apparut dans une grande gloire. L'apparition était fulgurante pour l'enfant et il tomba à terre. Michel le releva, le consola, l'encouragea et lui annonça une partie de ce qui devait lui arriver. Le lendemain, l'enfant se présentait devant Lysias avant que le jour eût paru, confessait le Christ et demandait le supplice dans un flux de paroles. Lysias surpris de voir ce petit garçon inconnu et d'entendre un tel bavardage, l'interrogea sur son nom et son pays; Anoub lui répondit en mêlant les informations aux injures. Lysias se mit en colère; cependant, en voyant combien l'enfant était joli, il lui proposa de le traiter comme son propre fils et de le marier, à condition de sacrifier aux idoles. Anoub maudit le gouverneur et Apollon. Lysias lui fit donner la bastonnade sur le ventre par quatre bourreaux qui se relayaient deux à deux : les entrailles lui sortirent du ventre, ses côtes furent brisées; il poussa un grand cri, fit une prière : Michel descendit aussitôt et le guérit. Lysias fut stupéfait de tant de magie; il ordonna de le conduire en prison et de l'y garder jusqu'à son retour du Sud. En prison, Anoub trouva des compagnons et dut les encourager [1]; quand Lysias fut sur le point de repartir pour le Sud avec ses soldats, il y eut une véritable émeute dans la ville : les chrétiens entourèrent le gouverneur et lui jurèrent qu'il ne partirait pas avant de les avoir tués. On tua ainsi trois mille personnes en six heures. Les soldats étaient fatigués; Lysias leur assura qu'ils se reposeraient sur le fleuve et il

1. Il manque une feuille au ms. précisément en cet endroit.

allait partir, quand quelqu'un lui rappela le petit Anoub qui était toujours en prison. Lysias le fit venir, lui reprocha d'avoir fanatisé les habitants de la ville et lui commanda de sacrifier : Anoub lui répondit en lui jetant du fumier à la figure. Lysias le fit pendre au haut d'un mât et commanda de mettre à la voile. On remonta le fleuve gaîment, on buvait, on mangeait ; mais soudain, voici bien une autre histoire, la coupe de vin se pétrifia dans la main du gouverneur et se pétrifia aussi le bras de Lysias : tous les soldats devinrent aveugles. Lysias regarda du côté où Anoub était pendu la tête en bas : il vit Michel qui essuyait les gouttes de sang tombant du nez, de la bouche du martyr et le couvrait de ses ailes ; il pria le saint de le guérir, mais Anoub lui répondit qu'il ne pouvait être guéri avant qu'on fût parvenu au terme du voyage. Quand on fut arrivé, les soldats, toujours aveugles, sortirent à tâtons et se rendirent aux Tétrapyles où ils trouvèrent le gouverneur Cyprien, ils lui lancèrent leurs ceinturons à la tête en disant : « Nous sommes chrétiens ! nous appartenons à Anoub ! » — « Qui est Anoub ? demanda Cyprien ; comment vous trouvez-vous ici ? où est Lysias ? » Les soldats lui apprirent ce qui s'était passé. Cyprien envoya chercher le pauvre Lysias que cinq hommes portèrent au tribunal : Anoub suivait sans liens, joyeux comme s'il fût sorti du festin, le visage brillant comme le soleil, couvert de la vertu de Michel. Après l'interrogatoire d'usage et les réponses accompagnées d'injures, Anoub fut battu, placé sur la chaise de fer : il pria, le Seigneur lui apparut avec Michel à sa droite et Gabriel à sa gauche, le consola, lui apprit le reste de ce qui lui arriverait, changea le feu en une eau fraîche et guérit le jeune garçon. Anoub se représenta devant Cyprien à qui l'on venait d'apporter des lettres du roi Dioclétien : le jeune garçon se saisit des lettres et les déchira, puis les lança à la figure du gouverneur qui grinça des dents. Cyprien fit apporter un instrument de supplice en forme de roue, avec des épées comme rayons ; on y mit

Anoub, on fit rouler la roue et le corps du petit garçon fut coupé en trois. Il put encore parler [1] et prier : Michel vint aussitôt qui recolla les trois tronçons. Toute la foule se convertit à cette vue, même un gouverneur de Thmoui, nommé Magnence, qui lança ses sandales à la tête de Cyprien, d'Evhius et de Lysias. Cyprien les fit tous tuer, au nombre de huit mille quatre vingt cinq personnes. Evhius entreprit à son tour de faire sacrifier Anoub qui le traita de chien enragé : il fit apporter une hache à deux tranchants, on fendit le dos du petit garçon et on lui coupa les jambes à la naissance des cuisses. Evhius se félicita du succès de son idée, la foule s'écria [2] : « Il est mort, cette fois-ci » ; on fit jeter ses membres dans les rues pour être dévorés par les chiens. Michel, Gabriel et Souriel descendirent alors du ciel et ressuscitèrent Anoub qui se rendit en prison au milieu d'une foule immense criant : « Il n'y a au ciel et sur la terre d'autre dieu que celui d'apa Anoub. » Cyprien mis au courant fut stupéfait et se décida d'envoyer Anoub au gouverneur d'Alexandrie. On embarqua Anoub chargé d'une centaine de livres de fers ; mais la foule ne permit pas à la barque de faire voile, avant qu'on ne l'eut massacrée. Le sang coula au fleuve « comme une cataracte de pluie. » On tua ainsi mille hommes et quatre-vingt-cinq femmes ; c'était le dixième jour de Baonah [3]. Pendant le voyage, Michel apparut de nouveau au saint Anoub et le consola. Après une série de prodiges [4], on arriva dans la grande ville et les soldats conduisirent Anoub au gouverneur ; l'enfant criait : « Tribunal, tribunal, je viens à toi aujourd'hui en la force de mon Seigneur Jésus le Messie ! » Arménius tenta de le persuader : Anoub lui répondit en l'appelant bête féroce et carnassière, chien enragé,

---

1. Ce ne devait pas être facile ; Anoub avait eu le corps coupé au milieu de la poitrine et au milieu des cuisses.
2. La foule a déjà été massacrée ; mais une autre l'avait remplacée.
3. C'est à dire le 5 juin.
4. Une femme possédée du diable depuis 40 ans, saute sur les magistrats en train de banqueter, leur casse les coupes sur la tête et les force de se rembarquer.

et en lui prédisant de cruels supplices. Le comte fit apporter dix broches de fer rougies au feu : il en fit enfoncer deux dans les yeux du jeune homme, deux dans ses oreilles, deux en ses mamelles, deux en ses mains et deux en ses pieds, puis il le fit traîner en prison. En prison, Souriel descendit et le guérit. Le lendemain, Arménius fit dresser son tribunal au milieu de la ville, il fit apporter les statues d'Apollon, de Zeus, d'Athéné et d'Artémis, il les fit frotter d'une pommade parfumée et commanda de lui amener Anoub. L'interrogatoire recommença de plus belle et se termina comme toujours par la colère du gouverneur qui commanda de torturer le jeune garçon. Les soldats lui firent observer que c'était peine perdue, puisque l'enfant ne ressentait rien. « Mais, dirent-ils, il y a ici trois hommes qui ont des serpents ; commande qu'on les amène et les serpents dévoreront Anoub. » Arménius goûta fort cet avis, persuadé que les serpents viendraient à bout de ce magicien. On fit venir les trois psylles ; Arménius leur ordonna de lui apporter des serpents qui dévorassent ce petit magicien ; moyennant quoi, il les comblerait d'honneurs. Les trois hommes s'en allèrent et revinrent apportant de grands serpents, très-venimeux, longs de quatre coudées ; c'était frayeur de les voir. « Vive à jamais Monseigneur le gouverneur ! dirent les psylles ; s'il y avait ici deux ou trois cents hommes, ces serpents-là les dévoreraient en une heure ! » Arménius fut bien content, il se réjouit comme si les serpents eussent déjà dévoré Anoub. On l'enferma dans un cachot ténébreux avec tous les serpents ; mais, au lieu de le manger, les serpents se mirent à l'adorer. Quand le comte envoya voir ce qui était advenu, on trouva les dragons en adoration. On fit sortir Anoub et les serpents le suivirent d'eux-mêmes jusqu'au tribunal. « En vérité, dit Arménius je n'ai jamais vu un pareil magicien. » — « Tu appelles magiciens les serviteurs de Dieu, dit Anoub, eh bien ! tu vas être toi-même le sujet d'un prodige. » Aussitôt il commanda à l'un des serpents de monter sur les épaules du comte et de lui ceindre le cou, comme un collier, mais sans lui faire de mal. Le monstre obéit ; mais il dut serrer un peu trop ses anneaux, car le gouverneur se mit à crier en disant qu'il souffrait grandement. Tous les assistants supplièrent Anoub de rappeler le serpent : en effet, à un mot du saint, le serpent se détacha et tomba à terre [1]. A cette vue, les trois psylles, qui avaient trouvé leur maître, se convertirent avec trente-cinq autres personnes. Arménius fit alors jeter Anoub dans une chaudière pleine de soufre et de poix ; tous les assistants pleuraient et l'encourageaient, entre autres Jules d'Aqfahs, admirant la constance de ce petit garçon au milieu des tourments. Soudain, le Seigneur apparut de nouveau sur son char que traînaient les Chérubins et les Séraphins, Michel à sa droite et Gabriel à sa gauche, il le consola, l'encouragea et lui affirma que le scribe de la justice divine, Enoch, avait reçu l'ordre d'effacer tous ses péchés [2]. Jules avait vu ce beau spectacle ; mais il avait été le seul. Il se fit conter l'histoire du martyr par le martyr lui-même et l'écrivit séance tenante. Cependant le gouverneur envoya ses soldats voir si Anoub avait été cuit dans la chaudière : on le trouva qui venait de boire une gargoulette d'eau, comme un homme au fort de la chaleur, en un jour d'été. On l'emmena au tribunal et, à sa vue, Arménius eut une telle rage qu'il resta plus d'une heure sans parler. Jules s'approcha alors de lui et l'exhorta à rendre la sentence capitale : « afin que nous soyons débarrassés de ce petit garçon, » dit-il. Arménius le fit ; on conduisit le saint au lieu du supplice où il fit sa prière et eut la tête tranchée. Jules fit reconduire son corps à Naïsi par trois de ses domestiques [3].

1. L'auteur du *Synaxare* n'a pas trouvé le fait assez fort ; il fait entrer le serpent dans la bouche du vali qui supplie Anoub de faire sortir la mauvaise bête.
2. C'est une nouveauté et c'est, je crois, le seul passage où Enoch remplace l'antique Thoth. C'est bien une nouvelle preuve que les noms seuls étaient changés.
3. Ce martyre n'est pas publié. Il se trouve dans le *Cod. vat. Copt.* 66, fol. 239-269. — *Synaxare*, 24 Abib.

Les *Actes* du prêtre Ari de Schetnouf, n'offrent rien de bien remarquable. C'était un prêtre fort agréable au Seigneur et avancé en âge ; chaque fois qu'il disait la messe, il voyait un ange de Dieu qui le gardait, à la droite de l'autel. Il faisait des miracles, et le gouverneur l'ayant appris le fit appréhender. L'interrogatoire, les tortures, les apparitions, les prodiges se succèdent dans le même ordre que dans les autres actes ; l'archange Michel descend avec régularité pour guérir le confesseur. Le gouverneur prend alors le parti d'envoyer Ari au comte d'Alexandrie. Ce gouverneur de Prosôpis, car c'est là que se passe la première partie de la passion d'Ari, n'est autre que Culcien qui se trouve un peu trop partout. Devant Arménius, Ari tient de grands discours et endure d'horribles tortures. On le met en prison et il y trouve l'évêque de Prosôpis, Macrobe, que nous allons aussi retrouver. Il fait des miracles, comme ses prédécesseurs, et le geôlier, n'ayant plus de fille en travail depuis neuf jours, lui fournit un fils aveugle de naissance ; puis un démoniaque, une femme paralytique sont guéris. Arménius, apprenant ces prodiges, devient furieux, il fait venir les martyrs et en fait décapiter quarante dans un seul jour. Puis il fait retomber sa colère sur Ari qu'on jette dans une chaudière pleine de poix et de soufre bouillants. Naturellement, l'Ange du Seigneur changea soufre et poix en rosée rafraîchissante. Arménius demande au prêtre la recette et la formule pour échapper au feu ; Ari répond que pour cela il faut être chrétien. On le jette dans une fournaise après l'avoir roué de coups ; l'Ange du Seigneur lui apparaît encore et, le lendemain, on le trouva assis au milieu de la fournaise, « comme un fiancé. » Arménius finit par rendre la sentence capitale et on conduisit le saint à un endroit nommé *Tatiatôrou*,[1] dit l'auteur. Jules d'Aqfahs s'approcha alors de lui, promit

---

[1] Le mot est grec ϫⲁϯⲁⲧⲱⲣⲟⲛ. C'est évidemment un mot à formation grecque. M. Hyvernat a transcrit Tatiadôrou. Le ϫ se prononçait en effet *t* en Egypte ; mais il fallait ce me semble, conserver la même transcription pour les trois.

d'avoir soin de son corps et l'un des soldats trancha la tête d'Ari et Jules tint sa promesse [1].

Jules d'Aqfahs avait aussi écrit les *Actes* de Macrobe, l'évêque de Prosôpis, dont je viens d'écrire le nom. Ces *Actes* ont été résumés par le *Synaxare* et conservés en la plus grande partie dans un panégyrique composé par Mina, l'un de ses successeurs sur le siège épiscopal de Prosôpis. On peut donc reconstituer presque sûrement l'œuvre de Jules. Macrobe était né dans un village du nôme de Prosôpis ; son père était un grand personnage. Il reçut une éducation distinguée, resta huit ans à l'école, fut ordonné diacre, puis prêtre, et, au bout de trente ans de sacerdoce, évêque de Prosôpis. Il succédait à Sarapamon et resta ainsi soixante-neuf ans, enseignant son peuple, le conduisant « en des ports sûrs et sans vagues. » Au temps de la persécution, Dioclétien envoya en Égypte un vali, nommé Jovien, qui, ayant entendu parler du saint, se le fit amener. Macrobe, avant de quitter son église, cacha les vases sacrés et les vêtements sacerdotaux, puis il dit : « O portes de la fille de Sion, ne permettez pas à la lumière de parvenir jusqu'à eux [2]. » Il se rendit ensuite vers le gouverneur qui l'interrogea, le tourmenta et l'envoya au comte Arménius. Arménius le fit mettre en prison. Il y fit quantité de miracles, chassa les possédés, rendit la vue aux aveugles, l'ouïe aux sourds, fit marcher les boiteux. Jules d'Aqfahs, qui avait toujours quelque malade dans sa maison, lui fit guérir son fils Eucharistе perclus des pieds et des mains. Arménius, à l'annonce de tous ces prodiges, entra dans une grande colère ; il le fit torturer sur le chevalet, ordonna de lui couper les membres, de le jeter aux bêtes, de le précipiter dans la mer une pierre au cou, de le brûler vif dans une fournaise : « en tout cela, le saint fut vainqueur

---

[1]. Hyvernat op. cit. fasc. III, 202-221. — *Cod. Cop. vat.* 61, fol. 69-86. — *Synaxare*, 9 Mésoré.

[2]. Ceci est une véritable incantation magique. Mes lecteurs auront d'eux-mêmes observé combien la magie joue un rôle important dans tous ces récits, même et surtout dans les actions et les paroles des martyrs.

par la force du Messie », c'est à dire que Michel ou un autre ange venait le guérir et le délivrer. Sur ces entrefaites, sa sœur, une vierge nommée Marie, ses deux frères, nommés Isaac et Jean, allèrent le trouver dans sa prison en disant : « Après notre père, tu as été un père pour nous ! Comment pourrais-tu partir et nous laisser orphelins ! » Comme Macrobe avait cent trente et un ans, les malheureux orphelins devaient vraisemblablement avoir dépassé la centaine. Macrobe les consola et les renvoya chez eux. Cependant Jules d'Aqfahs qui s'était lié avec Macrobe de la plus étroite amitié après le service rendu, qui l'avait invité à venir célébrer la Messe dans sa maison et avait écrit sa vie, dit au gouverneur : « Ecris la sentence de ce vieillard, tu en seras débarrassé ! » Arménius le fit. Jules prit soin du corps, l'ensevelit dans de beaux linceuls à fils d'or, lui mit une croix sur la poitrine et envoya son fils Euchariste avec des serviteurs le conduire à Prosôpis. Mais comme on passait devant le village où le saint était né, une voix sortit de son corps, disant : « C'est ici l'endroit où Dieu veut que repose le corps du saint. » La barque s'arrêta et l'on obéit[1].

Nous avons encore en son entier une œuvre de Jules d'Aqfahs ; mais elle trouvera mieux sa place plus loin. Je dois maintenant examiner, le plus brièvement que je pourrai, les œuvres de Jules qui ne nous sont parvenues que par l'analyse du *Synaxare*. La première qui se présente sont les *Actes* de Nahroou. Il était de Fayoum et se rendit à Alexandrie pour être martyr. On l'avertit dans un songe, qu'il devait néces-

---

1. *Synaxare*, 3 Barmahat. Hyvernat op. cit. fasc. III et IV, p. 225-246. Cod. vat. Copt. 58, fol. 90-107. Le panégyrique diffère sensiblement des *Actes* résumés dans le Synaxare. Mina nous avertit cependant qu'il parlera d'après le *martyre* de Macrobe qu'il a lu. Il omet l'épisode d'Euchariste, et fait entrer dans le récit l'épisode du fils qui tombe de la bâtisse et est ressuscité. Les noms sont les mêmes que dans les Actes d'Abima. Le même épisode a d'ailleurs été conservé dans une autre œuvre dont je parlerai. En outre, le vali Jovien n'est pas nommé ; l'arrestation de Macrobe est due au *tabularius* Theophane et au *reparius* Ammonios qui agissent le premier comme juge, le second comme assesseur. D'où il appert, que l'évêque Mina fut un plagiaire et un faussaire, puisque Jules d'Aqfahs devait tenir toute l'histoire du martyr Macrobe lui-même.

sairement consommer son martyre à Antioche. Comme il ne savait trop comment s'y rendre et cherchait un bateau, l'Archange Michel le prit sur ses ailes, le transporta dans la ville impériale et le déposa devant Dioclétien. Le roi l'interrogea et demeura fort surpris en apprenant qu'il était de Fayoum. Après les plus belles promesses qui furent refusées et les plus grandes menaces qui furent bafouées, Dioclétien tortura Nahroou, le fit jeter aux bêtes, bouillir dans une chaudière, etc., finalement il lui fit trancher la tête. S'il mourut à Antioche, c'était affaire de compensation : il remplaçait les martyrs d'Antioche qui étaient morts en Égypte. Jules d'Aqfahs, par la plus étrange coïncidence, se trouvait à Antioche au moment où Nahroou souffrait le martyre ; il prit son corps et l'emporta en Égypte [1].

Les *Actes* de Serge d'Athribis ne nous sont aussi connus que par un court résumé. Il était né de parents honnêtes, nommés Théodore et Marie. A quarante ans, il décida d'être martyr, se rendit devant le gouverneur Cyprien et le général Evhius, confessa le Messie, fut mis en prison et conduit au ciel où il vit les demeures des saints, entre autres celle qui lui était préparée. Il en redescendit consolé et fort. Un grand nombre de chrétiens imitèrent son exemple et souffrirent la mort, entre autres le prêtre Ménésôn que Cyprien envoya mourir à Alexandrie. Le gouverneur s'occupa alors spécialement de Serge, il le fit tourmenter, fit passer sur lui une *nourag* qui le mit en pièces [2] : le seigneur le ressuscita. On lui offrit le Dieu du temple, il le renversa et brisa d'un coup de pied. A cette vue, Cyprien se convertit, en disant : « Comment un Dieu qui ne peut se sauver lui-même sauverait-il les autres ? » Evhius se chargea de dompter le saint : il le fit écorcher et frotter avec du vinaigre et du sel. En le voyant

---

1. *Synaxare*, 7 Hathor. Plusieurs fragments de ce martyre se trouvent au musée de Boulaq et à la bibliothèque nationale de Paris.
2. La *nourag* est une sorte de petite charrette posée sur un triple rang de rondelles de fer : on s'en sert pour battre le blé et hacher la paille. Telle qu'on la fait actuellement en Égypte, on ne pourrait guère couper un homme en morceaux. Mais l'auteur ou le vali en avait une spéciale à son service.

en un tel état, sa mère et sa sœur furent dans une telle douleur que la sœur en mourut. Serge la ressuscita. Jules d'Aqfahs se trouvait alors à Athribis; il se fit raconter l'histoire du martyr et l'écrivit. Evhius annonça au saint qu'il allait le faire coucher sur le chevalet, lui mettre des torches ardentes dans les oreilles, arracher les ongles, etc; Serge en fut si content qu'il convoqua toute sa famille à le venir voir. Sa famille injuria Evhius et fut punie sur le champ par la décapitation. Serge fut aussi décapité à son tour. Lorsque les anges emportaient aux cieux les âmes des martyrs, un petit enfant les aperçut et s'écria : « O mon Seigneur Jésus le Messie, aie pitié de moi ! » Ses parents voulurent le faire taire, mais il cria de plus belle; ils le couchèrent à terre et s'assirent dessus pour lui fermer la bouche. Le moyen était bon, aussi ils l'étouffèrent et le petit martyr alla prendre sa place parmi les Anges [1].

Les *Actes* de Jean de Sanhout [2] et d'Abamoun de Toukh [3] n'offrent rien de particulier d'après le résumé qui nous en a été conservé; ceux d'Ibschada sont au contraire assez développés, même dans le résumé. Il était d'un village proche de Behnesa : son père était de Qis et sa mère de Ehrit. Sa mère était la fille d'un prêtre des idoles : elle était devenue chrétienne et, lorsqu'un prêtre idolâtre la demanda en mariage, elle s'enfuit à Qis. Un riche propriétaire en ayant entendu parler l'épousa et Dieu leur accorda le petit Ibschada. En réjouissance, ils firent un grand festin aux pauvres et aux indigents du village, comme au reste des habitants. A mesure qu'il grandit, Ibschada devint fort dévot et, lorsque son père fut mort en lui laissant de grandes richesses et que la persécution eut éclaté, le jeune dévot s'enferma chez lui et commença de prier. Un ange lui apparut et tout se passa comme dans les autres actes. Un gouverneur eut pitié

1. *Synaxare*, 19 Emschir.
2. *Synaxare*, 8 Baschons.
3. *Synaxare*, 19 Abib.

de lui et l'arracha à la torture. Dans la prison, il guérit un pauvre homme qui avait avalé un petit serpent, lequel serpent avait grandi dans le ventre du malheureux et faisait souffrir celui qui l'avait avalé. Sa mère vint le trouver en larmes et le pressa de sacrifier, quitte à adorer le Messie, quand il aurait été relâché. Elle en fut pour sa honte et dut retourner chez elle faire grande pénitence. Cependant l'oncle d'Ibschada, qui guettait les biens de son neveu, poussait le gouverneur à le presser de sacrifier. Le gouverneur le fit ; mais, n'ayant rien pu obtenir, il envoya Ibschada au gouverneur de Behnésa. Celui-ci était absent, il était allé à Fayoum et on y conduisit le saint. Comme ils passaient près de la porte de la ville, le magistrat de la cité [1] bâtissait une maison ; son fils surveillait les travaux. Une pierre tomba sur le garçon et lui aplatit le crâne. La mort fut instantanée. Aussitôt, comme de juste, on se saisit des maçons et on s'apprêta de leur faire payer ce qu'ils n'avaient pu ni prévenir ni empêcher. Il y eut un grand tumulte. Ibschada pria les soldats de le détacher, éloigna la foule et ressuscita le mort. On ne pouvait guère condamner un homme si puissant et si bienfaisant ; aussi l'émir le relâcha en le priant de ne plus prononcer le nom du Messie. Ibschada alla trouver sa mère, puis se retira dans le désert où il se livra à de belles adorations. Voyant la beauté de sa conduite, un évêque, nommé Isidore, qui se trouvait près de lui, au lieu d'être dans sa ville épiscopale, l'ordonna prêtre. Quantité de gens venaient se faire baptiser de sa main. Il réunit des disciples et se bâtit une maison, peut-être un monastère. Un jour l'Ange du Seigneur l'avertit qu'il eût à se tenir prêt pour le martyre. Le lendemain, comme le vali se promenait au désert et passait près de sa maison, Ibschada monta sur sa terrasse et se mit à sonner la cloche. Le gouverneur surpris se le fit amener, le pressa de sacrifier à Apollon et ne pouvant rien obtenir, il

---

1. Ce magistrat de la cité est le premier citoyen, le protopolite du texte copte dans les *Actes* d'Epime. La rédaction présente offre une variante.

l'envoya au gouverneur d'Alexandrie. Jules d'Aqfahs fit sa connaissance, se fit raconter et écrivit son martyre, lequel s'acheva comme tous les autres par la décapitation. Un seul épisode est curieux, au milieu des prodiges accoutumés. Arménius avait fait apporter Apollon devant le saint et le priait d'égorger une victime. Le saint y consentit, à condition qu'auparavant les prêtres sacrifieraient et demanderaient au dieu de faire descendre du ciel le feu qui dévorerait la victime. Arménius accepta, les prêtres se donnèrent beaucoup de peine à crier ; mais le feu ne descendit point. A son tour Ibschada fit sa prière ; le feu descendit, dévora le bois, la victime, mais aussi les prêtres et jusqu'au dieu. Jules ensevelit richement le corps et le remit à ses domestiques, en compagnie de la mère du héros, pour le transporter en son village. Chemin faisant, la barque fit eau. Pendant que les domestiques couraient chercher un menuisier, la mère coupa un morceau du linceul de son fils, elle le plaça sur la voie d'eau qui aussitôt se boucha et l'on arriva heureusement au monastère d'Ibschada [1].

J'ai réservé pour la fin la perle de ces résumés ; ce sont les *Actes* d'Élie l'eunuque. Il était originaire d'un village près de Behnesa ; son enfance s'écoula sans évènements remarquables, et, quand il fut grand, on l'employa comme aide-jardinier dans les jardins de l'émir Culcien. C'était Élie qui, tous les jours, portait à la maison du vali les fruits et les légumes nécessaires pour la journée. Un autre eût pu être flatté de cette marque de confiance : si peu qu'on approche le maître en Égypte, on se sent toujours un peu rehaussé par la grandeur d'autrui ; mais Élie n'arrêtait pas ses yeux sur les choses terrestres, si grandes soient-elles. Il avait un oncle maternel qui était un moine fort dévot, et qui habitait dans le désert intérieur [2]. Élie allait souvent visiter son oncle

1. *Synaxare*, 24 Toubah.
2. On appelle ainsi la bande de sable qui va de la terre fertile aux montagnes, par opposition au désert *extérieur*, qui commence par de là les montagnes.

Yaqoub et il en apprenait les belles adorations, les exquises dévotions ; aussi le neveu se mit-il bientôt en devoir d'imiter les veilles, les jeûnes et les prières de son oncle. Yaqoub répétait souvent à Élie cette sublime parole : « Par la pureté, ceux qui ont un corps deviennent semblables aux Anges. » Élie conçut ainsi un vif désir de ressembler aux Anges : la crainte du Seigneur, qui est le commencement de la sagesse, descendit sur lui ; ses pensées se fixèrent au ciel et le monde lui parut digne de tous ses mépris. Ce n'était pas sans quelque apparente raison que le moine Yaqoub donnait au jeune Élie des avertissements relatifs à la pureté ; le neveu de ce moine était un beau garçon, à la taille élancée et droite, brillant de jeunesse, aux traits réguliers, d'un moule bien pris ; il avait la peau douce, cette couleur rousse si chère aux Égyptiens de tous les temps et les joues rubicondes. Jamais il n'y eut en la terre de Misraïm si beau jeune homme, sinon le juste Joseph, roi d'Égypte [1]. D'un autre côté, la maison d'un émir était peuplée, surtout d'éléments féminins. Élie le savait, et quand il entrait dans la maison de l'émir, il baissait les yeux et ne voulait voir personne, persuadé que les pièges de Satan étaient tendus à chaque coin, derrière chaque porte ou chaque fenêtre. S'il eût regardé autour de lui, les figures curieuses auraient toutes disparu ; comme il ne regardait pas, on ne parla bientôt plus dans les appartements des femmes que de ce beau jeune homme, de sa grande politesse et honnêteté. Plus il se cachait, plus on voulait le voir : on se montrait sans crainte. Satan, le malin Satan, ne pouvant rien du côté de l'homme, s'était retourné du côté des femmes. Quand Élie venait à la maison, toutes les femmes se trouvaient sur son passage, les concubines de Culcien, les jeunes filles nubiles et encore vierges, jusqu'aux jeunes esclaves blanches dont la robe moulait le sein déjà ferme et arrondi. Un autre eût pu

---

[1]. Je ne prends pas sur moi la responsabilité de cette affirmation. Je répète ici que toutes les nuances de mes phrases se trouvent dans les monuments coptes ; je le répète surtout pour ce qui va suivre.

faillir, ou du moins être embrasé sous les feux de tant de prunelles ardentes ; Iblis cependant en fut pour ses frais pendant longtemps. Les agaceries des femmes restèrent impuissantes ; elles ne se découragèrent point, et, au premier rang, la fille même de Culcien brûla de tous les feux qu'elle n'alluma point chez le jeune homme. Chaque matin, quand Élie entrait en la maison, elle se trouvait près de lui et lui faisait les plus indélicates agaceries, le plaisantait, lui disait de vilaines paroles pour le faire tomber avec elle. Élie discerna les pièges de Satan ; il prit l'habitude de jeter à la hâte fruits et légumes dans la maison ; puis il se sauvait, comme à l'aspect du feu, et se hâtait d'aller conter à son oncle toutes les séductions de cette méchante. Et son oncle lui disait : « Mon fils, c'est un piège que la vue des femmes ! les femmes, ce sont les filets de Satan ! les fuir, voilà le salut pour l'homme. Prends bien garde tu seras puni dans la géhenne, dans les ténèbres épaisses, par des vers qui ne se reposent jamais. » C'était un moyen peu sûr que d'exciter l'imagination déjà si excitée de ce jeune homme. Élie écoutait avec attention. Il se mortifia de plus en plus, cessa de manger les mets et les bons ragoûts qu'on faisait dans le palais de l'émir, pour se nourrir exclusivement de pain et de sel. Cependant la passion s'exaltait dans le cœur de la jeune fille, le feu du péché la brûlait, comme jadis Hérodiade la maudite ; elle n'épargna rien pour lui faire partager sa chaleur. Alors il se mit à penser en son cœur et à se dire : « Comment me sauver de cette fille ? » Une pensée lui vint soudain : il coupa sa virilité, la mit dans une serviette, la porta à la fille de Culcien et lui dit : « Tiens, voilà celui de mes membres que tu as désiré : prends-le et laisse-moi partir. » Il partit et tomba malade : il resta ainsi des jours et des jours, puis il recouvra la santé. Quant à la fille de Culcien, elle se mit dans la plus violente rage : comme il n'y avait plus de panthères du midi en Égypte, elle se contenta de rugir comme un lion féroce [1] et dit : « Est-ce ainsi que tu

1. Dans les anciens monuments de la littérature pharaonique, quand on se

m'as vaincue ? tu verras ce que je te ferai. » Elle fit comme la femme de Putiphar, le cuisinier en chef de Pharaon, roi d'Egypte, et comme aussi la femme d'Anoupou : elle accusa Elie de ses propres pensées et dit à son père : « Ce jardinier que tu trouves fidèle au point de lui permettre d'entrer dans la maison pour apporter les fruits, de bien mauvaises choses ont paru de lui ; il est venu souventes fois à moi et m'a demandé de faire une action malhonnête. Pis encore, il est chrétien, adorateur du Messie. » Culcien devint furieux, il fit venir Elie et lui dit : « Comment ! je te croyais fidèle en ce qui regardent les biens de ma famille, et tu m'as trahi dans ma maison en demandant une mauvaise chose de ma fille ? » — Elie dit modestement : « O mon maître, de ce que tu viens de dire, je suis innocent ; je ne t'ai en rien trahi depuis mon entrée en la maison et j'ai gardé ma virginité depuis le jour de ma naissance. » Et, pour confirmer ses paroles par une démonstration évidente, « il retroussa sa robe et montra l'endroit. » L'endroit étant vide, Culcien conclut à l'inanité de l'accusation ; comme il aimait beaucoup le jeune homme « à cause de sa douceur et de sa pudeur, » il lui dit : « Ce péché est une invention ; mais lève maintenant l'encens aux dieux et continue ton travail. » Elie refusa. Le vali le tortura de toute espèce de tortures ; mais le Seigneur le sauva[1]. Enfin Culcien le condamna à la décapitation. Au lieu du supplice, Elie pria ; l'Ange du Seigneur lui apparut et lui assura que Jules d'Aqfahs, qui était présent, prendrait soin de son corps, comme il avait écrit son histoire, et qu'au ciel il aurait trois couronnes pour ses dévotions, sa virginité et son martyre. Elie fut ravi, tendit le cou et sa tête tomba sous la hache du bourreau[2].

met en colère, c'est toujours comme une panthère du Midi, notamment dans le *conte des deux frères*, avec lequel ce martyre a plusieurs points de ressemblance. Si l'on met ici comme un lion féroce, c'est qu'il y avait en Egypte des lions domestiques, comme je l'ai dit plus haut.

1. Cette formule abréviative signifie qu'à chaque supplice un Ange venait guérir le martyr, ou le ressusciter s'il était mort.
2. *Synaxare*, 28 Toubah.

Je ne dois pas finir ce paragraphe, sans parler d'Isaac de Diphré, dont les *Actes* furent écrits par un cousin même d'Isaac et nous sont parvenus en entier. Ces *Actes* sont calqués sur les œuvres de Jules : l'Ange du Seigneur apparut à Isaac pour lui ordonner d'aller au martyre, la première fois n'ayant pas suffi, il apparut une seconde et fit sortir Isaac de son village. Arrivé à Touah, Isaac confessa le Messie et fut confié à un soldat jusqu'au retour du vali obligé de se rendre à Nikious. A son retour, le vali trouva le soldat converti à la suite de la guérison d'un aveugle. Après plusieurs tortures, on mena le saint à Behnesa, et pendant le voyage, un matelot borgne ayant donné à boire au martyr recouvra l'œil qu'il avait perdu. A Behnesa, après de grands supplices, les habitants se révoltèrent et obligèrent le vali à tuer Isaac ou à le relâcher. Le vali leur accorda la première demande : Isaac eut la tête tranchée. On transporta son corps à Diphré, et en un certain endroit les vaches qui le portaient traversèrent le fleuve à la nage [1]. L'auteur de ce martyre est Christophore, cousin d'Isaac : son œuvre manque un peu d'originalité et aurait parfaitement pu être attribuée à Jules d'Aqfahs.

1. *Synaxire* 6 Bachons. Ce martyre a été publié par M. Budge dans les *Proceedings of the Bib. Arch. Society*, mai 1887 ; il est conservé dans le *Cod. cat. Cop.* LIX et dans un ms. de Lord Zouche.

CHAPITRE HUITIÈME

Comme on le voit, l'œuvre de Jules d'Aqfahs est considérable, et cependant j'en reparlerai bientôt encore ; mais les *Actes* d'Abadir et d'Iraï qui lui sont attribués rentrant dans le cycle des récits sur Dioclétien, j'ai dû les réserver pour ce paragraphe. J'avais eu un moment l'idée d'arrêter ici mon exposition pour rechercher quelle pouvait être la valeur des documents que j'ai analysés ; mais le nom de Jules se trouvant intimement mêlé à toute une partie des *Actes* que je regarde comme entièrement sortis de l'imagination des auteurs coptes, il m'a fallu changer mon plan. Je vais donc résumer le cycle de Dioclétien, et ensuite raconter les œuvres littéraires se rapportant à des personnages exotiques et décorés du nom d'*Actes de martyrs*. En dernier lieu seulement, j'établirai la valeur de tous ces documents, j'en rechercherai les auteurs et l'époque à laquelle ils furent composés.

Dioclétien joue dans les *Actes des martyrs* sortis du calame copte un rôle analogue à celui que Charlemagne joue dans nos chansons de geste. Il a sa légende et il me faut maintenant conter cette légende, que plusieurs fois déjà nous avons rencontrée, sur notre chemin, faisant partie intégrante d'*Actes* déjà analysés. Il va sans dire qu'il était égyptien de race et que toute sa jeunesse s'était écoulée en Égypte, près de Ptolémaïs. Il se nommait Aghrabida ; la fortune, qui devait le faire monter à de si hautes destinées, lui avait d'abord été peu favorable. Aghrabida avait été réduit pour vivre à se louer, comme berger, chez les parents de Psoti, le futur évêque de Ptolémaïs. Les deux enfants gardaient ensemble les troupeaux, et, comme la garde des troupeaux leur laissaient des loisirs, Aghrabida les occupait à jouer de la flûte, malgré la défense des pères vertueux [1], parce que les idolâtres en jouaient toutes les fois qu'ils célébraient quelque fête en leurs temples. Aghrabida méprisait donc la défense « des pères vertueux ; » mais toutes les fois que ce jeune pervers jouait de sa flûte, le diable entrait dans ses chèvres et ses brebis qui se mettaient à danser, à courir et à se disperser. Psoti ou Ibschada selon l'arabe, lui disait : « Malheur à toi, ô Aghrabida ! le puits malsain de la perdition est prêt à te recevoir ! » En outre, pendant qu'Aghrabida dormait pendant la nuit, Ibschada voyait un serpent noir, ayant des cornes et une aigrette sur la tête, venir placer sa bouche sur la bouche du dormeur et lui donner à boire de son poison. L'enfant, effrayé de ces nocturnes visions, les racontait le lendemain à Aghrabida qui lui répondait : « Tu ne mourras que de ma main, car tu es un jeune idiot. » Mais si idiot que fut Ibschada, il ne voulut pas rester en compagnie d'un ami des serpents noirs, qui jouait des airs profanes sur sa flûte et faisait danser les chèvres ; il se retira au désert et y fit de belles adorations jusqu'au moment où il fut choisi comme évêque de Ptolémaïs. Aghrabida continua de jouer de la flûte, de garder les chèvres et les moutons, sans doute aussi de sucer le poison du serpent noir jusqu'au moment où, la guerre ayant éclaté avec les Perses, le roi Numérien envoya faire des levées d'hommes en Égypte. On se saisit d'Aghrabida qu'on emmena dans la ville d'Antioche ; là, on le chargea de

---

1. Synazare, 27 Kihak.

balayer les écuries au dessous du palais royal. Il n'avait pas laissé sa flûte en Égypte, il l'avait soigneusement emportée et se délassait à en jouer : dès que les chevaux entendaient le son de la flûte, le diable les possédait et ils se mettaient à danser, à caracoler à qui mieux mieux. Cependant le roi Numérien partit pour la guerre avec tous ses enfants et tous ses généraux, ne laissant à Antioche que ses deux filles. L'aînée, ayant aperçu les chevaux danser et caracoler pendant qu'Aghrabida jouait de la flûte, fut charmée de ce spectacle ; elle regarda cet habile artiste, vit qu'il était bel homme, car Satan lui avait donné la beauté, et elle se dit que, tout joueur de flûte qu'il était, il ferait un bon mari : elle l'aima éperdument, l'épousa et, Numérien ayant été tué à la guerre, elle fit du gardeur de chèvres et du joueur de flûte, l'empereur de tout l'empire romain, oubliant sa famille et préférant son mari à ses frères. La chose ne fut pas plus difficile que cela, et tout marcha bien d'abord. La difficulté ne commença qu'au moment où, l'armée romaine ayant vaincu les Perses, les fils de Numérien, leur oncle et leurs cousins, avec de grands généraux, revinrent à la capitale.

Numérien avait épousé la sœur de son grand vizir qui se nommait Basilide. Sa femme lui avait donné plusieurs enfants, Théodore l'oriental, Justus, Claude d'Antioche, Abadir et Iraï, plus une autre fille mariée au seigneur Hadrichts. Basilide eut lui-même deux enfants : Eusèbe et Macaire ; sa femme avait une sœur qui épousa le patrice Romanos et en eut Victor, le grand martyr. Si l'on joint à cette généalogie les deux filles dont Aghrabida épousa l'aînée, on a tous les héros des récits du cycle de Dioclétien. Aghrabida devenu empereur avait en effet changé son nom et se faisait appeler Dioclétien. Les chances lui avaient été favorables, puisque tous les concurrents au trône se trouvaient à l'armée, lorsque la nouvelle de la mort de l'empereur Numérien fut apportée à Antioche ; les uns faisaient partie de l'armée ayant affaire avec les Perses, les autres d'une seconde expédition contre d'autres barbares, et c'était en cette dernière que l'empereur avait trouvé la mort. L'usurpation souffrit moins de difficulté de ce fait que Dioclétien était chrétien, comme Numérien et toute sa famille ; mais quand le nouvel empereur eut apostasié les craintes commencèrent de se faire jour [1]. Dioclétien prit pour grand vizir ce Romanos, beau frère de Basilide — celui-ci avait résigné sa charge — qui devint l'âme damnée de Dioclétien et l'encouragea dans toutes ses persécutions. Nous savons déjà comment, après l'apparition d'Apollon et la trahison de l'archevêque d'Antioche, furent décidées la promulgation de l'édit et l'adoption de trente-cinq couples de divinités mâles et femelles.

Cependant, comme je viens de le faire observer, tous les détails des divers romans de ce cycle ne concordent pas entre eux ; ainsi quand s'ouvrent les *Actes* d'Eusèbe, fils de Basilide, celui-ci est encore vizir de l'empire. Le Messie lui apparaît et lui donne ses instructions pour la conduite à tenir : Basilide doit obéir en tout au roi ; mais quand le roi lui demandera de sacrifier aux dieux, il répondra qu'avant de se décider il doit attendre le retour de son fils Eusèbe et de ses neveux Claude, Abadir, Théodore l'oriental et Justus. Le lendemain matin, Dioclétien envoie chercher Basilide, règle avec lui les affaires de l'état et le prie de sacrifier. Basilide obéit au roi, envoie un secours de deux millions d'hommes, gagne du temps pour le sacrifice et écrit à son fils Eusèbe une lettre qu'un de ses serviteurs devait remettre à ce grand général en mains propres et en secret. Après le récit de l'apostasie impériale, la lettre disait : « Lorsque Dieu t'aura donné la victoire, hâte-toi de venir me retrouver avec les stratélates, tes compagnons. Sois sain et sauf en la vertu du Seigneur, notre Dieu. » La lettre reçue, Eusèbe réunit ses compagnons et leur lut ce que lui écrivait son père. Ils furent tous dans la consternation

---

[1]. Il n'est pas très-facile de rattacher tous les traits de cette légende à ce que j'ai déjà raconté d'après les *Actes* de Jean et de Siméon ; mais les auteurs de ce cycle n'y ont pas regardé de si près.

et dans l'embarras : que faire ? fallait-il abandonner les opérations militaires et se rendre auprès de Basilide, ou bien différer leur départ jusqu'à la victoire ! Justus releva le moral de ses amis en leur racontant un songe qu'il avait eu. Ils convinrent de finir d'abord la guerre, puis d'être martyrs ensuite. Chacun devait garder le secret. Les progrès de l'ennemi brusquèrent les évènements. Eusèbe confia à Claude deux millions six cent mille hommes pour les partager en deux corps d'armée : Justus et Abadir prirent le commandement du premier et durent tourner l'ennemi ; Eusèbe lui-même avec Claude et Théodore l'oriental se mirent à la tête du second pour recevoir le choc de l'adversaire. Il fallut trois jours à Justus et à Abadir pour opérer leur mouvement tournant : la mêlée devint alors générale et de l'armée ennemie, depuis celui qui marchait à pied jusqu'à celui qui était monté à cheval, il ne resta pas un seul homme : tout fut massacré. Après cette belle victoire, Eusèbe ramena son armée dans le pays des Phâristotes [1], et fit appeler ses compagnons. Ils délibérèrent à nouveau, résolurent de retourner à Antioche et de placer Justus sur le trône impérial ; puis Eusèbe leur donna un banquet et ils dormirent tous dans la tente d'Eusèbe. A minuit, le Seigneur monté sur son char lumineux, ayant Michel à sa droite et Gabriel à sa gauche, descendit près d'eux, les fit réveiller par Michel et leur dit de retourner près de Basilide auquel ils devraient obéir de tout point. Après les avoir embrassés, le Messie remonta aux cieux. Le lendemain, ils montèrent sur leurs chevaux et se mirent en route pour Antioche ; quelques jours plus tard, ils n'étaient plus qu'à huit milles de la ville. « Arrêtons-nous ici, dit Eusèbe, car il faut prévenir mon père et lui dire de venir à nous pour nous apprendre quelle est la situation. » Il écrivit une lettre qu'il scella de son anneau, la remit à l'un de ses serviteurs vêtu, pour l'occasion, d'ha-

---

1. J'ignore complètement quel est ce pays : je suis tout porté à croire que c'est là de la géographie à la manière copte.

bits vulgaires, et lui recommanda de ne la remettre à Basilide qu'en cachette. Le serviteur attendit le coucher du soleil pour entrer dans la ville et remplit sa mission. Basilide fut fort content du retour de son fils et de ses neveux ; pour avoir un compagnon de sa joie, il fit venir Victor, le fils de Romanos, et lui lut la lettre. Ce jeune homme était de bon conseil ; il dissuada son oncle de quitter la ville, de peur de donner l'alarme à Dioclétien qui ne savait rien de l'arrivée de ses généraux et qui les croyait encore à la guerre ; il fallait écrire une lettre où seraient données toutes les informations demandées. Basilide goûta ce conseil et l'envoyé d'Eusèbe remporta la réponse. Eusèbe, ayant pris connaissance de la lettre, réunit ses compagnons et tous furent d'accord pour entrer le lendemain dans la ville, à la tête de leur armée, déployant l'étendard de la victoire. Le bruit s'en répandit dans la ville ; Dioclétien finit par l'apprendre et envoya chercher Romanos. Romanos accourut et conseilla au roi de sacrifier à Apollon qui ne manquerait pas d'envoyer quelque bonne inspiration : en attendant, on fit fermer les portes de la ville. Ni l'un ni l'autre ne se faisaient illusion : Justus allait être proclamé empereur et Dioclétien se désolait, avouant naïvement qu'il eût été plus en sûreté à la tête d'un corps d'armée que sur le trône impérial. Cependant l'avant garde de l'armée arriva aux portes de la ville qu'elle trouva fermées : des hennissements des chevaux et des cris des hommes, toute la ville trembla. Dioclétien tout pâle de peur, quitta le temple en fugitif, ayant dépouillé ses vêtements impériaux, et se sauva dans le palais de Romanos où il se cacha du mieux qu'il pût. L'armée entra dans la ville, courut au palais, ne trouva point l'empereur et massacra cent de ses gardes. De son côté, Basilide, tout joyeux, était allé à la rencontre de son fils et de ses neveux, les avait embrassés et menés en son palais où il leur donna un grand festin. Auparavant on tint encore conseil pour donner le trône à Justus et chasser Dioclétien ; on fit chercher partout celui-ci, mais on ne le trouva pas. Malgré l'entente de tous ces généraux, Justus préférait l'empire du ciel à celui de la terre ; il promit à Basilide qui le lui demandait de ne pas détrôner Dioclétien. Basilide se mit alors en devoir de découvrir où était caché le roi ; quand il l'eut appris, il envoya dire à l'empereur : « Tu peux maintenant reparaître dans ton palais, on ne te détrônera pas. » Dioclétien fut d'abord bien content ; mais, sur le conseil de Romanos, il exigea un sauf conduit avec le seing d'Eusèbe. Basilide fit venir Eusèbe et Théodore, leur demanda leur seing. Les deux généraux résistèrent, ils voulaient à toute force chasser l'égyptien apostat ; Basilide ne vint à bout de leur résistance qu'en leur rappelant la promesse faite par eux au Messie de lui obéir en tout, à lui Basilide. Les deux amis obéirent ; Eusèbe prit un morceau de parchemin et écrivit à l'empereur la lettre suivante : « Moi, Eusèbe le stratélate, fils de Basilide, j'écris de ma propre main au roi Dioclétien. Vive mon roi véritable, mon Seigneur Jésus le Christ dont je serai désormais le stratélate ! Lève-toi, sors, va t'asseoir en ton palais sur le trône de l'empire. Fais de nous ce qu'il te plaît. Voici que toute la ville est en ta présence et tous les ordres s'exécutent. » Pour plus de sûreté, Justus mit aussi son cachet au bas de cette lettre. L'empereur fut ravi, il fit venir Romanos qui lui conseilla aussitôt de faire orner les temples pour offrir aux dieux un sacrifice d'actions de grâces. Une foule innombrable de gens participèrent à ce sacrifice : ceux qui refusèrent furent passés au fil de l'épée et leur nombre fut incalculable [1]. La persécution fut de nouveau décrétée, les décrets de nouveau promulgués. L'empereur manda plusieurs fois à son conseil Basilide qui s'abstint d'y paraître ; il fut alors repris de ses craintes qui ne cessèrent qu'au moment où Basilide se présenta devant lui, à la tête de toute sa maison, pour être martyr. Dioclétien ne savait trop que

---

1. On remarquera la contradiction entre ce passage et celui où est racontée plus haut la même histoire de ce sacrifice.

faire, il craignait le père, il craignait le fils et les neveux, il craignait la ville entière ; Romanos vint à son secours en lui conseillant de séparer toute la famille, et de les exiler chacun dans un pays différent, ce que fit l'empereur [1].

Telle est l'introduction générale du cycle de Dioclétien. On voit que l'auteur ne manquait pas d'audace et comptait sur la crédulité de ses lecteurs. Il n'avait pas tort et la preuve en est que sur ce tronc primitif sont venues se greffer, tant bien que mal, une foule de branches étrangères qui ont aspiré, à leur profit, un peu de la sève première. Tous les autres *Actes* ayant trait à la famille de Numérien se rattachent en effet à ce point de départ. Les membres de cette famille sont tous exilés, Basilide en Afrique, les autres en Egypte. L'arbre se ramifie en cet endroit et il faut nous occuper maintenant de chacun de ces rameaux.

Basilide fut envoyé dans la Pentapole africaine, au gouverneur Mysaure. Cet officier crut d'abord à une visite de l'ancien vizir et s'en montra fort flatté. Il lui en fallut rabattre. Quant à Basilide, l'Ange du Seigneur le fit d'abord monter au ciel où il vit les habitations des bienheureux. Redescendu sur terre, l'âme toute pleine de consolations, il affranchit ceux de ses esclaves qui ne partageaient pas son martyre ; puis, il endura toute sorte de tortures, le chevalet, les peignes de fer, la chaudière bouillante, la roue avec une scie, le lit de fer, etc. On finit par lui trancher la tête [2].

Eusèbe fut exilé à Coptos et le gouverneur Maurien chargé de le martyriser. On fit relâche à Héracléopolis, où se trouvait le gouverneur de Coptos, et le stretélate fut mis en prison où il trouva d'autres martyrs prévenus de son arrivée. Maurien le fit torturer sur le chevalet si bien que ses chairs tombèrent à terre, morceau par morceau. A une prière du saint, l'ange Souriel descendit, ravit son âme au ciel, lui montra les habitations célestes, celles qui lui étaient réservées,

---

1. Hyvernat ; Op. cit. f. I. p. 1-31.
2. *Synaxare*, 11 Thoth.

celles de son père, de son frère et de ses cousins, toutes groupées les unes autour des autres, il lui montra même le paradis de joie et ramena son âme en son corps qui fut guéri. Le vali varia les tourments. A un moment Eusèbe fut coupé en morceaux ; mais le Messie descendit avec les sept grands Archanges, commanda à Souriel de ramasser les morceaux et le ressuscita. Le gouverneur le fit chasser de la ville d'Héracléopolis et l'on ferma les portes ; Raphaël le souleva sur ses ailes lumineuses et le déposa près du tétrapyle de la ville. Le lendemain, Eusèbe se présenta devant Maurien qui le fit jeter dans un brasier ; à la prière d'Eusèbe, Raphaël vint de nouveau le tirer du supplice. Le gouverneur se décida enfin à le faire décapiter. On le baillonna pour le conduire au supplice ; il demande aux soldats de lui enlever son baillon afin qu'il put faire sa prière, et, sa prière faite, il tendit le cou. Raphaël prit son âme, l'embrassa, l'enroula dans une nappe de fin lin et l'emporta aux cieux [1].

Le second fils de Basilide, le frère d'Eusèbe, Macaire d'Antioche, comme il est appelé, fut aussi exilé en Égypte. Ce Macaire ne faisait pas partie de l'armée ; il était sans doute trop jeune pour être général, car il n'avait que vingt ans. Dioclétien le fit venir un jour pour sacrifier aux idoles ; Macaire refusa, malgré l'exemple allégué de son cousin Victor qui avait été mis à mort. On le tortura d'abord à Antioche ; puis le Messie lui apparut et lui prédit ce qui lui arriverait, sa triple mort et sa double résurrection. Quand Dioclétien, le lendemain matin, fit comparaître Macaire, il fut fort étonné de le trouver sans blessures ; il le condamna à être bouilli dans une chaudière pleine de poix. Macaire, effrayé d'abord à la vue de la chaudière, en sortit « frais comme une rose », sans aucun mal. L'empereur ordonna de le placer dans une machine circulaire dont l'intérieur était garni de scies, on fit faire deux tours à la machine et Macaire fut

---

1. Hyvernat, op. cit. 1er fasc. p. 26-40. — *Synaxare*, 29 Emschir. *Cod. vat. Cop.* 58 f. 36-64.

coupé en deux ; Dioclétien ordonna de le porter sur une montagne et de l'y jeter en pâture aux oiseaux et aux bêtes féroces [1]. Mais celui qui avait ressuscité Lazare le rappela à la vie et Macaire fut de retour à la ville avant les soldats mêmes qui l'avaient laissé en pièces à la montagne. La foule se convertit à sa vue et Dioclétien ne trouva d'autre remède à sa fausse situation que de l'envoyer au gouverneur d'Alexandrie, Arménius. On bâillonna le martyr pour l'embarquer ; il demanda qu'on lui enlevât le bâillon pour faire ses adieux à sa mère. Les adieux faits, et ils furent touchants, on lui remit le bâillon et on le conduisit en la ville d'Alexandrie où devait commencer son véritable martyre, car jusqu'ici ce n'est qu'un prologue.

Avec Arménius les tourments recommencèrent ; on le frappa sur la bouche, on l'étendit à terre en le maintenant avec des courroies et on lui donna quatre vingts coups de bâton [2] ; on le tortura sur le chevalet, mais ce fut comme si l'on eût torturé la queue d'une citrouille [3]. Il fut ravi au ciel où tous les saints l'embrassèrent : le juste Abel fut d'une particulière amabilité et le félicita chaudement. On crut qu'il était mort ; mais à peine son âme fut-elle descendue du ciel qu'il se releva sain et sauf. Arménius le fit jeter dans le four des bains avec deux cents livres de fer aux pieds pour l'empêcher de s'échapper ; la foule le pleurait comme perdu ; mais Michel rendit les flammes rafraîchissantes comme la rosée du matin. Comme Arménius se rendait aux bains, en se félicitant d'être venu à bout de ce chrétien, Michel enleva la clef de

---

1. Cet épisode est traduit par M. Hyvernat de la manière suivante : « Puis, le roi ordonna de le mettre sur une roue armée de dents comme une scie. Quand on eut fait tourner la roue une première fois, puis une seconde fois elle se fendit par le milieu et se cassa en deux. Alors le roi ordonna de porter Macaire sur une montagne fort élevée et de le précipiter en bas, en pâture aux oiseaux du ciel et aux animaux sauvages qui mangeraient ses chairs. — M. H. n'a pas compris le rôle des suffixes dans tout ce passage.
2. M. Hyvernat traduit par : quatre-vingts *imprécations* (sic).
3. M. Hyvernat dit : une courge. L'expression est assez mal choisie, la courge étant très tendre, tandis que la *queue* de la citrouille est d'une dureté extraordinaire ; et puis il y a le mot *queue*.

voûte du four des bains [1] et lança Macaire qui tomba devant Arménius. Celui-ci cédant aux prestiges magiques, se reconnaissant vaincu, voulut écrire la sentence capitale ; mais les habitants de la ville et les soldats de l'escorte ne le lui permirent pas, et il prit le parti de l'envoyer à Eutychien, gouverneur de Prosopis. Telle fut la première confession de Macaire.

A Prosopis, après une discussion préparatoire, les tourments recommencèrent : on arrache la langue à Macaire, les ongles, les testicules et on verse du vinaigre sur ses plaies ; on le roule sur des clous rougis, on lui verse sur la tête des vases pleins de poix bouillante, on lui enfonce dans la gorge deux verges de fer et il rendit l'esprit. On jeta son cadavre au fumier ; mais Jésus le Messie descendit des cieux, lui souffla au visage et le ressuscita. Macaire rentra dans la ville et passa près d'un mort qu'on portait sur le lit funèbre ; il ressuscita le mort qui se mit à raconter tout ce qu'il avait vu dans l'autre monde. A la vue de ce miracle, toute la foule se convertit ; Macaire baptisa les nouveaux chrétiens et Eutychien les fit massacrer, y compris le ressuscité qui ne revécut pas longtemps, mais qui au lieu de servir de pâture aux « vers qui ne se reposent point » dans le feu, à une profondeur de quatre cents coudées, monta au ciel et fut logé dans une belle habitation. Eutychien, ne sachant plus quoi faire, tint Macaire en prison pendant six jours et fit chercher partout un magicien qui pût venir à bout des sortilèges de Macaire. Il s'en présenta un qui était maître passé [2] ; rien n'était plus facile pour lui que de confondre Macaire, il suffisait de pendre du lard, de lui en frotter le corps et de lui verser un vase d'urine sur la tête ; avec cela, il était impossible qu'Alexandre n'en vînt pas à bout, car cette première opération devait rendre le martyr impur et par conséquent

---

1. Traduction de M. Hyv. : l'archange Michel soulèvera le *clypeus* du *tholus* des bains ; traduction éminemment française et compréhensible.
2. M. Hyvernat dit : le grand maître des magiciens. Cette traduction repose sur l'ignorance des règles de la grammaire.

incapable d'user de ses charmes. Cela fait, Alexandre se déshabilla, prit une coupe et composa sa potion avec une substance blanche inconnue, [1] du venin de serpent, du foie, du fiel, un autre substance inconnue et du pus de mort ; sur le tout il invoqua les noms des puissances d'en haut [2]. A ces noms redoutables, la terre trembla ; et quand Alexandre eut invité Macaire à boire, le martyr eut peur ; le Messie dut l'encourager. Enfin il but, après s'être signé, et la potion fut douce « comme le miel et le rayon de miel. » « Eh bien ! dit Alexandre, comment le trouves-tu ? Est-ce doux à la bouche ? » — « Viens et bois, » dit Macaire. — Le magicien prit la coupe, prononça le nom de son Dieu ; mais sitôt qu'il eut bu, il ne fit qu'un saut et fut partagé en deux au milieu de la foule. De nouveaux supplices de nouvelles tentatives n'ayant à rien abouti, comme tous les gouverneurs de l'Egypte s'étaient réunis pour prendre lecture des instructions de Dioclétien, Eutychien remit Macaire à Arien qui l'emmena au Sud, malgré les protestations de la foule. Ce fut la seconde confession.

Arien remonta le Nil vers Schetnouf. Pendant le trajet, Michel vint entretenir Macaire et lui faire les plus belles promesses. Arien entendit la conversation mais ne la comprit pas. Au matin, il fit tirer le martyr de la barque, le fit conduire sur un fumier et commanda qu'on lui tranchât la tête. Il avait une bonne raison pour en finir ; les barques ne pouvaient plus avancer [3]. Ce fut la troisième confession, évidemment un peu écourtée, d'autant plus que le *Synaxare* contient quelques détails qui ne se rencontrent pas dans les *Actes* coptes.

Après Macaire, ce fut le tour d'Abadir et de sa sœur Iraï.

---

1. M. Hyvernat dit : lichen ; mais le lichen ayant des propriétés édulcorantes serait assez mal choisi. Le texte emploie un mot qui se retrouve ailleurs et paraît désigner une couleur blanche.
2. M. Hyvernat dit : puissances de l'abîme. C'est un contre sens ; et même un contre bon sens au rapport des idées égyptiennes.
3. Hyvernat op. cit. fasc. I p. 40-77. — *Synaxare*, 9 Barmahat. — *Cod. Copt. Vat.* 59 f. 58-81.

A ce sujet, il faut tout d'abord faire part à nos lecteurs d'une contradiction que l'on ne peut guère passer sous silence. Cet Abadir et sa sœur Iràï sont dits dans les *Actes* de Macaire fils de Théocratos, frère de Basilide; dans leurs propres *Actes*, ils sont dits fils de Basilide lui-même; dans les *Actes* de Basilide, leur père est Numérien [1]. Cette observation est d'autant plus importante que l'auteur des *Actes* de Macaire est Jules d'Aqfahs lui-même. Pour le moment, quelle que soit la vraie généalogie, Basilide était mort depuis dix ans, et Abadir était capitaine du palais, lorsqu'il prit la résolution d'être martyr. Son ami Zocrator était dans les mêmes intentions; mais ces intentions restèrent longtemps à l'état d'intentions. D'ailleurs la mère d'Abadir ne voulait plus de martyrs chez elle; elle avait quatre vigoureux esclaves qui avaient ordre de suivre leur maître et de le ramener de force à la maison, s'ils l'entendaient parler martyre avec Dioclétien. Elle fit jurer à son fils qu'il ne serait pas martyr à Antioche; il le jura, car il voulait aller confesser sa foi en Egypte. Il en avait même reçu l'ordre du Messie. Cependant vingt-cinq jours se passèrent: puis huit mois, sans que l'ordre reçut un commencement d'exécution. Il fallut une nouvelle apparition de la mère Iràï à la jeune Iràï, sœur d'Abadir: alors le frère et la sœur complotèrent de partir pour Alexandrie, ce qu'ils exécutèrent au moment où le jeune Constantin demandait et finissait par obtenir la main de leur sœur Calònia. Abadir fut reconnu par un soldat dans les rues d'Alexandrie. « N'es-tu pas le seigneur Abadir, le grand stratélate du roi? » — Beaucoup de gens m'ont dit que je lui ressemblais, » répondit-il. — « Aussi bien reprit le soldat, je me disais que le Seigneur Abadir ne viendrait pas ici sous ce modeste costume et n'aurait pas quitté le roi. » Abadir résolut de quitter cette ville et son itinéraire. Cependant la jeune Iràï ne savait pas encore pourquoi elle était venue en

---

[1]. Le *Synaxare* au 28 Thoth donne peut être une quatrième filiation. Abadir et Iràï sont les fils d'une sœur de Basilide sans nommer Numérien.

Egypte, ni ce que c'était que la vie éternelle. Le frère et la sœur se rendirent d'abord à Terraneh, puis à Babylone, puis à Tammôou de Memphis où était le tombeau de la mère Iràï, puis à Eschmounein, et au village de Ginilah où ils trouvèrent le bon vieillard Samuel qui devait prendre soin de leurs corps après leur martyre. Samuel les conduisit à Antinoë devant le gouverneur. Celui-ci dit à Abadir en égyptien : « Sacrifie aux dieux et ne te laisse pas mettre à mort. » — Abadir répondit dans la langue des savants : « Vite, prononce notre sentence. » Le gouverneur demanda son nom, mais Abadir ne le voulut pas dire. On le mit sur le chevalet, et la jeune Iràï fut sur le point de rendre l'âme de compassion. Un soldat qui l'examina la trouvant belle, la demanda au gouverneur pour la souiller ; il la conduisit dans une maison de prostitution où deux femmes, Stéphanou et Dausira, se mirent à la solliciter par des paroles impudiques. Iràï comprit ce qu'on voulait lui faire, elle invoqua le Seigneur ; le soldat devint aveugle, les deux femmes rigides comme des pierres, et la jeune fille alla rejoindre son frère en prison. Le soldat et les deux courtisanes se convertirent le lendemain et Arien fit tellement tourmenter Abadir que les entrailles lui sortirent du corps et qu'il mourut. On le porta sur la montagne et on le laissa en pâture aux animaux sauvages. Le Messie le ressuscita. On l'enferma dans un taureau d'airain et le taureau se brisa en éclats, fit jaillir de l'eau sur les assistants qui devinrent lépreux. Tous les lépreux se convertirent ; à l'ordre du saint, le taureau d'airain reprit l'eau qu'il avait lâchée et tous furent guéris. La conclusion fut qu'on lapida le gouverneur qui se sauva en donnant l'ordre de massacrer la foule. Le lendemain Abadir et Iràï furent torturés sur le chevalet ; après une série de tourments, Arien apprit quels étaient le frère et la sœur ; il se hâta de les faire décapiter. L'histoire de leur martyre fut écrite par Samuel de Ginilah[1].

1. Hyvernat, op. cit. fasc. I et II, p. 76. — 119. — *Synaxare*, 28 Thoth. — *Cod. Copt. vat.* 63 f. 55-78.

Je ne dirai que quelques mots des *Actes* de Justus et de ceux de Claude d'Antioche. Des premiers nous ne connaissons que le résumé fort court du *Synaxare*. Nous savons par ailleurs tout ce que devait être le commencement par les *Actes* d'Eusèbe et de Basilide. Justus fut exilé en Egypte avec son fils Aboli et sa femme Théoklia. Le gouverneur d'Alexandrie les sépara : il envoya Justus dans la Haute Egypte, Aboli à Sébastia et Théoklia à Saïs : chacun d'eux ayant conservé son domestique [1]. Justus consomma son martyre à Antinoë [2] : Théoklia, ayant écouté les belles promesses du vali de Saïs, lui répondit : « J'ai abandonné la royauté, j'ai accepté d'être séparée de l'époux de ma jeunesse, j'ai oublié mon enfant, tout cela pour le Messie ! que peux-tu me donner ? » Après plusieurs tortures suivies d'apparitions de l'Ange du Seigneur, elle eut la tête tranchée [3]. D'Aboli, je ne sais rien. Quant aux *Actes* de Claude d'Antioche, ils ont été conservés et je les ai publiés dans mes *Contes et Romans de l'Egypte chrétienne* [4]. La légende repose sur le même fond, mais elle se complique. Claude sauve l'empire de l'invasion des Bega [5], se rend à Rome sur la demande du roi afin que les Romains eussent le plaisir de le voir, ce qu'ils désiraient beaucoup ; il sauve encore Dioclétien fait prisonnier par les Perses. Il était beau comme Joseph, fils de Jacob, si beau et si aimé qu'on avait peint son portrait sur les portes de la ville d'Antioche. C'était l'intime ami de Victor, le fils de Romanos. Après bien des aventures et surtout bien des discours qui donnent à ces *Actes* une physionomie particulière, il fut exilé à Antinoë où Arien le perça d'une lance dans un moment de colère.

Aux *Actes* de Claude se rattachent naturellement les *Actes* de Victor, fils du vizir Romanos, qui nous ont, je crois, été

---

1. Ce détail est typique : la première preuve qu'on est riche et d'une certaine dignité est d'avoir un domestique.
2. *Synaxare*, 10 Enschir.
3. *Synaxare*, 11 Baschons. — Pour ce qui est d'Aboli, je crois bien que ce sont ses Actes qui sont conservés dans le *Cod. vat. Copt.* LXI, fol. 31.
4. E. Amélineau : *Contes et Romans de l'Egypte chrétienne*, tom. II, p. 1-34.
5. Cf. *Synaxare*, 11 Baonah.

conservés en entier, mais que je ne connais pas encore [1]. Lorsqu'il eut vingt ans, il fut le troisième en dignité dans l'empire. Il reprochait souvent à son père d'avoir apostasié sa foi ; ce fut lui qui ensevelit SS. Côme, Damien et leur mère Théodote, malgré la défense du roi. Son père le dénonça à l'empereur qui le manda ; Victor se présenta et jeta sa ceinture à la figure de Dioclétien. L'empereur l'envoya au gouverneur d'Alexandrie qui lui fit endurer toutes sortes de tortures ; mais l'Ange du Seigneur le sauva, le mena au ciel, lui montra les habitations des bienheureux et le ramena sur terre. Les tourments qui suivirent n'eurent pas plus d'effet et Arménius l'envoya au comte Arien qui lui fit couper la langue, enfoncer dans les flancs des clous rougis au feu et l'enferma dans un souterrain, pour l'y laisser mourir. Il y fut mort en effet, s'il n'eût su le métier de menuisier ; quoique la chose ne dût pas être très facile, Victor, dans son souterrain, faisait des chaises, les vendait, se nourrissait de son gain et faisait l'aumône de son superflu. Un jour, un vali passa près du souterrain et demanda quel était cet homme qui y faisait des chaises. On lui répondit que c'était Victor, le fils de Romanos. Il le fit venir, le caressa ; mais, devant son obstination, il lui fit tirer les tendons, le fit frapper sur la bouche, bouillir dans une chaudière, pendre la tête en bas, jeter dans une fournaise, sans compter les yeux arrachés et plusieurs autres supplices. Le Seigneur « lui rendait chacun de ses membres. » Pendant ce temps, une jeune fille de quinze ans, qui regardait ce beau spectacle par la fenêtre, vit un Ange qui posait sur la tête du saint de multiples couronnes ; elle cria tout haut sa vision et eut la tête tranchée avec le saint Victor [2].

---

[1]. Le commencement de ces Actes dans le dialecte Thébain se trouve à la Bibliothèque nationale. Le reste appartient aussi à cette bibliothèque, mais ne s'y trouve pas en ce moment ; ce qui fait que je n'ai pu les y voir.
Nota. Le morceau auquel je fais allusion se trouve en effet à la Bibliothèque Nationale ; mais ce ne sont pas des Actes ; ce n'est qu'un panégyrique en l'honneur de Victor. (2 février 1890).
[2]. Synaxare 27 Barmoudah.

De toute la famille de Numérien, il ne reste plus que Théodore ; je l'ai gardé pour la fin, parce que toute une série de nouvelles légendes s'est greffée sur cette branche de l'arbre primitif. La filiation de Théodore n'est pas non plus très bien établie : ses *actes* le font fils de Sotérichus et d'une sœur de Basilide. Sotérichus est un vizir, comme Basilide, et prête d'abord son appui à Dioclétien jusqu'à l'apotasie de ce dernier. Son fils était un guerrier extraordinaire : il était la terreur de tous les ennemis de l'empire romain, si bien qu'un beau jour on dit aux Perses : « Voici que Théodore l'Oriental est venu pour briser son épée dans vos cœurs ! » On croyait même que c'était le dieu de l'empire ayant pris chair pour défendre ses fidèles. Ce fut lui qui fit prisonnier Nicomède, le fils du roi des Perses, par deux fois [1]. Un jour que Théodore se trouvait près du fleuve Danouphis, avec son armée et son ami Lindios, il eut un songe. Il vit une échelle allant de la terre au ciel ; au sommet de l'échelle, le Seigneur assis sur un grand trône ; au bas, un grand serpent qui n'était autre que Satan. « Veux-tu être mon fils ? » lui demanda celui qui était assis sur le trône. — « Qui es-tu, Seigneur ? dit Théodore. — « Jésus le Messie. » Théodore consentit bien à devenir le fils de Jésus le Messie ; mais il ne voulait pas se séparer de son ami Lindios. Jésus lui apprit que non seulement il ne serait pas séparé de Lindios, mais qu'il aurait encore un second compagnon dans la personne de Bànikàrous. Et voilà que près de lui se tinrent Lindios et Bànikàrous ; tous les trois ils reçurent le baptême du feu, dans un grand lac de feu, de la main même du Messie qui nomma Théodore généralissime de la petite troupe. La *vertu* de Dieu, selon un récit, transporta Théodore près de Bànikàrous qui lui était inconnu ; selon une autre légende, le lendemain de ce beau songe, Théodore et Lindios entrèrent hardiment dans le camp

---

[1]. L'auteur ajoute par manière de réflexion que, s'il ne s'arrête pas plus longtemps sur ces détails, c'est que la chose est parfaitement connue par les livres.

des Perses et en enlevèrent le général en chef : ce général n'était autre que Bànikàrous, *atabek* [1] des armées persanes. Tous les trois avaient eu le même songe ; ils se le racontèrent et prirent la résolution d'être martyrs de compagnie. Pour accomplir leur projet, Bànikàrous déserta l'armée dont il avait le commandement ; en revanche, il s'enrôla dans l'armée du Messie. Les trois amis, la guerre terminée par l'ordre de Dioclétien qui avait directement fait la paix avec le roi des Perses en lui renvoyant son fils [2], se mirent en devoir d'aller à Antioche. Théodore s'adressa à son armée et lui dit : « Que celui qui veut sauver son âme s'en aille [3], et que celui qui veut combattre pour le nom du Messie demeure. » — L'armée répondit, et d'une seule voix : « De la mort que tu mourras nous mourrons aussi, et ton Dieu est notre Dieu. » — « S'il en est ainsi, reprit Théodore, descendez tous dans le fleuve et vous y plongez par trois fois au nom du Père, du Fils et du St Esprit. » A l'instant tous les soldats ôtèrent leurs habits et se plongèrent dans le fleuve ; comme ils en remontaient, baptisés, une voix se fit entendre qui disait : « Courage, ô mes martyrs ! soyez victorieux ! je serai avec vous. » Arrivés à Antioche, Théodore et ses soldats campèrent en dehors de la ville. Dioclétien l'envoya chercher, lui parla des choses de la guerre, lui demanda des nouvelles de l'armée et finalement lui proposa de sacrifier aux idoles. C'était peu de temps après la mort de Sotérichus, père de Théodore. La réponse se traduisit par des injures. Dioclétien prit alors le parti d'exiler Lindios et Bànikàrous dans la Pentapole, de peur que, s'il tuait ce dernier à Antioche, les Perses n'en fussent irrités, ou que Bànikàrous ne leur fit savoir la mort du héros Théodore l'Oriental. Sitôt que les exilés furent

---

1. Je laisse encore ce mot *atabek* qui désigna les princes de Mossoul et fut le titre de généralissime en Égypte sous les dynasties des mamlouks.
2. Il faut entendre ce renvoi dans le sens le plus favorable à l'auteur, c'est à dire après la seconde expédition et la mort de l'archevêque. Voir plus haut.
3. *Synaxare*, 12 Toubah.

partis, Dioclétien fit enfoncer cinquante-trois grands clous dans le corps de Théodore pour le clouer à un acacia. Michel descendit le consoler, ravit son âme au ciel au moment où elle sortait du corps et le couronna de la couronne éternelle. L'empereur pensa alors à l'armée ; il envoya vers elle les prêtres d'Apollon qui criaient en avant de la statue du dieu : « Quiconque fait la guerre pour le roi doit se prosterner devant le dieu du roi. » Mais les soldats s'écrièrent tous d'une seule voix : « Nous n'avons d'autre roi que Jésus le Messie, le roi des rois, le seigneur des seigneurs. » Le roi commanda de les décapiter. Ce fut chose longue et pénible : l'armée ne comptait pas moins de deux millions cinq cent mille hommes. Mais quel beau spectacle ! jamais auteur n'en rêva de pareil. Les airs se remplirent d'anges qui accueillaient les âmes des martyrs et les couronnaient : il y eut ainsi dans les airs, au-dessus de la ville d'Antioche, cinq millions d'esprits, dont la moitié fêtait l'autre moitié. En vérité ! l'auteur qui écrivit ces *Actes* était homme de valeur et avait une puissante imagination. Deux ans plus tard, Lindios et Bànikàrous étaient martyrs dans la Pentapole, non pas sans que Bànikàrous eut fourni tout le cycle des aventures de rigueur, fût mort, eût ressuscité, eût guéri toutes les maladies, opéré tous les miracles, chassé tous les démons, entre autres celui qui s'était emparé du fils de Théognoste, le précepteur des enfants du roi. Tout se termina, comme d'ordinaire, par la décapitation[1].

Le nom de Théodore se retrouve fréquemment dans les *Actes* du cycle de Dioclétien. Évidemment les *Actes* de Théodore l'Oriental ayant eu beaucoup de succès, on s'imagina que le nom servirait d'introducteur et de répondant près du public égyptien. On fit donc les *Actes* de Théodore le Grec ou l'Occidental, martyr sous Dioclétien et Maximien, *actes* qui

---

[1]. *Synaxare* 5 Toubah. Il existe un panégyrique copte des deux Théodore, dans les mss. du Vatican. Je n'ai pu le copier et il n'a pas encore été publié.

n'offrent aucun réel intérêt [1]; puis les Actes de Théodore de Schôtb. Ceux-ci sont plus mouvementés et méritent une certaine analyse. Le père de ce saint s'appelait Jonas ; il fut un jour enrôlé pour le compte de l'empereur et conduit à Antioche. Les Egyptiens devaient être de forts beaux hommes ; car celui-ci, s'il n'épousa pas la fille du roi, comme Aghrabida le chevrier, épousa la fille d'un patrice, quoiqu'elle fut idolâtre. Le saint Théodore naquit de ce mariage. Le ménage alla bien jusqu'à ce que l'enfant eût atteint l'âge d'aller à l'école ; la mère voulut alors le consacrer au service des temples et le père ne le voulut point. La fière patricienne se fâcha et chassa le mari récalcitrant. Jonas retourna dans son pays, seul, car la mère avait gardé l'enfant ; nuit et jour, il priait pour son enfant et demandait au Seigneur de le garder de l'idolâtrie. Le Seigneur exauça ces ferventes prières : l'enfant, après avoir grandi, appris toutes les sciences et la philosophie, alla trouver un évêque pour se faire baptiser. L'évêque le fit, après s'être prudemment enquis si le père du jeune homme était mort, après avoir appris que ce père était chrétien et avait été chassé par sa femme. Théodore cependant se fit soldat du roi et devint généralissime ; il fut l'ami de Théodore l'Oriental et l'aida à capturer le fils du roi des Perses, Nicomède. Il fut le héros d'une action qui est devenu le type légendaire d'une foule de récits. Dans la ville d'Okhidis, les habitants adoraient un grand serpent et chaque année lui offraient un homme à manger. Une année, on lui fit la mesure double et on prit les deux enfants d'une pauvre veuve chrétienne. Théodore sur son cheval entrait dans la ville au moment de cette injustice ; la veuve lui conta son malheur. Le saint dit en son âme : « Cette veuve est traitée injustement et Dieu doit la venger. » Il descendit de son cheval, fit une prière et attaqua hardiment le dragon qui avait douze coudées [2]. Il le transperça de sa lance et rendit à

---

1. *Synaxare*, 28 Emschir.
2. C'est à dire près de 6 mètres, en prenant la coudée royale pour mesure.

la veuve ses enfants qui n'avaient pas encore été mangés. Il se mit ensuite à la recherche de son père, demanda partout des renseignements et finit par le trouver. Le père et le fils demeurèrent ensemble jusqu'à la mort du premier. Alors Théodore retourna près du roi et trouva que Dioclétien avait apostasié. Les prêtres des idoles l'accusèrent d'avoir tué le grand dragon; le roi le condamna à être brûlé et on le brûla. Son corps toutefois ne souffrit aucune déformation [1].

Le dernier roman de ce cycle de Dioclétien se rapporte à un certain Sisinnius, dont le père Sosipater était l'intime ami de l'empereur. Celui-ci l'envoya à Nicomédie pour rétablir le culte des idoles : Sisinnius obéit en se faisant instruire et baptiser par un prêtre chrétien. Sa mission ainsi remplie, il retourna près du roi. A Antioche, une grande douleur l'attendait. Il avait une sœur et cette sœur venait de mettre au monde un monstre. Elle avait d'abord enfanté une fille qu'elle avait tuée pour en boire le sang : c'était une grande magicienne qui se transformait à volonté en oiseau pour voler vers les petits enfants, les tuer et en sucer le sang. Il n'était pas étonnant que ce vampire femelle eût donné naissance à un monstre; mais Sisinnius n'entendait rien à de pareils badinages : il prit une lance, tua sa sœur, son beau-frère et son neveu. Ce fut son premier exploit au nom du Messie. Il entra ensuite dans le temple, commanda aux idoles de descendre dans l'abîme, et, la terre s'étant entr'ouverte, les idoles se hâtèrent d'obéir avec la plus grande docilité. En apprenant que ses dieux étaient descendus dans l'abîme, Dioclétien fut naturellement fort courroucé : il fit torturer le martyr; mais le Seigneur envoya son Ange le visiter. On lui trancha enfin la tête. Sisinnius ne mourut pas seul; car onze cent quatre-vingt-dix autres martyrs lui durent le salut et les couronnes éternelles aux jardins des délices, dans les habitations lumi

---

1. *Synaxare*, 20 Abib.

neuses des bienheureux [1]. Avec ses *Actes* se termine le cycle de Dioclétien dont on a pu constater, sinon admirer, la richesse et la variété [2].

1. *Synaxare*, 26 Barmoudah.
2. Il devait y avoir un grand nombre d'autres *Actes* de pareille nature; il ne nous en est parvenu aucun de complet, seulement des fragments dont on ne peut faire une analyse intéressante.

CHAPITRE NEUVIÈME

Il ne me reste plus pour avoir terminé la revue des *Actes* romanesques qu'à parler des romans qui ne roulent pas autour de Dioclétien, dont les évènements se passent un peu dans tous les pays, où l'auteur aborde tous les sujets et tous les genres de description. Cette catégorie d'*Actes* renferme un grand nombre de sujets qui peuvent se distribuer en deux classes, l'une d'imitation, l'autre d'invention. A la première se rattachent les *Actes* de S‍t Eustache et de ses compagnons [1], des SS. Serge et Bacchus [2], de S‍te Anastasie [3], de S‍t Banlamoun [4], des SS. Côme et Damien [5], de S‍te Juliette et son fils Cyr [6] et sans doute de S‍t Démétrius, de Thessalonique [7]. Les légendes de ces saints sont celles connues et acceptées par l'Occident; le génie égyptien y a toutefois mis son cachet. D'ailleurs, au fond de la plupart de ces *Actes*, il y a sans doute

---

1. *Synaxare*, 27 Tholh.
2. *Synaxare*, 4 et 10 Baba.
3. *Synaxare*, 1‍er Baba.
4. *Synaxare*, 15 Baba.
5. *Synaxare*, 28 Hathor.
6. *Synaxare*, 15 Abib.
7. *Synaxare*, 29 Baba.

un fait réel, agrémenté selon les recettes littéraires de l'Egypte[1].

La seconde catégorie est bien plus intéressante et renferme les plus beaux spécimens de l'invention copte. Je commencerai par les martyrs exotiques et par la jeune Irène, fille du roi Lucien. Ce bon roi avait des idées particulières sur l'éducation des femmes. Pour élever sa fille, il lui fit bâtir un château ayant soixante fenêtres et entouré de douze tours : le père de la princesse du Naharaïn dans le *conte du prince prédestiné* semble avoir eu les mêmes idées. Cependant Lucien avait eu des égards pour sa fille ; il lui avait fait faire une table d'or, une coupe d'or, et tous les ustensiles du château étaient d'or et d'argent. Il chargea d'instruire la princesse un vieillard qui devait lui parler de l'intérieur de l'une des tours. Cette fortunée princesse avait alors six ans ; mais déjà elle était merveilleusement sage. Elle eut une vision : une colombe vint tenant en son bec un rameau d'olivier qu'elle posa sur la table d'or ; puis un aigle tenant en ses serres une couronne qu'il posa également sur la table ; enfin un corbeau tenant un serpent qui fut encore déposé sur la table, près du rameau d'olivier et de la couronne. Irène demanda à son maître le sens de la vision ; le vieillard la lui expliqua sur le champ : la colombe, c'était la science de la loi ; le rameau d'olivier, le baptême ; l'aigle, la victoire ; la couronne, la gloire des justes ; le corbeau, le roi ; le serpent, la persécution. Il ajouta que la jeune fille serait nécessairement martyre pour le nom du Christ. Irène ne fut aucunement choquée d'entendre comparer son père à un corbeau et elle dut réfléchir beaucoup aux paroles de son maître. Un jour, sans doute après quelques années de cette singulière instruction, le roi Lucien vint visiter sa fille et lui demanda

---

[1]. Il serait curieux d'examiner d'où est vraiment venue l'influence pour chacun de ces *Actes* et de faire la part de l'Egypte. On comprendra facilement que je ne puisse faire ici cet examen, mais je me propose bien de le faire quelque jour.

d'épouser un patricien : Irène pria son père de lui accorder trois jours de réflexion. Elle se coupa les cheveux, se présenta devant les idoles de son palais et leur demanda conseil : les idoles ne lui répondirent point. Elle se retourna vers le Dieu des chrétiens et dit : « O Dieu des chrétiens, dirige-moi vers ce qui te fait plaisir. » Un ange lui apparut aussitôt et lui annonça l'entrée dans la ville d'un disciple de l'apôtre Paul qui la baptiserait. Entrer dans la ville ne devait offrir aucune difficulté ; entrer dans le palais devait en offrir davantage. Cependant le disciple de l'apôtre Paul y entra, sans que l'auteur nous dise comment il s'y prit, et baptisa la belle isolée. Au bout des trois jours, quand le roi et la reine vinrent lui demander sa décision, Irène leur apprit qu'elle était chrétienne. Son père s'irrita grandement, la fit sortir du château, l'emmena dans sa ville capitale et la fit fouler aux pieds des chevaux[1] : Irène n'en souffrit aucun mal. A la vue de ce prodige, son père et sa mère crurent au Messie, renoncèrent à la royauté et se retirèrent dans le château où avait été élevée leur enfant. En vain le roi du pays voisin voulut-il les presser de rentrer dans leur ville capitale : ils refusèrent. Ce voyant, ce roi y entra pour son propre compte, se saisit d'Irène et la fit torturer, lâcha contre elle des lions, des serpents et lui mit au cou une grosse pierre. Sur ces entrefaites, ses parents se firent baptiser avec trois cents personnes de leur maison. Le roi Numérien, qui est ici païen, apprit la nouvelle, se fit remettre Irène et la conduisit à Salonique où il l'enferma dans un taureau d'airain que le Seigneur brisa. Il mourut bientôt et eût Sapor pour successeur : celui-ci fit venir Irène en sa présence et la perça de sa lance. La *vertu* divine transporta son corps à Éphèse. Pour mettre la conscience de son lecteur en repos au sujet de la succession un peu fantastique de ses empereurs, l'auteur affirme que la jeune

---

[1]. Ce passage rappelle l'usage encore existant en Égypte : au moment où le tapis sacré qui a couvert la Kaaba est ramené au Caire, des fanatiques se jettent sous les pieds des chevaux.

Irène fit sa confession tour à tour devant les rois de Perse, de Macédoine et de Constantinople [1]. Nous sommes donc bien rassurés.

Les Actes de Ste Barbara (Ste Barbe) se rattachent de très près à ceux d'Irène. Cette sainte l'une des plus célèbres en Égypte, était la fille d'un grand personnage de la ville de Maschraq, nommé Marcien, aux jours du roi Maximien. Son père lui fit une tour où il l'enferma, afin que personne ne la vît. On avait omis tout d'abord de construire une salle de bains dans la tour ; Marcien ordonna de réparer l'omission et d'éclairer la salle par deux fenêtres. Barbara en fit faire trois au nom de la Trinité sainte et fit même placer l'image de la croix au-dessus de la piscine. Quand le père revint pour voir comment ses ordres avaient été exécutés, il fut fort étonné de trouver trois fenêtres au lieu de deux qu'il avait commandées : il en demanda la raison aux ouvriers. Ceux-ci le renvoyèrent à Barbara. Barbara lui avoua ingénument la raison et l'engagea vivement à se faire chrétien. Marcien transporté de fureur, tira son épée et courut sur sa fille pour la tuer. Barbara s'enfuit et courut jusqu'au moment où elle se trouva arrêtée par un rocher ; mais ce rocher s'entrouvrit complaisamment, la fugitive y entra et Marcien se trouva fort stupide. Cependant si Barbara fût toujours restée en son rocher, elle n'aurait pu être martyre ; or, elle devait être martyre, puisque l'auteur la destinait à ce genre de mort ; elle devait donc sortir et elle sortit. Son père la remit entre les mains du roi qui la tortura « de grandes tortures amères. » Pendant qu'elle souffrait, une jeune fille, nommée Julienne, commença de pleurer sur elle : on l'adjoignit à Barbara. Le Seigneur Jésus le Messie apparut à celle-ci, l'encouragea et la consola. Le roi et Marcien coupèrent la tête à Barbara ainsi qu'à Julienne ; pour leur récompense, le feu du ciel descendit et les brûla. Les corps des deux martyres furent déposés dans une église en dehors de la ville ;

---

1. *Synaxare*, 21 Mésoré.

puis, plus tard, transportés en Egypte dans la ville d'Abouqîr[1].

Avec les *Actes* d'Euphrosyne, nous entrons dans un autre ordre d'idées. Il y avait dans la ville de Minbig, un grand émir nommé Euphronios, idolâtre et ayant une fille encore vierge, « car elle n'avait que neuf ans. » Elle se nommait Euphrosyne, et, quoique dans cet âge délicat, les problèmes de la plus haute philosophie s'agitaient déjà dans son jeune esprit. Quand on la conduisait devant Apollon, le dieu du logis paternel, elle se disait en son âme : « Qui sait si ce Dieu est bien celui qui a créé le ciel et la terre ? Si c'est lui, pourquoi ne se meut-il pas ? » Un jour qu'elle se parlait ainsi, elle s'endormit et eut un songe. Une jeune femme lui apparut et lui dit : « Paix à toi, ô ma belle ! » — « Qui es-tu, Madame ? » demanda Euphrosyne. — « Je suis Técla qui combattis avec le saint Apôtre. Mon Dieu a vu quel était le souhait de ton cœur ; il m'a envoyée vers toi pour t'apprendre que ceci n'est pas un Dieu, mais une idole sans âme. Il n'y a d'autre Dieu que Jésus le Messie, créateur du ciel et de la terre. Il faut, ma fille, que tu souffres de nombreuses peines pour son nom. » — « Où trouverai-je Jésus le Messie, demanda la jeune fille, afin que je me prosterne devant lui ? » — « Il viendra promptement à toi, » répondit Técla, et la vision disparut. Le lendemain Euphronios fit un grand festin à ses amis et dit à sa fille : « Te voilà maintenant nubile, viens sacrifier en l'honneur d'Apollon, le grand dieu. » — « Est-ce que c'est le Dieu qui a créé le ciel et la terre ? » demanda la petite impertinente. — « Tais-toi, dit son père, tu es jeune et n'as encore rien appris. » Et lorsque le soir fut arrivé, que les convives eurent bu plus que de raison, Euphrosyne se leva, se rendit à la chambre de l'idole, la déposa de son piédestal, la ligotta et l'emmaillota, comme une momie, puis la laissa couchée sur le sol. Le lendemain, Euphronios, prit sa fille

---

1. *Synaxare*, 8 Kihak.

pour la conduire sacrifier au Dieu : on le trouva gisant à terre, comme s'il fût mort. « Est-ce le Dieu dont tu m'as parlé ? demanda la malicieuse enfant ; il est jeté à terre ! » — « Il n'y a que des voleurs pour avoir fait semblable chose, » dit Euphronios, et il fit venir des ouvriers qui lui confectionnèrent un autre Dieu. « Maintenant, dit-il à sa fille, offre-lui du lait » Elle refusa : « Qu'il ne m'arrive jamais, dit-elle, de me prosterner devant une idole muette qui peut se laisser voler par des voleurs ! S'il est Dieu, pourquoi ne s'est-il pas sauvé lui-même ? Il n'y a d'autre Dieu que Jésus le Messie, roi du ciel et de la terre, Dieu de vérité. » A ces paroles, son père devint comme un lion féroce, il la frappa au visage et dit à ses domestiques : « Prenez-la, enfermez-la jusqu'à demain. » A minuit, un beau jeune homme lui apparut, semblable à un roi, entouré d'une grande lumière, couronne en tête, et sur la couronne une croix. Le jeune homme dit : « Euphrosyne ? » — « Qui es-tu, Monseigneur ? » demanda-t-elle. — « Jésus le Messie, et tu seras couronnée dans mon royaume, infailliblement. » Alors, sur l'ordre de Jésus, un Ange la prit et la baptisa dans une eau pure. Cependant sa mère, Eupraxia, ayant appris ce que son mari avait fait à sa fille, vint la trouver et lui dit : « O ma fille, cette méchante bête féroce veut te tuer, fuis au monastère des vierges. » Alors elle lui donna du pain et des provisions pour la route, une robe de toutes les couleurs qu'elle avait elle-même faite à l'intention d'Euphrosyne, la confia à une vieille négresse et se sépara d'elle, non sans des larmes bien amères. Euphrosyne et sa servante trouvèrent aux environs d'Antioche un monastère où vivaient dix vierges, sous la conduite de leur vieille supérieure, nommée *Gazelle*. La vieille Gazelle reçut Euphrosyne, la traita comme sa propre fille et lui apprit à lire dans les livres. Une nuit, Euphrosyne eut un songe : elle se vit entourée d'une foule de chiens, puis un taureau s'élança sur elle pour la percer de ses cornes, puis un jeune soldat se présenta et la sauva du taureau. Gazelle lui expliqua clairement que le taureau était Satan, les chiens les séides de Satan, et le jeune soldat Jésus le Messie. Comme elle parlait encore, les envoyés du roi frappèrent à la porte et demandèrent brusquement à la portière : « Combien avez-vous ici de vierges ? » Ces envoyés, soldats et généraux remplissaient une curieuse mission : ils avaient parcouru le monde entier à la recherche d'une femme pour le roi Maximien, comme jadis les esclaves d'Assuérus ; mais avec cette différence que ceux-ci amenaient à leur maître toutes les femmes qu'ils trouvaient belles, tandis que les envoyés de Maximien devaient lui amener la plus belle femme de la terre. Ce n'était pas chose facile ; mais l'empereur avait fait faire un tableau sur lequel était peinte cette plus belle femme de la terre, avait remis ce tableau à ses officiers et leur avait dit de chercher cette femme, car il ne pouvait épouser qu'elle. Les malheureux revenaient de leur longue et infructueuse expédition, lorsqu'ils frappèrent à la porte du monastère dont Gazelle était supérieure et demandèrent brusquement à la portière : « Combien êtes-vous ici de vierges ? » La portière tout interloquée répondit : « Onze. » Ce chiffre ranima les envoyés, ils se précipitèrent dans le monastère et firent comparaître la supérieure. « O Supérieure, lui dirent-ils, nous avons en main l'ordre du roi ; nous cherchons une belle jeune fille. Nous avons un portrait sur un tableau et nous cherchons une vierge qui lui ressemble. Fais-nous voir l'une après l'autre toutes les vierges que tu as. » La vieille Gazelle, pleine d'effroi, répondit : « Nous sommes de vieilles et vilaines femmes, personne parmi nous ne ressemble à ce que vous cherchez. » Puis elle leur montra neuf religieuses. « Où est la dixième ? lui demandèrent les envoyés, car on nous a dit que vous étiez onze. » Gazelle dut s'exécuter, elle amena Euphrosyne toute pleurante. Les officiers de l'empereur confrontèrent la jeune fille avec leur tableau : ô merveille, l'objet de leurs recherches était trouvé ! Euphrosyne était même plus belle que son portrait. Ils l'emmenèrent aussitôt à Nicomédie, lui enlevèrent ses habits monastiques, la couvrirent de vêtements magnifiques et la firent entrer dans le château du roi. Le soir venu, les baigneuses s'approchèrent d'elle, la parfumèrent, l'ornèrent malgré sa résistance et la firent entrer dans la chambre intime où allait arriver le roi. Sur ces entrefaites, le roi Maximien quitta son tribunal et entra dans la chambre. A la vue d'Euphrosyne, il perdit l'esprit et resta stupéfait de tant de beauté ; plein de désir, il s'avança vers elle, lui prit les mains et voulut la violenter. Elle lui résista, forte comme une lionne ; Maximien passa toute la nuit en de vains efforts. Quand le jour parut, son courroux était extrême : il ordonna de lui enlever les bijoux dont on l'avait ornée, de la chasser du palais, de lui mettre aux flancs une ceinture de fer rougi au feu, de lui brûler la tête et le visage, puis de la jeter en prison. En ces supplices, Euphrosyne avait perdu la vue. Souriel descendit vers elle, lui rendit la vue et la fit paraître plus belle encore que la veille. Le géant Maximien, la voyant sans blessures, lui dit : « Il me semble que tu sais le métier de magicien. » Il lui fit couper le nez, les oreilles, les mains et les mamelles. Souriel lui rendit tout ce qu'on lui avait enlevé. Cependant Gazelle, qui se doutait bien comment tout cela se terminerait, avait envoyé à Nicomédie, vêtues comme des laïques, la servante d'Euphrosyne et une sœur auxquelles elle avait remis le vêtement de toutes les couleurs tissé par la mère de la jeune fille. Euphrosyne les vit et se recommanda à leurs prières. Le matin venu, on fit sortir la jeune martyre de la prison où on l'avait enfermée de nouveau ; Maximien lui dit : « Prosterne-toi devant le grand Dieu. » — « Hypocrite, répondit Euphrosyne, ne dis pas semblable chose. » Maximien furieux se précipita vers ses soldats, prit l'épée de l'un d'eux et en perça la vierge qui tomba morte. Il ordonna de brûler le cadavre ; mais les soldats le remirent à la servante qui l'ensevelit dans le vêtement apporté. [1]

---

1. *Synaxare*, 12 Toubah.

Lorsque Nicomédie avait été le théâtre de pareils événements, Antioche ne pouvait être moins bien traitée : elle eut Philothée. Les parents de Philothée adoraient un veau, nommé Ismarqâtous. Ils prenaient le plus grand soin de leur dieu, le nourrissaient de grains trempés dans l'huile et le miel, le parfumaient trois fois le jour, lui donnaient à boire du vin et de l'huile de sésame ; ils lui avaient même bâti maison d'hiver et maison d'été, lui avaient mis un collier d'or au cou et des anneaux de même métal aux pattes de devant et aux pattes de derrière. Jamais animal divin n'eut plus zélés et plus généreux adorateurs. Quand le jeune Philothée eut dix ans, ses parents voulurent le faire adorer le beau taureau ; c'était un joli garçon, mais plus sage encore que beau ; il s'y refusa. Cependant son instruction religieuse n'était pas encore très développée ; il croyait que le soleil était le Dieu créateur de toutes choses. Pour en être sûr, il le lui demanda : « Je t'en prie, dit-il, si tu es Dieu, apprends-le moi. » Et le soleil, prenant une voix, lui répondit du haut des airs : « Je ne suis pas Dieu, mais le serviteur du Dieu que tu connaîtras plus tard et pour le saint nom duquel tu répandras ton sang. » Devant une telle droiture de cœur, le Seigneur ne pouvait rester insensible ; il envoya un Ange qui instruisit Philothée sur la nature de Dieu. Il commença d'abord par lui apprendre l'histoire du monde depuis la création jusqu'à l'Incarnation du Messie. Il fallut un an pour cela ; mais la jeunesse de Philothée se réjouit grandement : cet aimable enfant se mit à jeûner, à ne manger que du pain et du sel, à prier et à faire l'aumône. Au bout de l'année, ses parents donnèrent une fête à leurs amis et commencèrent la fête par un sacrifice à leur dieu ; ils voulurent que Philothée y prît part. Quand il fut en présence de l'animal, Philothée lui demanda : « Est-ce que tu es un dieu ? » Le taureau répondit : « Je ne suis pas un dieu ; mais Satan est entré en moi pour séduire les hommes. » Cela dit, le taureau ingrat s'élança sur les parents de Philothée et les tua à coups de cornes. Philothée le fit mettre à mort par ses serviteurs, et le Seigneur lui fit la grâce de ressusciter ses parents qui lui racontèrent tout ce qu'ils avaient vu dans l'autre monde. Tous ensemble ils se firent baptiser, et Philothéo obtint le don des guérisons. Dioclétien ne tarda pas d'être mis au courant de ce qui avait eu lieu ; il fit venir Philothéo et lui proposa de sacrifier aux idoles. En récompense de son refus, Philothéo reçut la bastonnade, fut mis sous une grosse pierre, frappé sur la bouche, eut la langue coupée, les dents brisées. Après ces premiers supplices, l'empereur le caressa, lui fit les plus belles promesses et lui offrit de l'introduire en son palais pour adorer Apollon. Le martyr consentit. L'empereur au comble de la joie fit amener ses soixante-dix dieux et leurs soixante-dix prêtres, pendant qu'un héraut criait par la ville que le peuple eût à se rassembler pour assister au sacrifice de Philothéo. Chemin faisant, le saint fit une prière : la terre mugit en s'entrouvrant ; dieux et prêtres descendirent dans l'abîme. Les assistants à la vue de ce prodige, confessèrent tous la foi en Jésus le Messie. Dioclétien leur fit trancher la tête et rendit aussi la sentence capitale contre Philothéo[1].

La Perse fut choisie comme théâtre d'un certain nombre de martyres[2] ; parmi les *actes* de la persécution persane, il n'y en eut pas en Egypte de plus célèbres que ceux de Jacques *l'Intercis*, parce qu'on le coupa en trente-deux morceaux. Il était soldat d'Askarad, fils de Sapor ; il en était même le favori, et, désireux de conserver les bonnes grâces de son maître, il abandonna la foi du Messie. Lorsque sa mère et sa femme eurent connaissance de son apostasie, elles lui écrivirent la lettre suivante : « Pourquoi as-tu abandonné la foi du Seigneur le Messie ? pourquoi as-tu adhéré au culte des éléments créés, des idoles impures, du feu et du soleil ? etc. Sache que, si tu continues ainsi, tu n'as plus rien de commun

---

1. *Synaxare*, 16 Toubah.
2. *Synaxare*, 22 Thoth, 26 Emschir, 19 Barmoudah.

avec nous, ni nous avec toi. » A la lecture de cette lettre, Jacques pleura; s'il était ainsi devenu étranger à sa mère et à sa femme, que serait-ce pour le Seigneur! Cette réflexion lui ouvrit les yeux : il quitta le service du roi et se mit à lire les livres saints. Le roi fut bientôt instruit de ce changement et lui fit donner une forte bastonnade; puis il le fit couper en morceaux, en trente-deux morceaux. Jacques, à chaque fois qu'on lui coupait quelque nouvelle partie de son corps, chantait : « O Dieu des chrétiens, par la grandeur de la miséricorde, reçois ce rameau du tronc de l'arbre; car si le vigneron taille la vigne, elle fleurira au mois de *nizan* et étendra ses branches. » Finalement, il eut la tête coupée; mais le Seigneur lui avait apparu auparavant et l'avait consolé. Son corps, enseveli précieusement par sa mère et sa femme, eut une destinée nomade; en dernier lieu, il fut conduit à Behnesa [1].

Le plus célèbre de ces martyres exotiques fut sans contredit celui de St Georges. On trouvera à la fin de ce volume l'étude spéciale que j'en ai faite. Je me contenterai de dire ici que tous les éléments de ce martyre se trouvent dans les *Actes* que j'ai précédemment analysés, à l'exception de deux. Georges souffre à Mitylène en Arménie; il met sept ans à accomplir son martyre. Le roi d'Arménie a les soixante-dix dieux de Dioclétien et il fait rassembler tous les *rois d'Egypte* pour savoir ce qu'il doit faire. Georges meurt quatre fois; les trois premières morts sont suivies de résurrection; la dernière est la bonne. Il est enfermé dans la fameuse roue à scies et coupé en deux; il consent à adorer les idoles et les fait engloutir par la terre. Il opère les plus grands miracles, et ces miracles sont les mêmes que dans nos autres *Actes* [2].

On ne doit pas être surpris que les auteurs coptes aient

---

1. *Synaxare*, 27 Hathor.
2. *Synaxare*, 29 Barmahat. Le texte copte existe dans un mss. de la Bodléienne d'Oxford et dans un autre de la bibliothèque de Lord Crawford. Je les ai copiés tous les deux, et j'en ai publié la traduction dans mes *Contes et Romans de l'Egypte chrétienne*.

choisi des pays étrangers pour théâtre de leurs récits : un tel choix est fort compréhensible. Ces auteurs étaient toujours quelque peu gênés lorsque leurs œuvres se déroulaient en Egypte ; ils étaient au contraire très-libres dès qu'il s'agissait de la Perse, de l'Arménie, de la Palestine, de la Syrie, de la Macédoine, etc. Qui pouvait les contredire ? Personne. D'ailleurs ils prévenaient les contradictions en faisant agir leurs personnages, comme si ceux-ci eussent vécu en Egypte [1]. Cependant leur pays fut toujours préféré par eux à tous les autres, même dans le genre purement romanesque. Les trois œuvres dont il me reste à parler le montreront amplement. Les Actes de Païsi et de sa sœur Técla offrent un curieux mélange de légendes. Païsi était d'Abousir, à l'ouest d'Eschmouneïn ; c'était un homme riche, possédant de nombreux troupeaux, des terres considérables : il était charitable, ne se refusait pas à tuer un mouton pour les pauvres et faisait beaucoup d'aumônes. Il avait une sœur nommée Técla, qui elle-même avait un ami nommé Paul [2]. Ce Paul était un marchand syrien, et il se rendit un jour à Alexandrie pour y faire son négoce. Il y tomba malade et le fit savoir à Païsi, lui recommandant de venir le trouver de suite, car il voulait le faire son légataire universel. Païsi se rendit aussitôt à la prière de son ami ; mais, à son arrivée dans la ville d'Alexandrie, il trouva Paul guéri. Il semblerait dès lors que les deux amis n'eussent plus eu qu'à retourner à Eschmouneïn ; mais pareille décision eût été des plus contraires au but de l'auteur. Ils restèrent donc à Alexandrie et se mirent à visiter les martyrs dans les prisons de la ville, car on était en pleine persécution. Tous les saints leur prédisaient qu'ils seraient infailliblement martyrs, et les deux amis étaient très heureux. Sur ces entrefaites arriva Victor, fils de Romanos : Paul et Païsi admirèrent sa conduite et envièrent son détachement

---

1. Ainsi certaines vierges de Thessalonique se réfugient dans une caverne de la montagne, où elles font des corbeilles, tout comme les moines.
2. On observera cette alliance de noms.

des biens de ce monde. Païsi se présenta devant le gouverneur, confessa le Messie ; le gouverneur eut aussitôt soin de le faire torturer, de lui faire appliquer aux flancs des torches ardentes, donner la bastonnade, couper le corps en morceaux ; l'Ange du Seigneur le guérissait à mesure et son ami Paul, en compagnie de tous leurs domestiques, assistait au supplice, pleurant, mais fier. Cependant Técla était restée à Eschmouneïn, inquiète de ne voir revenir ni son frère, ni son ami : l'Ange du Seigneur lui apparut et lui ordonna d'aller trouver son frère. Técla obéissante chercha une barque ; comme elle n'en trouvait point, le Seigneur lui envoya une barque *spirituelle* [1], montée par la Vierge Notre-Dame et sa cousine Elisabeth. Avec ce saint équipage, la route se fit agréablement. Les deux compagnes de Técla la consolaient tour à tour au sujet de son frère ; l'une disait : « Je n'ai eu qu'un fils et on lui a coupé injustement la tête ; j'en ai eu beaucoup de chagrin. » L'autre ajoutait : « Moi, je n'ai eu qu'un fils et on l'a crucifié par envie. » La pauvre Técla n'y comprenait rien, mais se sentait consolée ; elle ignorait quelles étaient ses compagnes, mais se sentait heureuse en leur compagnie. Arrivée à Alexandrie, elle demanda où était Païsi ; les gens de la ville lui rirent au nez, en disant : « Qui est Païsi dans Alexandrie ? » Le nom devait en effet être fort commun. Cependant elle finit par trouver celui qu'elle cherchait. Elle se présenta avec lui devant le gouverneur qui les fit torturer, leur fit enfoncer des clous dans le corps et écorcher la peau de la tête. Puis, il les remit entre les mains du vali de Khoussous pour les conduire dans la Haute Egypte. A un certain endroit, la barque s'arrêta et le vali fut obligé de faire décapiter le frère et la sœur, pour pouvoir continuer son voyage. Un prêtre de Schentouf prit soin de leur corps qu'on avait jeté dans les épines et dans l'halfa. Paul le Syrien et le

---

1. C'est-à-dire une barque sans réalité autre que l'apparence, ou bien une barque vraiment céleste, un *double* de barque servant aux *doubles* des bienheureux.

fils de Técla, Apollonios, furent aussi martyrs, sans que le *synaxare* nous en apprenne plus long à leur sujet [1].

Il est regrettable que l'analyse des *Actes* de Païsi et de Técla ne soit pas plus détaillée ; le petit roman de Ptolémée l'est heureusement davantage. Ptolémée était le fils d'un homme très riche de Dendérah, nommé Nestorius ; c'était un fils unique et il menait joyeuse vie, comme il convenait à sa grande fortune. Il lui arriva un jour de monter à la montagne pour chasser les animaux sauvages. Comme il y montait, le moine Paphnuti en descendait pour se rendre au fleuve remplir sa cruche d'eau. Une voix du ciel se fit entendre disant : « Oh ! Paphnuti ! » Celui-ci répondit : « Qu'ordonnes-tu, mon Seigneur ? » — « Regarde à ta droite, reprit la céleste voix, tu verras un jeune homme qui monte. » Le moine se retourna en effet, il vit Ptolémée vêtu de riches habits, comme les enfants des rois, suivi d'un grand nombre de compagnons : tous ensemble ils se rendaient à la chasse des animaux sauvages. En arrivant près de lui, les compagnons de Ptolémée ne prirent point garde à l'admiration de Paphnuti ; mais ils le chassèrent, tant ses habits étaient sales, tant son aspect était dégoûtant. Ils agissaient comme de pauvres jeunes gens écervelés ; Ptolémée au contraire eut bientôt discerné que Paphnuti était un homme de Dieu, il descendit de cheval et se prosterna devant lui, sans montrer le moindre dégoût de son extérieur. Il ordonna même à l'un de ses *soldats* de le prendre en croupe et il le conduisit ainsi en un beau jardin où il avait coutume de se promener souvent. Ptolémée y avait amassé toutes les splendeurs de l'Orient. Les arbres y étaient nombreux, chargés de fleurs et de fruits ; des jets d'eau tombant en des bassins remplis de fleurs de lotus et de plantes aquatiques y entretenaient une agréable fraîcheur, des eaux courantes arrosaient le jardin tout entier et, par leurs méan-

---

1. *Synaxare*, 8 Kihak. Des fragments de ces *Actes* sont conservés au musée Borgia cf. Zoëga : *Catal. Cod. Copt.* nº CXLIII, p. 238.

dres capricieux, dessinaient à la vue des lignes fuyantes et pleines de charme ; les tours où montaient les surveillants étaient magnifiques ; par dessus tout un kiosque merveilleux étalait tout le luxe oriental. Il était pavé de marbres de diverses couleurs, meublé de coussins, de chaises, de lits tendus avec des étoffes de soie, fermé par une vaste tenture également de soie, comme un vaste parasol. On y pouvait goûter toutes les douceurs de la vie dans le nonchalant repos si cher à l'Egypte, la pensée restant vague et inoccupée, le corps tout imprégné de bien être. Et quand le vieux Paphnuti, tout sale, tout en guenilles, vit cette gloire, une émotion violente le saisit et il se mit à pleurer. Ptolémée, devenu tout d'un coup fils de roi, lui dit : « Apprends-moi ce qui te cause de la peine au point d'en pleurer ! » — « O mon fils, dit le vieillard, s'il y a ici tant de gloire et d'honneur, combien seront immenses la gloire et l'honneur qui nous sont réservés dans le royaume des cieux. » Ptolémée, charmé de cette douce réponse, prit goût au vieillard, il voulut le retenir avec lui dans ces lieux enchanteurs. Le saint lui dit : « Je ne peux pas demeurer chez toi. » — « Eh bien, dit Ptolémée, emmène-moi avec toi dans le désert. » — « Je crains la puissance de ton père, reprit Paphnuti ; mais si tu veux arriver au royaume des cieux par le chemin le plus court, je t'enverrai à la ville d'Antinoë près du dévot Dorothée. » Ce dévot Dorothée était un moine que la beauté de ses adorations avait fait surnommer *vêtement de lumière* ; Paphnuti lui écrivit une lettre qu'il remit à Ptolémée, en lui donnant les instructions les plus détaillées sur la manière dont le jeune homme devrait s'y prendre pour échapper aux épreuves de la route [1]. Cependant il ne lui dit pas un seul mot du martyre vers lequel il l'envoyait. Paphnuti retourna vers son désert ; Ptolémée, quittant la vaine splen-

---

[1]. Est-il besoin de faire observer combien ces détails et cette manière de procéder nous ramènent à ces contes de Basse Bretagne où l'on ne manque jamais d'avertir le héros de tous les enchantements dont il aura à sortir vainqueur ? Il n'aura pour cela qu'à réciter les formules qu'on lui apprend. C'est bien ici le cas.

deur du monde, ayant pris un déguisement pour ne pas être reconnu, se mit en route vers Antinoë. Sur le chemin, il rencontra une courtisane qui se mit en devoir d'attenter à sa vertu : Ptolémée suivit les recommandations de Paphnuti et sortit vainqueur de cette première épreuve. Quand le jeune homme eut remis la lettre à Dorothée, *vêtement de lumière*, celui-ci comprit bien vite quel avait été le but de son ami Paphnuti ; il lui fit l'éloge du martyre et l'ardent jeune homme partit aussitôt pour être martyr. Arrivé en face d'Antinoë, comme il traversait le Nil dans une barque, le vent se mit à souffler avec une violence inouïe ; c'était Satan qui voulait s'opposer à sa belle confession. Ptolémée invoqua le nom de Jésus le Messie, il sortit encore victorieux de cette nouvelle tentative de l'ennemi. Pendant tout ce temps, au désert, Paphnuti priait pour lui. Il se présenta devant Arien qui le tourmenta de diverses manières ; quand le vali en fut lassé, il l'envoya au village de Toukh-el-Kheil, au nord-ouest de la ville de Taha. Là on le pendit à un cèdre et il resta suspendu neuf jours sans mourir ; les soldats s'ennuyèrent à la fin et l'étranglèrent. Le cèdre, sanctifié par le martyr, laissa désormais couler du miel de son tronc : ce miel guérissait toutes les maladies et avait une merveilleuse efficacité pour convertir les hérétiques [1].

L'œuvre que j'ai réservée pour clore cette série est, à mon sens, la plus curieuse des *Actes* égyptiens. Elle a trait à Sarapamon, évêque de Nikious : nulle part, je crois, le génie copte ne s'est donné plus libre carrière. Tous les genres y sont représentés et c'est comme un résumé de toutes les manières. Par bonheur, ils nous sont parvenus en partie intacts : les lacunes que présente le manuscrit du Vatican où ils sont conservés, sont comblées par le résumé arabe [2]. Donc,

---

1. *Synaxare*, 11 Kihak.
2. *Synaxare*, 28 Hathor. — *Cod. Copt. Vat.* 63 fol. 173-188. Le martyre est acéphale et plusieurs feuilles sont absentes. Publié par M. Hyvernat, op. cit. p. 301-331.

Sarapamon était de race juive ; cela peut sembler étonnant de prime abord avec le nom qu'il portait ; mais l'auteur nous apprend que Sarapamon se nommait Siméon et qu'il était de la famille même de St-Etienne le diacre et le premier des martyrs. « C'est donc une chose fort connue, dit l'auteur, qu'il était de Jérusalem et que le nom de son père était Abraham, fils de Lévi, fils de Joseph, frère de Siméon, oncle maternel de St-Etienne. » Deux générations à peine le séparaient de son illustre parent ; ce qui ne l'empêcha pas de vivre sous le règne de Dioclétien. Quand le jeune Siméon eut un peu grandi, il eut un vif désir de se faire chrétien et il alla trouver Jean, évêque de Jérusalem, pour se faire instruire. L'évêque l'instruisit du mystère de l'Incarnation, mais ne voulut pas le baptiser, par peur des juifs. Siméon se trouvait dans un grave embarras, lorsque la Vierge Marie lui apparut et lui recommanda de se rendre près du patriarche d'Alexandrie, Théonas. Siméon obéit : sa route lui fut facilitée, car l'Ange du Seigneur, sous la forme d'un beau jeune homme, l'accompagna tout le long du chemin, comme jadis Raphaël avait accompagné le jeune Tobie. Comme les deux voyageurs approchaient de la ville, l'Ange précéda son compagnon pour avertir le patriarche qui se réjouit de l'arrivée de Siméon, l'instruisit et le baptisa. Après son baptême, le jeune néophyte, qui avait changé son nom de Siméon en celui de Sarapamon, se fit moine au monastère de Zougag, en dehors et tout près de la ville. Théonas mourut et Pierre lui succéda. Le nouveau patriarche confia d'abord à Sarapamon l'administration de son palais, puis il l'ordonna évêque de Niktous. La ville de Niktous était alors florissante, elle possédait plusieurs grands temples où l'on adorait les idoles : Sarapamon ne cessa de prier le Seigneur « jusqu'à ce que les temples eussent été détruits, qu'il n'en restât plus de traces, que le fleuve fût monté et les eût submergés[1]. » Ce

---

[1]. Dans toute cette phraséologie, il faut comprendre que Sarapamon aurait détruit les temples. Il n'est pas croyable que l'inondation si l'on ne fût venu

saint homme après avoir ainsi « déraciné » l'idolâtrie, combattit les blasphèmes d'Arius avec une grande vigueur. Cependant son clergé n'était pas exempt de tout reproche. Un jour, Sarapamon reçut la visite de l'Ange du Seigneur qui lui parla en ces termes : « O toi à qui l'on a confié le peuple du Messie, pourquoi négliges-tu le prêtre de l'église qui est à côté ? Car Satan incline son cœur vers le compte des éléments simples, l'élection des jours et des heures ; il frappe le sable, il prend en considération les augures et les enchantements, il dit en parlant du Nil : — Il montera de tant et tant de coudées, — et il amasse beaucoup d'argent [1]. Et nous, les Anges des hommes spirituels, nous voulons la perte de ceux qui font ces mauvaises choses sur terre, et le roi de vérité, Jésus le Messie, ne nous le permet pas, disant : — Prenez patience à leur égard ; il se peut qu'ils fassent pénitence, car ils ont chez eux les livres des prophètes, les épîtres et les évangiles qui leur défendent toutes ces choses. — Maintenant moi, je t'apprends que si tu veux être sain et sauf de son péché, tu ne dois plus lui permettre d'entrer à l'autel, car, s'il y entre, je le couperai en deux ; permets-lui seulement de se tenir avec les simples fidèles, à condition qu'il ne remplira plus les fonctions du sacerdoce. » A ce discours, Sarapamon tomba à terre de frayeur ; l'Ange le consola et lui dit que ses prières étaient agréées du Seigneur, comme l'avaient été autrefois celles de Melchisédeck, roi de Salem ; puis il le quitta. Malgré ces consolations, le pauvre Sarapamon resta toute la journée comme ivre et « il en oublia son cœur. » Il obéit d'ailleurs à toutes les injonctions de l'Ange. Il est facile de concevoir que la renommée d'un tel saint se répandit promptement en tous pays : aussi Dioclétien, qui avait commencé la persécution, entendit bientôt parler

à son aide, eût causé tant de dégâts. D'ailleurs, comme ces *Actes* sont purement imaginaires, à mon sens, il ne faut voir en ces renseignements que des allusions à des faits réels dont l'auteur est inconnu.

1. Le prêtre était alchimiste et magicien. Toutes les opérations décrites ici sont encore en usage en Égypte.

de Sarapamon, de ses prodiges, de la destruction des temples, etc., et commanda qu'on le lui amenât promptement. Ses envoyés n'eurent aucune peine à se saisir de sa personne et à l'emmener ; lorsqu'on fut arrivé à Alexandrie, on le mit en prison et tout le clergé de la ville, patriarche en tête, alla le saluer : tout le monde fut émerveillé de la beauté de son visage, il ressemblait à s'y méprendre à celui de l'Ange du Seigneur. Cependant on le conduisit à Dioclétien qui lui fit endurer toutes sortes de tourments, mais en vain ; car l'Ange du Seigneur descendait le consoler et le ressuscitait à chaque fois. De nombreuses foules se convertirent, à la vue de ces prodiges, et furent décapitées. L'empereur se vit dans l'obligation de le renvoyer à Arien pour lui faire trancher la tête[1]. Arien y mit du temps. Il commença d'abord par faire couper les membres de Sarapamon et à les faire cuire dans une chaudière : le Seigneur, en compagnie de Michel et de Gabriel, descendit du ciel et, de la même main qui avait façonné Adam, façonna Sarapamon. Celui-ci ressuscité se représenta devant Arien qui le fit reconduire en prison. En prison, Sarapamon trouva de nombreux compagnons ; il les embrassa jusqu'au dernier, il convertit un archonte et ses six cents hommes emprisonnés pour n'avoir pas payé l'impôt. Le lendemain, l'évêque se rendit au tribunal, en criant : « Tribunal, tribunal, je viens encore à toi, à toi avec ton Apollon, moi avec Jésus. » Arien le pressa de sacrifier ; Sarapamon demanda qu'on fit sortir préalablement tous les prisonniers qui arrivèrent au tribunal en poussant des cris de joie[2]. On apporta les dieux, puis l'encens, puis le registre des dieux : Arien offrit l'encens le premier et dit à Sarapamon : « Il n'y a aucun mal à cela, prends un peu d'encens, mets-le sur le réchaud ; c'est tout ce que je te demande. » Sarapamon qui avait lu le livre, s'approcha, comme pour sacrifier. Arien

---

1. C'est ici que commencent les *Actes* coptes.
2. M. Hyvernat dit en *exultant*. Le mot copte désigne les cris de joie, avec trilles aigus, que l'on peut entendre tous les jours en Egypte.

était dans la joie ; mais le saint, au lieu de jeter l'encens sur le réchaud, y jeta le livre, frappa la terre du pied et Apollon s'y enfonça avec le réchaud ; il prit un bâton et brisa toutes les idoles du temple, pendant que les prisonniers en liberté renversaient le siège d'Arien, le brisaient et menaçaient de tuer le gouverneur, si celui-ci ne les faisait mettre à mort. Arien, pour sauver sa vie, les fit jeter dans des fosses pleines de feu. Il fit ensuite apporter un poteau long de vingt coudées, y pendit Sarapamon : le poteau se couvrit de feuillage et de fruits. Le gouverneur fit lancer des flèches sur le saint pendant trois jours et trois nuits ; pas une seule ne le toucha et, par un joli tour, ce fut Arien qui se trouva pendu au poteau et percé de flèches [1].

Les soldats voulurent faire descendre le gouverneur ; leurs mains se pétrifièrent. Le malheureux Arien en fut réduit à implorer Sarapamon ; celui-ci consentit à le faire descendre, mais non avant qu'Arien n'eût écrit de bonne encre : « Il n'y a pas d'autre Dieu que Jésus le Messie, Dieu d'apa Sarapamon. » Aussitôt il tomba à terre. Mais en touchant la terre, Arien, comme jadis Antée, avait retrouvé sa force. « Je t'ai obéi, dit-il au martyr, et j'ai adoré ton Dieu ; obéis-moi maintenant et adore mes dieux. » — « Tu t'es moqué de moi cette fois-ci, lui répondit Sarapamon, mais tu reviendras en mes mains. » Il y revint en effet ; mais auparavant il fit cuire une seconde fois Sarapamon, puis il le fit jeter, en troisième lieu, dans la chaudière des bains publics. Le saint s'y assit tranquillement et pria Dieu. A l'heure du souper, Arien se rendit aux bains et il se souvint de Sarapamon. Il l'alla voir : « Attends un peu, Arien, lui dit le martyr, ton eau est trop froide. » — « Tu as donc enchanté la chaudière ! » répondit le gouverneur ; mais pendant qu'il parlait, Sarapamon avait trempé ses doigts dans l'eau, les avait secoués sur le cou du gouverneur dont la peau s'était soudain bour-

---

[1]. Le texte copte présente plusieurs lacunes sans qu'il y ait interruption du texte. Le copiste a passé des phrases entières sans s'en apercevoir.

soufflée : une large plaie s'était formée. Cinq cents hommes se convertirent et il fallut les tuer encore sur le champ. On le fit à coups de massue. En prison, Sarapamon trouva de nouveaux fidèles, quoi qu'on les eût torturés la veille ou l'avant-veille : « Salut, leur dit-il, paranymphes du Christ. » — Ils lui répondirent avec politesse : « Salut, Seigneur, saint élu du Messie. » Sarapamon les encouragea, puis au milieu de la nuit il pria à genoux, et aussitôt le fils de Dieu, en compagnie de Michel, descendit dans la prison. Le Sauveur lui fit les plus belles promesses [1], puis il embrassa le saint et tous les martyrs emprisonnés. Cependant les archontes retenus en prison, sans doute dans une autre partie, entendirent la conversation, comprirent aussitôt que le Dieu de Sarapamon était en conversation avec lui, frappèrent à la porte et dirent : « Notre père Sarapamon, ouvre nous afin que nous rassasions notre vue de ton Dieu. » Sarapamon leur ouvrit ; mais le Messie était remonté au ciel. Les nouveaux arrivants étaient des sénateurs de la ville de Schmoun qui n'avaient pas payé les impôts. » Levez-vous, leur dit l'évêque, écoutez-moi, adorez mon Dieu et délivrez-vous de la matière de ce monde [2]. » — Ils répondirent : « Nous sommes prêts à mourir pour le nom de ton Dieu. » En effet, le lendemain, Arien envoya chercher Sarapamon, le pressa de sacrifier et la comédie précédente recommença : Sarapamon promit de sacrifier si l'on faisait sortir de prison les chrétiens et les archontes, on les amena, ils lapidèrent le dieu, brisèrent le siège d'Arien et eurent la tête coupée au nombre de six cents, les archontes exceptés. Arien se tourna vers ceux-ci et leur dit : « Avez-vous bu, vous aussi, l'eau de la rage ou êtes-vous

---

1. Au nombre de ces promesses se trouve la guérison de certaines maladies. A ce propos voici la traduction de M. Hyvernat dont on pourra admirer le galimatias et le non-sens : « Que la maladie du patient soit une fièvre froide ! (sic), chaude ou tierce, qu'il soit ensorcelé ou possédé, blessé par un sort ou par un philtre (!), atteint de n'importe quel mal, ou de lunatisme, en un mot de toute maladie grave, etc. » C'est assez réussi.

2. M. Hyvernat dit : *de la forêt* de ce monde. C'est le mot *ulé* (ylh) qu'il traduit ainsi.

irrités de ce que j'ai maltraité votre grandeur ? Sacrifiez maintenant aux dieux de vos Seigneurs, les rois. » — Ils répondirent : « Nous renonçons à tout ce qui nous appartient, à nos femmes, à nos enfants. Que celui d'entre eux qui aime Dieu se joigne à nous. » Une femme alla redire ces paroles aux femmes des archontes, elles accoururent toutes avec leurs enfants, lapidèrent le dieu, jetèrent de la poussière au visage du gouverneur : en retour de leur politesse, celui-ci leur fit ouvrir le ventre, puis trancher la tête en dehors de la ville, ainsi qu'à leurs enfants et à leurs maris. Arien fit alors torturer Sarapamon : on lui arracha les entrailles ; mais Michel vint les remettre en leur place, comme Maugis devait le faire plus tard dans le roman des *quatre fils Aymon*. Arien courroucé le fit enduire de toutes sortes de matières inflammables, le pendit et on alluma du feu par dessous. La flamme s'éleva si haut qu'on la voyait de toute la ville : elle flamba depuis le matin jusqu'à trois heures du soir, neuf heures entières. Tous les assistants disaient : « Que n'a-t-il aussi sacrifié pour ne pas mourir de cette cruelle mort ! » Cependant Sarapamon fit sa prière, Michel descendit du ciel et Sarapamon se trouva debout, gai « comme quelqu'un, qui s'est enivré de vin. » La foule applaudit ; Arien se trouva stupéfait : il avait, dit-il, fait tuer cent dix mille hommes depuis son entrée dans la ville, mais il n'en avait jamais trouvé un semblable. Il fut ému et conçut une grande amitié pour Sarapamon. Celui-ci fit semblant de la lui rendre et promit de sacrifier aux dieux, si Arien promettait à son tour de sacrifier au Messie. Arien promit de bon cœur, fit rassembler toute la ville dans le cirque pour assister au sacrifice ; on apporta le mélange pour la libation, on alluma le réchaud et Arien brûla de l'encens, en disant à l'évêque : « Fais comme tu m'as vu faire. » Sarapamon fit une courte prière et dit au gouverneur : « Donne-moi la libation afin que je sacrifie. » Arien prit la libation ; mais à peine l'eût-il prise qu'elle se changea en un lion féroce qui saisit Arien en sa gueule et l'emporta tout autour de la ville. Quand le lion fut revenu à son point de départ, le pauvre Arien s'écria : « Mon père Sarapamon, aide-moi contre cet animal sauvage. » — « C'est la seconde fois que tu es en mon pouvoir, dit Sarapamon, je te retrouverai une troisième fois et cette fois je ne t'épargnerai pas. » Arien délivré du lion n'eut rien de plus pressé que d'oublier ses sentiments de tendresse filiale ; il fit remplir une chaudière de matières grasses et combustibles, liquides et solides, il fit bouillir la chaudière qu'on porta ensuite hors de la ville et l'on y jeta Sarapamon. Les bourreaux s'enfuirent ; mais tous les passants, du Sud au Nord, de l'Est à l'Ouest, venaient voir Sarapamon bouillir dans sa chaudière ; le saint les aspergeait et aussitôt l'esprit de Dieu les saisissait, ils se rendaient tous près d'Arien, confessaient le Christ et avaient la tête tranchée. Le gouverneur, intrigué, demanda d'où venaient tous ces gens ; on le lui apprit et il fit venir Sarapamon. Au cours de la conversation qui s'engagea, Arien apprit à Sarapamon qu'il ne rendrait pas contre lui de sentence capitale : l'évêque alors s'élança, soufleta le gouverneur et brisa son siège sur lui. Arien se releva plein de rage, le fit torturer et finalement l'envoya de nouveau à Dioclétien [1] ; l'empereur et l'évêque se chargeaient réciproquement d'injures, puis le premier fit torturer le second. Peine inutile ! Michel descendit encore du ciel, et Sarapamon n'avait pas une seule plaie. L'empereur fit alors conduire le martyr dans l'amphithéâtre aux bêtes et lâcher contre lui un lion, une panthère et un tigre ; le lion baisa les pieds du martyr et retourna dans sa cage ; la panthère lui baisa les pieds et retourna dans sa cage ; le tigre se prosterna, l'adora, puis, lui posant familièrement les pattes sur les épaules, il lui baisa respectueusement la bouche pendant une grande heure. A ce

---

1. Les *Actes* coptes et le résumé du *Synaxare* semblent bien se contredire ici. En effet d'après le *Synaxare* il semblerait que Sarapamon ait été tout d'abord conduit à Antioche. J'ai supposé un second voyage, ce qui n'est peut-être pas très-vraisemblable. Il faut dire aussi que les *Actes* sont remplis de fautes et d'omissions.

spectacle, un millier de personnes se convertirent et eurent la tête tranchée. Dioclétien prit alors le parti de renvoyer Sarapamon au gouverneur de la Haute Egypte. A Alexandrie on changea de bateau et on quitta la mer pour le fleuve. La navigation fut heureuse jusqu'au moment où la barque arriva devant Nikious : là, le vent cessa tout à coup et l'Ange du Seigneur prévint le *cursor* Orion qu'il eut à décapiter Sarapamon en cet endroit. Orion ne s'y refusa pas ; mais il prit ses précautions. Il alla chercher les premiers personnages de la ville et leur fit signer une lettre attestant que l'Ange du Seigneur avait arrêté le bateau à Nikious, ordonné à Orion de décapiter Sarapamon qui avait été réellement mis à mort, et non relâché pour de l'argent. Cela fait, Orion tira l'évêque du fond de la barque et le fit décapiter au nord de la ville, en présence des habitants. Pour récompense de son obéissance, Orion vit dans les airs le chœur des Anges qui recevaient l'âme de Sarapamon et l'enveloppaient d'une toile de lin. Alors il se dépouilla de sa chemise et ensevelit lui-même le saint. Une voix sortit du cadavre, le bénit et lui souhaita le martyre. Le nombre des martyrs qui moururent à l'occasion de Sarapamon s'éleva au chiffre de huit mille huit cents âmes « non compris ceux qui ne purent être comptés. » Tels sont les *Actes* que je regarde comme l'un des spécimens les mieux réussis du génie copte.

CHAPITRE DIXIÈME

Le lecteur qui m'aura suivi jusqu'ici aura remarqué de lui-même que je n'ai pas épargné les détails pour le mettre en mesure de juger si les conclusions que je vais tirer de cette longue exposition sont justes ou fausses. Ce sont ces conclusions qu'il me faut maintenant exposer et justifier.

Est-il nécessaire de faire observer que les *Actes* qui se rapprochent le plus de la vraisemblance historique et ceux qui s'en éloignent le plus ont entre eux un air de parenté qui décèle une même origine ? La seule différence essentielle qui se trouve dans les uns et dans les autres consiste en ce que les premiers commencent d'ordinaire aux premiers évènements du martyre, tandis que les seconds fournissent d'amples détails sur des évènements antérieurs qui sont la partie vraiment originale de l'œuvre. Dans ces derniers, les supplices sont ordinairement sacrifiés ; l'auteur ne s'y attarde pas, à moins qu'il n'ai choisi un genre mixte comme celui des *Actes* de Sarapamon. Ce genre mixte devait même, je crois, comprendre un assez grand nombre d'œuvres ; malheureusement, il n'est guère possible aujourd'hui de le savoir, parce que les œuvres primitives sont perdues et qu'il n'en reste plus que le résumé de l'auteur du *Synaxare*. Or, il est visible que cet auteur, se retrouvant à chaque instant devant les mêmes évènements, a résumé à grands traits les *Actes* qui ne lui offraient rien de romanesque et de nouveau : ainsi les œuvres de Jules d'Aqfahs, si détaillées dans l'original, sont résumées en vingt ou trente lignes ; tandis que les romans d'aventures sont racontés avec un grand luxe de détails, jusqu'au moment où l'on arrive au martyre proprement dit. A ce moment tous les *Actes* semblent avoir été taillés sur un même patron.

Ce patron n'est pas difficile à reconstituer. L'auteur commence par donner quelques détails sur la famille du martyr, son village, sa condition. L'Ange du Seigneur vient ordonner au martyr de se rendre devant le gouverneur. Le martyr obéit, il se rend dans la ville la plus proche de sa résidence, il confesse sa foi devant le gouverneur qui lui fait tout d'abord subir un interrogatoire. Les supplices commencent aussitôt après l'interrogatoire, où le chrétien trouve toujours l'occasion d'injurier le magistrat, quand il ne lui donne pas quelque coup de fouet, ou ne lui lance pas quelque objet à la figure. Naturellement le gouverneur se met en colère, fait torturer le mal appris et le fait conduire en prison. La prison est toujours le théâtre de quelque prodige et l'on a pu observer que ces prodiges se passent presque toujours dans le même ordre de faits et sont absolument les mêmes. Le lendemain, nouvelle comparution devant le gouverneur, nouvelles tortures, et alors l'Ange du Seigneur entre en scène, guérit le martyr, le ressuscite, s'il est mort. Les foules se convertissent et ont aussitôt la tête tranchée ou sont jetés dans le feu. Règle générale, c'est une belle chose que d'orner son œuvre de nombreux martyrs ; mais l'auteur ne s'y arrête pas, il est tout entier à son sujet et à son héros : en une phrase, il tue quatre ou cinq mille personnes. Il faut pour le héros quelquefois trente ou quarante pages. Ce n'est d'ailleurs que justice. Les tortures durent longtemps, des semaines, des mois, des années, sept pour St Georges ; malgré tout, c'est toujours le lendemain qu'à lieu une nouvelle torture. Parfois, afin de varier le sujet, le martyr voyage, on se le renvoie d'un gouverneur à l'autre. Chaque voyage est l'occasion de nouveaux supplices et de nombreux prodiges. Nécessairement le gouverneur est toujours vaincu, le chrétien toujours victorieux ; autrement l'auteur n'aurait rien à faire. Quand ce manège a duré assez longtemps, le gouverneur finit par rendre la sentence capitale et l'on tranche la tête du martyr. La décapitation est la mort *pour de bon* ; on n'en ressuscite jamais, et ce n'est pas la moindre preuve de l'originalité de ces œuvres. La décapitation était le tourment des damnés dans l'Amenti : ceux qui avaient été soumis à ce supplice ne revivaient plus ; de même les martyrs. Les martyrs qui n'ont pas eu la tête tranchée sont rares ; il y en a quelques-uns, et il semble qu'on ait eu quelque peine à les regarder comme de vrais martyrs ; le diable lui-même reproche à Claude d'Antioche de n'avoir pas eu la tête tranchée et lui dit que, pour cette raison, il ne le craignait pas. Ce diable se vantait ; quoique Claude eût été percé d'une lance, il avait bien été martyr : il le fit bien voir au diable en question [1]. Les *Actes* se terminent toujours par la mention des soins donnés aux cadavres, de la construction d'une église en leur honneur et des miracles qui s'y opérèrent.

Tel est le canevas de presque tous les *Actes* qui ont passé sous les yeux du lecteur. S'il en est ainsi, s'ils sont tous taillés sur ce patron, on est porté tout naturellement à n'y voir que des œuvres littéraires, appartenant à un genre bien déterminé, peu varié, et par conséquent apocryphes. Apocryphes ! c'est un bien gros mot ; mais il est mérité, ou il ne le fut jamais. Jamais œuvre n'accusa plus d'invraisem-

---

[1]. J'ai publié le passage en question qui a été conservé en copte. Je dois dire que dans le fragment copte (Cf. *Études dédiées à Mr. le docteur Leemans*) je n'ai pas compris le sens, parce que je ne soupçonnais pas cette idée. Ma traduction est cependant juste. Dans mes *Contes et Romans*, la chose se comprend très bien.

blances, plus d'impossibilités, plus de contradictions avec les renseignements fournis par l'histoire. C'est en vain qu'on peut m'objecter que les noms des auteurs se trouvent dans le récit même, ou à la fin : les Coptes étaient gens fins et rusés, ils savaient que le moyen le plus sûr pour eux de gagner la confiance de leurs lecteurs était justement de mettre un nom respectable en tête de leurs ouvrages les plus risqués. Quand ils avaient mis ce nom en tête de leurs imaginations, le moyen de douter que le récit ne fût entièrement vrai, puisqu'il venait d'un témoin oculaire ou auriculaire, et que ce témoin était un évêque, un moine, un grand serviteur de Dieu ou, en l'espèce, le serviteur même du martyr ! Si l'on en doute, qu'on veuille bien prendre la peine de parcourir mes *Contes et Romans de l'Egypte chrétienne* et l'on verra que les contes les plus fabuleux sont attribués à des auteurs dont on a inscrit le nom, en toutes lettres, en tête du récit. Il en est de même pour les martyres, même pour ceux attribués à Jules d'Aqfahs.

J'avoue que longtemps j'ai cru que Jules d'Aqfahs avait existé, qu'il avait réellement été interprète de la chancellerie alexandrine, qu'il avait vraiment écrit les *Actes* des martyrs. La ressemblance frappante des *Actes* conservés sous son nom semble en effet une preuve évidente que ces *Actes* sont sortis de la même main. Je le croyais d'abord ; je ne le crois plus et je suis persuadé que le nom de Jules d'Aqfahs, sa fonction, ses richesses et ses esclaves n'ont été mis à contribution par l'auteur ou les auteurs des martyres à lui attribués, que comme une heureuse invention justifiant et demandant la crédibilité des lecteurs. Les preuves de cette manière de voir abondent. D'abord il n'est pas croyable, en bonne critique, ou tout au moins il n'est pas vraisemblable qu'un homme d'une aussi haute position que Jules eût pu, pendant les dix années de la persécution, assister aux supplices des chrétiens, les encourager, les visiter, les nourrir, leur rendre les derniers devoirs, sans que les yeux d'Arménius ne se fussent ouverts. Et c'est cependant ce qui aurait eu lieu. De plus, comme un aussi saint homme ne pouvait manquer à son tour d'être martyr, on le fait survivre à la persécution de Dioclétien et on ne le martyrise que sous les premières années de Constantin, alors que toute la tradition fait de Pierre d'Alexandrie le dernier des martyrs et célèbre Constantin comme un roi pieux, allant chaque jour à l'église, même avant sa conversion. Encore si Jules fût toujours resté à Alexandrie ; mais quand il en est besoin on le trouve à Antioche ou à Antinoë. A Antioche, Dioclétien n'en avait que faire, puisqu'il connaissait l'égyptien ; à Antinoë, Arien avait ses interprètes ; oui, mais les auteurs des *Actes* de Nahroou et des autres de ce cycle n'ont pas trouvé pour leurs œuvres d'introducteur plus influent, et ils l'ont pris. Toutefois, malgré toutes ces raisons, on pourrait conserver quelques présomptions en faveur de Jules, si, parmi les œuvres qui lui sont attribuées, trois au moins n'étaient pas complètement romanesques : je veux parler des *Actes* de Jean et de Siméon, de ceux d'Elie l'eunuque et de ceux de Macaire d'Antioche. Comment se fait-il en effet qu'un homme comme Jules appartenant à la chancellerie, qui devait être en conséquence parfaitement au courant de l'administration romaine, savoir le nom des empereurs, nous parle d'un empereur Quintilien, d'un empereur Numérien dont toute la famille est chrétienne, qui lui-même est chrétien, qui est le prédécesseur immédiat de Dioclétien, raconte gravement la légende d'Aghrabida, etc., ou nous peint les scènes intérieures du palais de Culcien ? En vérité, si cet auteur a existé, s'il a été réellement ce qu'on le dit avoir été, il faut avouer qu'il a parlé de tout ce qu'il ne savait pas et qu'il n'a rien dit de ce qu'il savait. Passe encore si les récits romanesques étaient tout à fait différents des autres ; mais ils sont évidemment de même famille, de sorte que l'on ne peut établir aucune différence entre eux. Les mœurs elles-mêmes des personnages sont en complète contradiction avec l'histoire. Tout le monde sait que les magistrats romains étaient des gens d'ordinaire fort sérieux, graves, ayant un respect immense pour la légalité ; ils étaient parfois durs, même souvent, et se permettaient de s'enrichir de leurs subordonnés. Dans les *Actes* coptes on ne leur reproche jamais ce qu'on aurait sans doute pu leur reprocher, de recevoir des cadeaux, de s'enrichir par des voies peu légitimes, ce qui a toujours été le cas en Egypte ; on en fait au contraire de purs imbéciles, des lâches, des idiots, qui n'ont aucune connaissance, ni des hommes, ni des choses, des apostats, etc. Ils sont continuellement en butte aux prodiges des chrétiens. Arménius avale un serpent, les mésaventures les plus grotesques arrivent à Arien, aux autres gouverneurs, et tous ils ont la bêtise de proclamer leur foi au Messie, d'implorer leur victime, quitte à la torturer de plus belle après. Mais, ce semble, le contraire eût dû avoir lieu : si les prodiges racontés avec tant de complaisance s'étaient produits, les gouverneurs romains auraient dû avoir assez de bon sens pour ne plus douter du pouvoir surnaturel de ceux qui les faisaient quelquefois tant souffrir, qui leur cassaient le bras, qui les pendaient, les faisaient emporter par des lions, les paralysaient ou les pétrifiaient. Ce qui dépasse toute compréhension, c'est la bonne volonté avec laquelle ils prennent à tâche de suivre l'ordonnancement général de tous les martyres sans s'en écarter et de se prêter à toutes les magies des chrétiens, comme ils disent. Evidemment, il y avait autrefois en Egypte des magiciens, il y en a même aujourd'hui et ils exercent leur petit métier au su et au vu de tout le monde, dans les carrefours, le long des voies publiques, dans leurs petites maisons, chacun avec sa spécialité ; les gouverneurs romains devaient croire à la magie, puisque Dioclétien rendit un décret très sévère contre les magiciens, et il s'agit ici du Dioclétien de l'histoire, non plus de celui de la légende copte qui n'était lui-même qu'un magicien ou aide-magicien. Que ces magistrats aient été conduits à regarder les martyrs comme des magiciens, cela est assez vraisemblable et même très probable ; mais ils auraient dû voir la preuve de leur propre faiblesse, dans ce fait que tous les magiciens de métier qu'ils faisaient venir succombaient devant les chrétiens. Par conséquent, d'après leurs propres idées, ils auraient dû se convertir, et non simplement demander à connaître la formule, lorsque cette formule ne pouvait être employée que par des chrétiens. Les hommes dans leurs actions obéissent à des lois tout aussi certaines que les choses. La preuve qu'il en est bien ainsi, c'est que les auteurs coptes ont senti le besoin de convertir quelques gouverneurs ; s'ils n'ont pas converti Arménius et Culcien, c'est qu'ils n'auraient plus eu personne pour tourmenter leurs martyrs et que par conséquent il leur eût fallu cessé d'écrire. Cette proposition semblera peut-être un paradoxe à mes lecteurs, mais c'est uniquement un corollaire de ce besoin que les auteurs coptes ont eu d'attribuer leurs récits à des personnages connus ; ce fut toujours la règle en Egypte. Ils devaient mettre en scène des personnages célèbres, des rois, des princes, des gouverneurs, des Anges, des archevêques, des évêques, de simples moines. On n'a qu'à lire les *Contes de l'Egypte ancienne* publiés par M. Maspero, on y trouvera la confirmation de cette règle ; le second livre d'Hérodote viendrait la confirmer encore. Il y avait des cycles de légendes autour de Chéops, de Rhampsinite, de Thouthmès III, d'Amasis, etc., ou plutôt, chaque évènement populaire de la vie de ces souverains avait été tellement défiguré qu'il était devenu légendaire, et cela de propos délibéré, car le lecteur égyptien voulait jouir de son récit et la réalité, pour procurer cette jouissance recherchée, avait besoin d'être ornée. Que Rhampsinite se soit fait bâtir un trésor et qu'on l'ait volé, la chose n'a rien d'impossible ; mais, pour plaire à l'imagination de la foule, le fait avait besoin d'être embelli et de là nous est venu le si charmant récit d'Hérodote. Que Thouthmès III ait pris Joppé, la chose est bien certaine ; qu'il l'ait prise d'une manière qui rappelle Ali

Baba et ses quarante voleurs, la chose est parfaitement fausse, mais elle plut au peuple d'Egypte. Et ainsi pour tous les récits de l'antique Egypte. De même, selon le génie de leur race, les auteurs coptes ont pris des noms historiques et en ont fait le pivot autour duquel roulent tous leurs récits, Dioclétien, Arménius, Arien et les autres. Je crois parfaitement pour ma part que les noms des gouverneurs de l'Egypte pendant la persécution de Dioclétien sont ceux que les œuvres coptes nous ont conservés et que même le plus grand nombre des martyrs contient des individus ayant eu une existence réelle, existence qui se termina le plus souvent par un coup d'épée : cette manière de voir est tout à fait conforme au génie égyptien qui a toujours bâti ses romans les plus compliqués sur quelques circonstances réelles. De même pour quantité de détails de vie civile, religieuse, d'administration et de positions géographiques ; je les crois parfaitement réels, capables de fournir des données précieuses à l'histoire et à la géographie ; mais on n'en saurait conclure à l'authenticité, ni à la véracité des œuvres. Ce sont les circonstances ordinaires de la vie dans lesquelles on doit faire mouvoir les acteurs du récit, sous peine de les rendre invraisemblables et impossibles. Les Egyptiens se faisaient une autre idée que nous de la vraisemblance littéraire ; mais ils y apportaient peut-être plus de finesse, de cette finesse orientale toute quintessenciée. Dans le *conte des deux frères* le Pharaon réunit son conseil, envoie ses messagers à des blanchisseurs, de même que le frère aîné a ses attelages et sa charrue, de même que le frère cadet fait tous les travaux d'un domestique de ferme : le tout est parfaitement exact ; en conclura-t-on que l'œuvre n'est pas imaginaire ? Il y a en outre contre les œuvres coptes qu'elles sont, dans leur ensemble, pleines de contradictions, et cela se comprend très bien quand on réfléchit à l'époque où elles ont été composées, alors que l'administration avait subi divers changements et que le souvenir du passé s'était perdu. Nul exemple ne saurait mieux faire comprendre et prouver ce que j'écris ici que le rôle attribué aux soldats romains dans les *Actes* coptes. Ce sont les soldats qui sont les bourreaux : à peine si quelquefois, bien rarement, on se sert du mot *spiculator*. Cependant l'on connaît assez bien les usages et la discipline des légions romaines pour savoir que les soldats de l'empire n'étaient pas employés à ces sortes d'œuvres : il y avait pour cela toute une série de fonctionnaires. Que parfois on ait employé un légionnaire, le fait peut être vrai ; mais que généralement on l'ait fait, c'est certainement faux. Cependant ce fut le cas en Egypte d'après nos auteurs. Faut-il les croire ? Oui et non. La difficulté fut pour eux d'employer, pour désigner le soldat, le nom d'une ancienne tribu libyenne soumise dès la XIIe dynastie, qui se mit au service des Pharaons et leur fournit des gendarmes. C'étaient des gendarmes qui châtiaient les coupables et faisaient la police. Les Coptes, habitués à attribuer à leur nom certaines fonctions, ont conservé ces fonctions au nom, alors même qu'il désignait tout autre chose. En résumé avec un nombre considérable de choses réelles, les auteurs coptes ont formé des œuvres tout à fait imaginaires.

Est-ce à dire qu'il n'y a pas eu de martyrs en Egypte ? Certainement non, je suis même persuadé qu'aucun pays n'en a fourni plus que l'Egypte pendant le règne de Dioclétien et cela, parce qu'à la religion venait se joindre la résistance politique. Comme le disait Arien : « Les gens de la Haute Egypte ont le cœur dur et l'on m'a envoyé pour le rendre plus doux. » C'est ce qui explique pourquoi il y eut dans la Haute Egypte de véritables boucheries humaines, comme à Akhmîm et à Esneh. La vue des supplices infligés à l'un de leurs compatriotes, l'esprit de résistance toujours cher à ce peuple auquel les révolutions et les révoltes servaient de passetemps, poussaient à la révolte ces têtes ardentes, imbues de toutes les superstitions, toutes prêtes à délaisser les dieux de leurs oppresseurs ou même leurs dieux nationaux pour passer au culte d'un dieu inconnu, persécuté et dont les fidèles montraient en somme une constance bien faite pour frapper l'imagination et émouvoir le cœur. Sans croire qu'il y eut autant de martyrs que le veut bien dire Arien, lorsqu'il se vante d'avoir fait tuer onze myriades d'hommes dans la seule ville d'Antinoë, je crois volontiers que le gouverneur de la Haute Egypte dut faire des exemples terribles et que, dans les séditions véritables qui l'accueillirent dans la Haute Egypte, il employa les soldats de sa garde pour protéger sa vie, châtier le peuple et le ramener à l'obéissance. Quand on songe au peu de cas que l'on fait d'une vie humaine en Orient, même de nos jours, il n'y a là rien qui puisse nous surprendre. Aussi, je considère les premiers *Actes* que j'ai analysés, ceux où Arien joue le principal rôle après les héros, comme ayant une grande valeur historique et contenant plus de détails vrais que tous les autres, quoiqu'ils soient remplis d'incroyables légendes. Pour ceux de la Basse Egypte, il y a trop apparence de facture littéraire pour qu'on y puisse accorder beaucoup de foi. Au fond, pour exprimer toute ma pensée dans une formule qui semblera paradoxale et qui cependant correspond à la réalité, dans les *Actes* dont le théâtre est la Basse Egypte et dans quelques-uns des autres, chaque *acte* pris en particulier est faux, le tout est vrai. Quant aux purs romans que j'ai analysés et qui sont vraiment curieux, je n'ai pas besoin de dire à mes lecteurs qu'ils n'ont de l'importance, pour ainsi dire, que par réflexion, en ce qu'ils nous permettent d'établir combien on en doit peu accorder aux autres.

Cette première conclusion sera encore plus solidement établie, si je puis arriver à déterminer à quelle époque et par qui ont été composés les *Actes* des martyrs d'Egypte. Mes lecteurs auront certainement remarqué d'eux-mêmes plusieurs faits qui sont regardés comme certains par les écrivains coptes. Les deux faits les plus saillants sont que les auteurs de martyres ont toujours regardé l'empire romain tout entier comme chrétien au moment de l'avènement de

Dioclétien et qu'ils ont toujours présenté le monachisme non seulement comme existant, mais encore comme parfait dans ses différentes formes. Il est répété à satiété que Dioclétien fit rouvrir par toute la terre les temples qui étaient fermés, rétablit le culte des idoles, les dotations religieuses, etc., fit apostasier son armée, sa cour et son peuple, parce qu'il avait lui-même apostasié : la famille impériale de Numérien était entièrement chrétienne. Pour ce qui regarde particulièrement l'Egypte, tout le monde était chrétien, les évêques y étaient puissants, la hiérarchie fortement établie, les Ecritures cultivées et connues, si bien que le petit Jean, celui qui prit à l'hameçon le dragon qui s'était introduit dans le ventre de la fille du roi Quintilien, et il ne faut pas oublier que l'œuvre est attribuée à Jules d'Aqfahs, pouvait remettre dans le texte vrai les clercs qui se trompaient dans leur récitation à la table de son père. Il est cependant quelquefois question des temples idolâtres, mais c'est pour dire qu'on les détruisait, ou qu'ils avaient été rouverts par les officiers de l'empereur. De même les moines pullulent : il y en a partout, aux portes d'Alexandrie, au désert, dans les montagnes, comme à côté de presque tous les villages ; avec les soldats, ce sont eux qui fournissent le plus de chair à martyre. Il y a des anachorètes, des moines proprement dits et des cénobites : les couvents sont fondés, pour les femmes comme pour les hommes, on y a même des cloches. Evidemment ceux qui ont écrit les œuvres où l'on trouve de pareils détails devaient les avoir sous les yeux, à moins d'admettre qu'ils aient eu la connaissance prophétique de ce qui devait arriver après eux. Je préfère, pour mon compte, admettre qu'ils savaient par expérience ce qu'ils disaient. Je dois donc en conclure qu'ils ont écrit à une époque où ce qu'ils écrivaient était réel. Par conséquent les *Actes* des martyrs d'Egypte ont été écrits à une époque où l'empire romain était déjà chrétien, où l'Egypte l'était tout entière, où le monachisme avait atteint son complet épanouissement, c'est-à-dire vers la fin du quatrième siècle et dans le premier quart du cinquième au plus tôt. Ils ne sauraient donc être authentiques. Je crois cette conclusion parfaitement certaine, et je n'aurais pas d'autres preuves que celles déjà développées que je la présenterais hardiment à mes lecteurs ; mais j'ai en outre des textes clairs, parfaitement historiques, contemporains, sobres et ayant toutes les qualités requises pour s'imposer à l'historien. L'auteur de la vie de Pakhôme, c'est à dire son disciple Théodore, connaissait parfaitement l'état de l'Egypte au commencement du IVᵉ siècle, et il écrivit la vie de son maître vers l'an 360 ; il nous apprend qu'il n'y avait alors en Egypte, je veux dire au commencement du IVᵉ siècle, que bien peu de chrétiens et encore moins de moines. Voici ces paroles : « C'est pourquoi, en tout pays, il y a eu des pères moines dignes d'être admirés, ainsi que nous l'avons dit d'abord : leurs noms sont écrits au livre de vie. En Egypte et dans la Thébaïde, ils n'étaient pas des *multitudes* ; mais après la persécution de Dioclétien et de Maximien, la conversion des hommes se multiplia en Egypte : les évêques les guidaient dans l'enseignement des Apôtres, fructifiant dans les vertus du Sᵗ Esprit, pleins d'amour pour le Christ [1]. » J'ai souligné à dessein le mot *multitudes* qui s'emploie en copte dans le sens de *beaucoup*, quelquefois pour vingt ou trente personnes ; en admettant qu'ici il faille le prendre dans le sens de *grande quantité*, le contexte montre suffisamment que cette *grande quantité* ne devait pas être nombreuse, d'autant mieux que les phrases précédentes nous apprennent que le premier grand moine fut Antoine, que Macaire fût de son côté le premier à peupler Scété et Nitrie. Nous sommes donc bien fixés : il put y avoir avant la persécution de Dioclétien quelques solitaires chrétiens en Egypte ; mais le monachisme n'existait pas encore, de même le Christianisme n'était pas encore profondément implanté en

---

[1]. On trouvera le texte dans la série de mes *Monuments pour servir à l'Hist. de l'Egypte chr. au IVᵉ siècle, Vie de Pakhôme*, p. 1-2, dans les *Annales du Musée Guimet*, tom. XVII.

Egypte. La preuve de ce fait se trouve dans la conduite que les *Actes* coptes font tenir aux évêques. Le plus grand nombre des évêques dont il est fait mention, au lieu de rechercher le martyre, fuyaient à son approche, se retiraient au désert : si le Christianisme eût été très développé en Egypte, pareille fuite, ce me semble, aurait été impossible. Il n'y a guère que l'évêque d'Antinoë qui exhorte son peuple au martyre. Qu'on veuille bien se rappeler au contraire ce qui se passa en Occident durant les persécutions : les premières victimes furent les évêques et ils devaient l'être. Je sais bien qu'en Egypte nous avons affaire avec un peuple particulier et que la première action de Pisenti, évêque de Coptos, lors de l'invasion des Perses au VIIe siècle, fut d'abandonner son troupeau ; mais il me paraît impossible que pareille lâcheté eût été la conduite presque générale, si l'Egypte tout entière avait été chrétienne. Je peux donc conclure en toute sûreté de conscience, d'après les faits, que les martyrs de l'Egypte obéirent à une motion individuelle, non à une sorte de poussée épiscopale ou presbytérale, comme en d'autres pays. Par conséquent, nous sommes en présence de ce fait : au temps de Dioclétien, les chrétiens étaient clair semés en Egypte, et par conséquent aussi les *Actes* des martyrs ne sont pas contemporains et authentiques, mais postérieurs et apocryphes. J'ai donc eu raison de les attribuer à une époque où l'Egypte était entièrement chrétienne et où le monachisme avait atteint sa pleine efflorescence.

Nous pouvons donc déjà nous former, par rapport à la composition des *Actes* des martyrs de l'Egypte, une idée qui approchera très près de la réalité et dire que ces *Actes* ont formé un genre littéraire différent de celui des *Vies* des moines, des contes ou romans, mais provenant de la même manière de composer. Ce genre plut dès les premières œuvres qui en parurent, il fut accueilli avec amour et il alla sans cesse en grandissant dans la faveur du public. La raison de cette littérature doit ce me semble être cherchée dans un fait historique indéniable et que je dois exposer. On aura observé que dans presque tous les *Actes* reposant sur un fait réel, le récit se termine ainsi : « On ensevelit bellement son corps, on le mit dans un sarcophage et on le garda dans la maison jusqu'à la fin de la persécution. Alors on lui bâtit une belle église, on l'y déposa et il en parut des miracles nombreux. » Ou bien quand le martyr est censé mourir, ou quand il est réellement mort loin de son pays, on l'y ramène, on le dépose à l'extérieur du village jusqu'à la fin de la persécution, souvent à un endroit que Dieu a bien voulu désigner ; la persécution finie, on bâtit une belle église et on y dépose le saint. Avec une semblable manière d'agir, il est facile de comprendre que dans le second cas, il y ait eu possibilité d'oubli ou d'erreurs. Cette possibilité est même un fait indéniable. A une époque beaucoup plus rapprochée de nous, lorsque les croisés assiégeaient Damiette, les soldats musulmans se rendant au secours de la place assiégée, détruisirent une église chrétienne aux environs de Schabas, ils pillèrent la châsse d'un saint et en jetèrent le corps dans la rue. La femme du prêtre de l'église le ramassa, le reporta dans l'église et le couvrit de briques pour le dissimuler Un certain laps de temps s'écoula et la femme oublia où elle avait mis le corps du saint : il fallut un miracle pour le découvrir. Pareil fait put se produire assurément. Quant à l'erreur, qu'elle ait été possible et qu'elle se soit produite, c'est ce qu'un témoignage sérieux va nous apprendre. Lorsque la persécution fut finie, que le christianisme se fut implanté dans toute la vallée du Nil, il y eut comme une rage qui s'empara des nouveaux chrétiens : ce fut à qui chercherait le long des routes, en dehors des villages, des corps de martyrs, pour leur bâtir un petit *santon.* On prenait tout ce que l'on trouvait, on bâtissait le santon et l'on célébrait des fêtes qui dégénéraient en véritables orgies. Ecoutons plutôt Schnoudi parlant à ses moines de cette curieuse dévotion : « Vraiment, dit-il, ils se trompent ceux qui s'affermissent dans une pensée mensongère et disent : — Des martyrs nous ont apparu, ils nous ont appris où étaient leurs ossements ; ou bien : — Il nous est advenu, pendant que nous creusions la terre, de trouver des ossements de martyrs ; — ou encore : — Je lui bâtirai un *martyrium*. — Vraiment ils sont nombreux ceux que les démons trompent de cette manière. » Et il s'emporte contre ceux qui introduisent dans l'église des ossements sans savoir à qui ils ont appartenu. « C'était la coutume, dit-il, avant que fussent engendrés les pères de nos pères, que ceux qui allaient mourir recommandassent à leurs fils de si bien cacher leurs corps qu'on ne put les retrouver ; cela se pratique même de nos jours [1]. » Il est donc bien certain que, dans cet engouement de l'Egypte, il dut y avoir bien des erreurs et qu'un grand nombre de momies de l'ancien temps durent être prises pour des martyrs, non pas celles qui avaient un sarcophage ou une boîte couverte d'hiéroglyphes, mais celles des pauvres gens, simplement couvertes de bandelettes. Pour justifier la découverte des saintes reliques, on donna un nom au cadavre découvert et on écrivit son histoire. Une preuve qu'il en fut ainsi se trouve dans les *Actes* de S¹ Jacques l'Intercis, le martyr persan. Comment le corps de ce martyr persan, emporté de Perse, alors que le roi Sapor avait ordonné de le brûler avec tous les autres corps des martyrs chrétiens, a-t-il été transporté de Perse en Palestine, en Syrie, et est-il venu en dernier lieu à Abouqir, c'est ce qu'il serait assez difficile de dire, surtout si l'on se rappelle que la Syrie, la Palestine, la Mésopotamie et même la Macédoine prétendaient le posséder. Evidemment l'histoire de la translation et les *Actes* ont été écrits pour justifier la possession. Le même fait s'observe dans un manuscrit arabe de la *Bibliothèque nationale* [2]. Ce manuscrit comprend trois martyres et les corps des confesseurs se trouvent tous réunis dans le même village de Samnoutich : le plus piquant c'est que l'auteur de ces *Actes* est précisément

---

1. Zoëga : *Catal. Cod. Copt.* p. 424.
2. C'est le vol. Suppl. 89.

Jules d'Aqfahs. Nouvelle preuve que ce personnage n'est pas l'auteur de ces *Actes*, mais qu'on se servit de son nom pour les accréditer. Comment en effet les corps des huit martyrs qui sont nommés par ces *Actes*, qui ont recommandé à Jules de les renvoyer dans leur pays se trouvent-ils à Sanmoutieh qui n'est le lieu de naissance d'aucun d'eux? L'Ange du Seigneur l'a ordonné, il est vrai; mais quand on ne me donne que cette raison, je suis tout porté à ne la pas croire et à expliquer le fait, comme il doit s'expliquer naturellement, à savoir que le village de Samnoutieh s'étant bâti une église et ayant eu envie d'avoir des saints à lui particuliers, prit les cadavres de gens qui avaient peut-être été martyrs, et en fit écrire l'histoire. Cette histoire, mes lecteurs la connaissent en partie, car c'est celle des deux cousins Jean et Siméon. Objectera-t-on l'invraisemblance morale de cette explication? Je pourrais répondre qu'on a agi de même sorte bien près de notre temps et citer par exemple Ste Philomène à laquelle on a donné ce nom pour lui en donner un, car, quand on découvrit le cadavre dans une catacombe, il n'y avait pas d'inscription. Il y avait, il est vrai, la fiole de sang qui témoignait sans doute qu'on se trouvait en présence d'une martyre. Mais je peux citer un fait qui se passa en Egypte. Le patriarche Théophile fit bâtir à Alexandrie une basilique en l'honneur des trois jeunes gens que Nabuchodonosor avait fait jeter dans la fournaise. Quand l'église fut bâtie, il désira vivement y mettre les corps de ces trois saints jeunes hommes. La difficulté fut de les avoir. Il fit venir un moine de Scété, nommé Jean Colobi, lui ordonna de se rendre à Babylone pour en rapporter les précieuses reliques. Jean Colobi s'y rendit, porté sur une barque de nuée, comme autrefois le dieu Râ voyageait dans l'atmosphère, comme le faisait Schnoudi. La nuée s'arrêta précisément au dessus de l'endroit où avaient été enterrés les jeunes gens. Colobi se mit en devoir de leur faire connaître l'ordre de Théophile et leur signifia qu'il allait les emporter; mais ils refusèrent et dirent à l'envoyé qu'ils ne pouvaient pas quitter leurs tombeaux ; Théophile n'avait qu'à se consoler. D'ailleurs s'ils ne pouvaient résider dans l'église et la protéger corporellement, ils y résideraient par leur vertu et en donneraient une preuve manifeste le soir même de la dédicace de l'église. Théophile devait faire préparer toutes les lampes, avec l'huile et la mèche, mais ne pas les allumer. Au moment propice, les trois jeunes gens les feraient s'allumer d'elles-mêmes toutes à la fois. Colobi, chargé de cette réponse, remonta sur sa nuée et retourna près du patriarche auquel il raconta tout ce qui lui était arrivé. Théophile se conforma de tout point aux instructions données, il fit préparer les lampes, huile et mèche ; à un certain moment, le soir de la dédicace, elles s'allumèrent toutes seules aux yeux du peuple émerveillé. Théophile prononça alors le panégyrique des trois saints, Ananias, Azarias et Misaïl. Me dira-t-on que ce récit est apocryphe? Je le croirai volontiers ; mais le panégyrique existe[1] et l'église a longtemps existé. Le récit a donc été fait pour embellir l'histoire de la construction de l'église. C'est ce que je voulais démontrer et c'est ce qui eut lieu pour les martyrs.

Mais peut-on me dire, les trois jeunes gens ont existé. Je n'en suis pas très sûr, mais je suis bien certain qu'en Égypte on croyait à leur existence : ce qui suffit pour le moment. De même j'admets volontiers que la plupart des martyres reposent sans doute sur une réalité, que les martyrs ont bien eu le nom qu'on leur attribue; c'est tout ce que je peux croire de leurs *Actes*, d'après toutes les raisons que j'ai expliquées. Je crois, comme je l'ai dit, que le résultat général est vrai, que tous les détails sont faux. Il serait bien improbable que parmi tous les noms des martyrs de la persécution de Dioclétien, aucun n'ait échappé à l'oubli ; mais que ce soit tel ou tel, c'est ce que personne ne peut dire. Pour moi, les

---

[1]. Le récit de cette mission se trouve dans la vie de Jean Colobi, conservée dans le *Cod. Copt. vat.* LXVIII; le panégyrique se trouve dans le mss. LXII, de la même bibliothèque.

martyres les plus authentiques sont ceux de la Haute-Egypte, ceux où l'on raconte l'extermination entière d'une population, ou peu s'en faut. Aussi bien, dans ces *Actes* on ne voit point apparaître les raisons qui ont fait écrire le martyre ; le tout y est d'une grande naïveté. Pour la Basse-Egypte, tous les *Actes* rentrent forcément dans la série des œuvres littéraires, en admettant toutefois que plusieurs reposent sur une donnée réelle, sans que nous puissions les discerner.

Quels sont donc les auteurs de cette littérature ? Est-il nécessaire de le dire ? En grande majorité, ce sont les moines de la fin du IV°, du V° et du commencement du VI° siècle. La prédilection avec laquelle il est question des moines, les exercices religieux qu'on fait faire à tous les martyrs et qui ne sont autres que les prières et les récitations auxquelles se livraient les moines, mille détails en un mot que l'on aura pu observer dans l'analyse que j'ai donnée, montrent abondamment que ce sont les moines qui ont écrit toute cette littérature. Qu'il y ait eu quelque auteur qui n'ait pas été moine, je suis loin de le nier ; la chose est possible, je n'en sais rien. Ce que je sais, c'est que les monastères devinrent les grands centres littéraires de l'Egypte, comme les temples l'avaient été dans l'antiquité, comme les mosquées le sont encore aujourd'hui. Si Jules d'Aqfahs n'eut jamais cinq cents domestiques occupés à écrire les *Actes* des martyrs, les couvents y employèrent un grand nombre de scribes. La vogue fut en effet très-forte : chaque chrétien digne de ce nom devait avoir en sa possession les *Actes* d'un ou de plusieurs martyrs : on choisissait celui qui avait le plus de puissance. C'est pourquoi il est si souvent dit, dans la dernière prière que le martyr adresse au Messie avant d'avoir la tête tranchée, que le Seigneur doit avoir pitié de ceux qui citeront le nom du saint, qui liront son martyre et surtout de celui qui l'écrira. Les auteurs se sont toujours fait la plus grosse part dans les bénéfices pieux de leur entreprise littéraire. C'est pourquoi aussi, dans un sermon attribué à S¹ Cyrille et que j'ai publié¹, il est recommandé avec tant d'insistance de faire écrire les *Actes* des martyrs et de déposer le livre dans l'église, le moyen étant infaillible pour assurer le salut, témoin l'eunuque du roi Théodose le jeune, Sisinnius, qui légua une bonne partie de sa fortune pour faire copier les *Prédications et les Martyres des Apôtres*, ayant éprouvé le bon effet qu'avait eu pour lui la copie des *Actes* de Théodore le stratélate, c'est à dire de ce Théodore l'oriental dont j'ai résumé le roman². Schnoudi était présent à la mort de l'eunuque et cette mort est rapportée au temps du concile d'Ephèse, 431. Par conséquent cette littérature était déjà composée. C'est aussi à cette époque, entre 325 et 431, que le monachisme s'est développé et a atteint sa pleine croissance. L'attribution de ces œuvres aux moines explique un grand nombre de contradictions qu'on y rencontre, des impossibilités et des invraisemblances qui y abondent. Il est évident qu'un moine, quoique lettré, sorti d'une humble condition, renfermé dans son monastère, ne voyant le monde que de loin en loin, ne lisant qu'un certain nombre d'ouvrages, devait être naturellement porté à peindre sa vie, à commettre les bourdes les plus extraordinaires, à faire agir tout le monde comme il agissait, à représenter les femmes de Thessalonique dans les actions des moines égyptiens, vivant dans un tombeau de la montagne. Lorsque son imagination l'emportait hors de son pays, les notions géographiques les plus fantastiques se pressaient sous sa plume, il plaçait des fleuves partout, parce qu'il ne s'imaginait pas qu'un pays pût se passer d'un Nil quelconque, il faisait naviguer sur ce fleuve, il ne concevait pas d'autre manière de voyager et pour faire transporter le corps de S' Georges de Mitylène à Joppé, il employait la navigation. Son imagination ne s'arrêtait pas en si beau chemin ; elle créait des allégories,

1. Cf. E. Amélineau : *Monum. pour serv. à l'Hist. de l'Egyp. chrét. aux IV° et V° siècles* dans les *Mém. de la Miss. arch. franç. perm. du Caire*, tom. IV p. 173 et qq.
2. Ces *Actes* se trouvent conservés en arabe dans un mss. de la Bibliothèque nationale, ancien fonds 147. — Cf. *Catal. des mss. arabes de la B. N.* n° 159 p. 36, 190.

avec des personnages qui paraissaient tout aussi réels que les autres, elle faisait agir et souffrir ces personnages, comme s'ils eussent réellement existé, et l'une des œuvres les plus curieuses de cette manière de faire est le martyre des S˟ Foi, Espérance, Charité et de leur mère Sagesse.

Au fond, peu importe, qu'il n'y ait presqu'aucune réalité historique dans les *Actes* des martyrs de l'Egypte et que nous ne puissions démêler cette vérité dans l'écheveau compliqué des imaginations coptes ; les auteurs des *Actes* faisaient fi de la réalité historique telle que nous la comprenons. Leur but, je ne saurais assez le répéter, n'était pas de transmettre à la postérité le récit plus ou moins fidèle des actions passées, c'était un but bien autrement personnel et immédiat ; ce qu'ils cherchaient avant tout, c'était à s'édifier, à contenter le saint qu'ils louaient, à glorifier Dieu, à satisfaire le goût inné des récits prestigieux et populaires, goût qu'ils avaient reçu de leurs ancêtres. En toute justice, on ne saurait les accuser de supercherie, parce qu'ils ne trompaient personne. On parle souvent de nos jours des funestes hérédités de la naissance : les Coptes pourraient fournir une preuve des plus péremptoires des lois de cette hérédité. Non qu'elle ait été funeste en elle-même ; mais le développement de cet héritage a tué toute vigueur au pays d'Egypte. La cause première de tous ces phénomènes si complexes, c'est le mysticisme qui est au fond de la nature copte, qui se trouvait au fond de la nature égyptienne dès le temps de Khéops. Ces braves gens vivaient dans une atmosphère à part, atmosphère artificielle qu'ils s'étaient faite eux-mêmes et qui leur est devenue nécessaire. Héritiers de cette longue chaîne de générations mystiques, les Coptes venus en dernier lieu ont eu tous les défauts aggravés de leurs ancêtres, sans en avoir les brillantes qualités. L'avancement des civilisations voisines n'a eu aucun effet sur eux ; ils sont restés fidèles à leurs pays, à leurs idées et à leurs coutumes. Loin de leur en vouloir et de les traiter avec mépris, il me semble qu'on devrait respecter ces débris des âges antiques et les conserver avec une pieuse vénération, comme on fait d'une œuvre ancienne. On n'a pas assez de blâme pour les Coptes modernes. Serait-ce d'aventure parce qu'ils sont chrétiens? Il est évident que les Coptes portent la peine de leur immobilité, et avec justice; mais il devrait y avoir quelques circonstances atténuantes à cette condamnation, et la justice exige qu'on recherche la cause de ces singulières existences, qu'on fasse un peu retomber sur cette cause la responsabilité dont on ne charge que l'effet. Le devoir de l'historien est de rechercher l'influence de la cause sur l'effet, d'en déterminer l'importance et d'en exposer les résultats. Au fond l'effet est la grande victime de la cause. La cause seule est coupable. Pourquoi donc punir seul l'effet? Certainement cet effet est responsable en une certaine manière, puisqu'il est doué d'intelligence et de liberté; mais notre époque devrait apporter la même justice en tous ses jugements, légaux et historiques. Ce qu'on reproche surtout aux malheureux auteurs coptes, c'est de ne pas nous fournir ce que nous leur demandons. Évidemment c'est bien ennuyeux; mais en toute raison et en toute humanité, les Coptes devaient naturellement être portés à se contenter eux-mêmes avant de penser à nous. N'agissons-nous donc pas ainsi? Ne pouvons-nous donc pas d'ailleurs étudier sur eux et sur leurs ancêtres la naissance, le développement, les progrès, les ravages de cette maladie épidémique, le mysticisme? N'est-ce pas déjà un résultat important que de pouvoir faire bénéficier nos contemporains de ce diagnostic et de les prémunir? Les peuples modernes sont sujets aux mêmes maladies que les peuples anciens. Nous devons savoir aux Coptes le même gré qu'un médecin épris de son art sait au malade qui lui fournit un beau sujet. Que s'il nous faut nécessairement un bouc pour le charger de nos illusions et de nos erreurs, nous avons les Grecs et les Latins, nous avons S' Jérôme, Rufin et tous ceux qui les ont imités. Ce sont eux les vrais coupables.

Les Coptes ne se sont jamais donnés pour autres qu'ils n'étaient ; les Grecs et les Latins, avec toute leur intelligence, n'ont été que les dupes de leur médiocrité et de leur parti pris. C'est sur eux qu'il faut faire retomber l'erreur de tant de siècles qui les ont crus et admirés. Quand on se pose sur le chandelier pour éclairer la partie la plus civilisée de ce monde, il faudrait au moins avoir soin de nettoyer sa lanterne. Cependant je dois être juste et leur pardonner un peu, parce que ces prétendus génies ne savaient ni ce qu'ils faisaient, ni ce qu'ils disaient.

Je reviens maintenant plus directement à mes Coptes qui m'intéressent autrement que St Jérôme et ses semblables. On a pu voir par l'analyse que j'ai donnée des *Actes* de martyrs quelles étaient les idées religieuses des auteurs qui les ont écrits. On aura dû retrouver ainsi quantité de traits que j'avais notés déjà dans mes articles sur le *Christianisme chez les Anciens Coptes*. La conséquence à en tirer me semble être que je n'avais rien exagéré, qu'au contraire j'avais peut-être atténué le plus grand nombre des traits. Je ne veux donc pas refaire ici ce travail, mais simplement attirer l'attention sur certaines idées ayant trait à la magie.

Tout d'abord je dois dire que je laisse de côté les magiciens païens qui évidemment n'étaient pas à la hauteur de leur rôle, lorsqu'ils s'attaquaient aux martyrs ; je prends seulement l'accusation de magie que les gouverneurs romains lançaient aux chrétiens. Je ne crois pas au bien fondé de cette accusation pour la bonne raison que je ne crois pas à la magie, je veux dire à la puissance de la magie. Mais n'est-il pas évident à la plus simple lecture que les magistrats romains, s'ils ont vraiment formulé cette accusation, avaient assez de raisons pour la formuler avec vraisemblance ? La conduite des martyrs ne ressemblait-elle pas de tout point à celle des magiciens ? Il n'y avait qu'une seule différence : les formules étaient plus certaines et le Dieu invoqué plus fort. C'est pourquoi les magiciens se convertissaient aussitôt et les gouverneurs demandaient la formule. Dans tous les *Actes* coptes on vit dans une atmosphère saturée de magie et de croyances magiques. Avant d'accomplir son prodige, soit par lui-même, soit en faisant descendre les puissances célestes à son secours, le martyr devait prier et réciter la formule ; cette formule c'était le signe de la croix avec les paroles qui l'accompagnent. Il est raconté, dans un martyre que je n'ai pas analysé ici parce qu'il n'a pas rapport à l'Egypte, qu'un gouverneur de Corinthe avait près de lui un athlète invincible et qu'il s'amusait à parier une assez forte somme sur lui, contre tous ceux qui voudraient tenir son enjeu et se mesurer avec l'athlète. Tous les jouteurs étaient vaincus. Un jour, un chrétien, maigre et chétif, s'avança pour tenir l'enjeu et culbuter le géant : il fit le signe de la croix en prononçant les paroles ; aussitôt qu'il eut touché le géant, celui-ci était à terre. Le gouverneur qui n'avait pas vu le signe de croix fut dans l'admiration et pensait déjà à s'attacher le nouveau Milon de Crotone, lorsque deux de ses officiers lui démontrèrent que le vainqueur était un magicien. En vérité, n'est-ce pas là un simple tour, grâce à la formule, comme celui qui consistait à parler à l'oreille d'un taureau et à le fendre ainsi en deux parties exactement égales ? Mais, me dira-t-on, c'est un miracle ? Il est vrai que le miracle procède de la même façon : le thaumaturge agit au nom de sa divinité, il récite une formule et le miracle s'opère. Cette ressemblance prouverait assez bien que les idées qui continuent à avoir cours sur les miracles sont un reste des idées qui jadis avaient cours sur la puissance magique. On peut me répondre, il est vrai, que la grandeur du but cherché, son utilité sont des preuves de la différence énorme qui existe entre l'acte magique et le miracle. Je reconnais qu'en Occident nous entourons le miracle de certaines conditions théologiques qui nous semblent sauvegarder tous les droits de la divinité ; mais je sais aussi qu'en Orient, et nous sommes en Egypte, on ne songea jamais à mettre des bornes à la puissance divine. Il est raconté dans un fragment conservé au musée *Borgia* de la Propagande, à Rome, que Dioclétien se trouvant un jour en Egypte passait son temps à torturer un martyr. Celui-ci résistait et, au milieu de sa résistance, avisant une colonne ou un obélisque placé non loin de là, il lui commanda de se détacher de sa base et d'aller détruire le palais de l'empereur. La colonne obéit aussitôt et quand son œuvre de destruction fut achevée, le saint lui commanda de retourner tranquillement à sa place. Evidemment c'était un bon tour ; mais cela sent plus la magie que le miracle. Et de tout ainsi. Au fond, les idées étaient restées les mêmes, le décor seul était changé. Dans mes *Contes et Romans de l'Egypte chrétienne* j'ai publié une formule par la vertu de laquelle, si on prenait soin de la copier et de la faire graver à l'endroit convenable, on pouvait boire autant de vin que l'on voulait sans être sujet à l'ivresse, faire toutes les opérations commerciales avec fruit et partir en voyage, en laissant sa femme derrière soi, sans avoir à craindre de rival, car la formule gravée sur le seuil défendait le passage à tout homme animé de mauvaises intentions contre l'honneur du mari. Et quelle était la puissance ainsi mise à contribution ? St Michel, St Michel qui est si souvent employé par ou pour les martyrs. Tout concourt donc pour prouver que les prodiges mis au compte des martyrs égyptiens dérivaient d'un fonds magique, que les mots seuls étaient changés, mais que les opérations étaient les mêmes.

Je ne veux pas finir sans parler d'un phénomène complexe qui se passait chez l'auteur des *Actes* des martyrs. Quand un écrivain copte commençait d'écrire son œuvre, je suis tout porté à croire qu'il avait parfaitement conscience d'écrire une œuvre de pure imagination : en conséquence, il choisissait les traits qui lui semblaient le plus propres à embellir son œuvre et à lui assurer le succès. Mais quand il avait écrit cette œuvre, fille de son génie littéraire, il croyait que tout s'était passé comme il l'avait écrit. Il avait foi en la puissance de son héros, il s'assurait de sa protection, protection spéciale pour l'écrivain, mais s'étendant à tous les lecteurs et plus encore à tous les copistes. Un bon scribe qui avait passé toute sa vie à copier les *Actes* des martyrs avait bien des chances d'échapper à tous les dangers de la route vers le tribunal de l'autre vie. On se faisait ainsi une petite armée de protecteurs célestes, toujours prêts à venir au secours de ceux qui les invoquaient, à payer leurs dettes, même les impôts, à faire cesser les tempêtes du Nil, etc. Et ici la comparaison devient intéressante. L'ancien Egyptien avait divisé l'année en jours fastes et néfastes : un même jour pouvait avoir deux parties de fastes et une de néfaste, une de faste et deux de néfastes, et réciproquement[1]. A tel jour, ceux qui étaient attachés à tel Dieu, comme Osiris, Ptah, Sokaris, de préférence les dieux infernaux, étaient sûrs d'être sauvés. Les Egyptiens, qui ont toujours très-bien entendus leurs intérêts, spirituels comme temporels, avaient imaginé de s'attacher au plus grand nombre de dieux possibles, à Osiris, à Ptah, à Sokaris, à Isis, à Nephthys, à Râ, à Thoth, à Anubis, à Horus, etc. ; ils avaient même inventé une trinité toute puissante Ptah-Sokar-Osiris, devenu une seule personne ayant la puissance des trois personnes primitives, puis une quaternité du même genre, Ptah-Sokar-Osiris-Khentamenti. Evidemment plus on avait de protecteurs, plus on avait de chances de mourir dans un jour où les dévots de tel ou tel Dieu étaient nécessairement sauvés : c'est pourquoi, sur les stèles funéraires, on trouve la mention de dix et douze dieux ou formes de dieux. Les Coptes conservèrent cette idée. Au ciel, on était de la tribu du saint que l'on avait honoré sur la terre, la chose est expressément dite dans la vie de Pakhôme. Chaque saint avait ses fidèles sur lesquels il veillait particulièrement, car il y était tenu.

---

1. Les Egyptiens divisaient le jour en trois parties, matin, midi et soir. Ce calendrier nous a été conservé en partie dans le pap. Sallier IV, et a été traduit par M. Chabas.

Plus on avait attaché de saints à sa destinée, plus on avait de chances d'être sauvé et quelquefois il les fallait toutes. Sisinnius, l'eunuque de Théodose le jeune dont j'ai déjà parlé, s'en aperçut bien, car il ne lui fallut pas moins que les douze apôtres et le stratélate Théodore pour le tirer des mains de la puissance qui le voulait conduire en enfer. On ne pouvait donc avoir trop de protecteurs pour la vie ultra-terrestre et même pour la vie terrestre. Quand Zeus avec sa cour divine était occupé à respirer l'odeur des hécatombes et à jouir du banquet que lui offraient les Ethiopiens, « les meilleurs et les plus extrêmes des hommes, » Achille ne pouvait lui demander un secours immédiat, il lui fallait attendre ; de même, il pouvait très bien se faire que le saint invoqué ne fût pas disponible au moment voulu, qu'il fût occupé ailleurs, ou à table ou en visite, ou en partie de plaisir sous les pommiers célestes, près des bassins paradisiaques ; quand on avait à son service quantité de saints, on avait toutes les chances d'être immédiatement servi. C'était bien quelque chose. De là vint cette foule de santons, d'oratoires, d'églises, de basiliques dont se couvrit l'Egypte : le pays faisait en grand ce que chaque individu faisait en particulier. Et la preuve que je n'exagère rien, que telle était bien la pensée du peuple égyptien christianisé, c'est qu'on a bâti autant et plus d'églises, d'oratoires et de santons, aux saints qui n'ont jamais existé qu'à ceux qui ont existé. Le tout dépendait de la vogue qu'avait eu le roman.

De cette vogue dépendit aussi la renommée du saint hors de l'Egypte. Je ne veux pas ici examiner cette question ni comment certains héros ont forcé l'entrée du calendrier latin. Je réserve cet examen pour plus tard, lorsque je publierai tous mes documents sur la persécution de Dioclétien ; mais je suis assuré déjà que cet examen me garde les plus curieuses constatations.

Avant de terminer ces réflexions je dois attirer l'attention sur un point vraiment curieux des mœurs égyptiennes. Tout le monde sait quelles étaient ces mœurs au sujet du cadavre de l'homme. Ce qu'on sait beaucoup moins et ce qu'on ignore même complètement, c'est à quelle époque cessa la momification. Les chrétiens d'Egypte usèrent-ils de la momification ? On a certainement des momies d'époque byzantine, deux de ces momies sont en particulier conservées au musée de Boulaq ; mais ces momies provenaient-elles de chrétiens ? On l'a affirmé ;[1] mais pour ma part je n'ai pu découvrir parmi les ornements qui les recouvrent aucun signe qui attestât péremptoirement des croyances chrétiennes. Les symboles sont des symboles égyptiens grécisés. Cette observation n'emporte pas la conclusion que les dites momies ne sont pas chrétiennes, mais tend seulement à constater que les preuves données ne me semblent pas suffisantes. Toutefois il est bien improbable que la momification, d'un usage si courant, ait cessé tout à coup en Egypte par suite de l'adoption des doctrines chrétiennes. On est donc tout naturellement amené à croire que la momification continua pendant les premiers temps du christianisme. Les *Actes* des martyrs en fournissent des preuves nombreuses. On pourrait peut-être attribuer la conservation des corps à une intervention divine ; mais les détails donnés sur la manière dont on rendait les derniers devoirs aux cadavres des martyrs ne laisse aucun doute à ce sujet. Quand Abirou et Atoum prennent le corps du martyr qu'ils ont acheté aux soldats, « ils lui rendirent bellement les derniers devoirs, le fournirent d'une grande quantité de parfums[2]. » De même la pieuse femme qui acheta le corps de Sophie d'Alexandrie « enroula le corps vénéré en des bandelettes précieuses et le mit en sa maison[3] » L'épouse de Justus, Théoclia, « est ensevelie convenablement, placée dans un cercueil et conservée jusqu'à la fin de la persécution[4] » La vierge

---

1. Cf. Maspero : *Guide du visiteur au musée Boulaq*, salle gréco-Romaine et salle historique de l'est p. 377, n° 5456, 5613 et 5615.
2. *Synaxare*, 8 Abib. — Cf. Hyvernat : op. cit. f. II, p. 137.
3. *Synaxare*, 5 Thoth.
4. *Synaxare*, 11 Baschons.

Fakronia avait eu les membres coupés : « un riche fidèle prit ses membres, les plaça dans une boîte dorée, après les avoir ensevelis dans des linceuls de soie[1] ». Il est encore dit pour un soldat martyrisé à Tripoli : « une femme croyante vint, donna de l'argent au geôlier, prit le corps, l'ensevelit dans des linceuls neufs, le mit dans un cercueil en sa maison ; elle en fit une image en sa maison et alluma des flambeaux devant elle[2] ». C'est aussi ce qu'avaient fait Abirou et Atoum. Ces différents traits renferment presque toutes les opérations de la momification, telle qu'elle était alors pratiquée : embaumement, embandelettement, mise en un sarcophage ayant déjà servi, ou enveloppement dans un cartonnage auquel on donnait le masque de la figure, ou encore sur lequel on figurait le défunt, comme sur les deux momies conservées au musée de Boulaq. Je ne crois pas que l'on puisse désirer des preuves plus fortes. D'ailleurs le témoignage des œuvres coptes est corroboré par un texte grec sur lequel l'attention ne me semble pas s'être portée jusqu'ici. Il fait partie de la *vie de St Antoine* attribuée à St Athanase et il y est dit que « parmi les raisons que donna St Antoine sur ses dernières volontés à propos de son corps, il justifiait son ordre par la coutume où étaient les Egyptiens de rendre les derniers devoirs aux cadavres des personnages pieux, surtout des saints martyrs, de les envelopper de bandelettes et, au lieu de les enterrer, de les exposer sur des lits, de les garder dans leurs maisons, dans la croyance qu'ils leur rendaient honneur en agissant ainsi[3]. Or, pour agir ainsi, et les *Actes*

---

1. *Synaxare*, 1er Abib.
2. *Synaxare*, 22 Abib.
3. Τῶν δὲ ἀδελφῶν βιαζομένων μεῖναι αὐτὸν παρ' αὐτοῖς, κἀκεῖ τελευτηθῆναι, οὐκ ἠνέσχετο διὰ πολλὰ μέν, ὡς αὐτὸς καὶ σιωπῶν ἐνέφαινε, καὶ διὰ τοῦτο δὲ μάλιστα· οἱ Αἰγύπτιοι τὰ τῶν τελευτώντων σπουδαῖα σώματα, καὶ μάλιστα τῶν ἁγίων μαρτύρων, φιλοῦσι μὲν θάπτειν καὶ περιελίσσειν ὀθονίοις· μὴ κρύπτειν δὲ ὑπὸ γῆν, ἀλλ' ἐπὶ σκιμποδίων τιθέναι, καὶ φυλάττειν ἔνδον π.ρ' ἑαυτοῖς νομίζοντες ἐν τούτῳ τιμᾶν τοὺς ἀπελθόντας. — *Patr. grec.* 26, Athan. opp. 2, col. 967-970, n° 90. Le texte ajoute que St Antoine détourna ses contemporains de cette coutume, leur citant l'exemple des patriarches qui avaient été enterrés et de Jésus qui avait passé trois jours au tombeau. C'est à partir de ce moment que les Egyptiens commencèrent, dit-on, à enterrer leurs morts.

concordent avec la *vie d'Antoine*, il fallait l'embaumement préalable, c'est à dire en Égypte la momification, telle qu'elle se pratiquait alors ; car il n'est pas croyable que les Égyptiens aient subitement changé de coutume pour la préparation des cadavres, quand ils avaient conservé toutes les autres coutumes de leurs ancêtres.

J'arrête ici ces considérations et je me résume. Il est bien évident que le christianisme soutint en Égypte une lutte violente contre l'autorité romaine : personne ne songera à le contester. Cette lutte se passa principalement dans les villes du littoral et dans les grands centres de population échelonnés sur le Nil, jusqu'à Esneh inclusivement. L'introduction du christianisme se fit en Égypte par l'élément grec : la population indigène y resta indifférente jusqu'au moment où, à la persécution religieuse, correspondit une révolte politique. D'ailleurs la Haute Égypte a toujours été en état de rébellion, sous tous les régimes qui se sont succédés en Égypte. On fit de l'opposition au gouvernement, cette opposition en certaines villes dégénéra en véritables séditions, on se dit chrétien sans connaître un seul dogme du christianisme et sans rien avoir appris de son histoire et de ses pratiques que le nom du Messie et le signe de la croix. Parfois il y eut comme un engouement du martyre ; cela semble bien résulter des *Actes* à moins que l'auteur n'ait englobé tous les séditieux parmi le bataillon des confesseurs de la foi, ce qui est très possible. Mais s'il en a été ainsi, ce ne dut être qu'au commencement de la persécution ; à mesure qu'elle s'étendit et dura, l'Égypte passa au christianisme, je veux dire l'élément principal de la population égyptienne, en réservant les classes les plus élevées, peu nombreuses toutefois, qui demeurèrent encore près de deux siècles attachées à l'ancienne religion. De ce changement intérieur et des luttes qu'il occasionna, nous ne pouvons savoir que le résultat final : les détails nous échappent en général, parce que la confiance que nous pouvons attacher aux documents est presque nulle ; constatation pénible pour l'historien. Mais si les *Actes des Martyrs* d'Egypte ne fournissent qu'une minime contribution à l'histoire des faits, ils fournissent au contraire une moisson abondante à l'histoire des idées humaines et du sentiment religieux : comme les autres œuvres coptes, ils me semblent inappréciables en l'espèce. J'espère que mes lecteurs partageront ma manière de voir.

Je ne saurais terminer ce travail sans parler de la joie immense qui éclata en Egypte, selon les auteurs coptes, à l'avènement de Constantin. Comme le faux empereur Tatien du *martyre* de St Georges, Maximien avait été consumé par le feu du ciel [1], Dioclétien avait été rendu fou par la chute d'une boule ornant le baldaquin de son trône, boule dont la chute avait été déterminée par un ange [2] ; c'est alors que Constantin monta sur le trône, ferma les temples et ouvrit les églises : l'Egypte entière fut dans l'allégresse « parce que la corne de la religion chrétienne se dressait [3] ». A peine monté sur le trône, il fit venir près de lui les martyrs d'Egypte qui avaient survécu à la persécution, en particulier le saint Bimin de Minieh dont l'histoire nous a été conservée [4]. Evidemment il n'avait pas d'affaires plus pressantes, au gré des auteurs coptes qui ne lui ont pas marchandé les louanges et qui l'ont placé sur les autels [5]. Il est facile en effet de comprendre la joie que dut éprouver l'Egypte à la fin de la persécution : elle pouvait alors respirer librement, chanter et vivre joyeusement. Il est dit d'un martyr que, pendant ses souffrances, il chantait les actes de Técla ;[6] s'il en était ainsi, il n'est pas douteux que les chrétiens aient été heureux de chanter en paix les nombreux *Actes* éclos de l'imagination de leurs auteurs favoris. Ils purent le faire ainsi jusqu'aux années qui suivi-

---

1. *Synaxare, Actes de Barbaro,* 8 Kihak.
2. *Actes de St Georges,* 23 Barmahat. — Cf. E. Amélineau : *Contes et romans de l'Egypte chrétienne,* tom. II.
3. *Synaxare,* 10 Baonah.
4. *Synaxare,* 9 Kihak.
5. *Synaxare,* 28 Barmahat.
6. *Synaxare,* 6 Emschir.

rent le funeste concile de Chalcédoine : les luttes de l'Arianisme n'occupèrent qu'Alexandrie, ville étrangère à l'Egypte ; celles du Nestorianisme n'eurent aucun effet dans la vallée du Nil. D'ailleurs les vrais Egyptiens n'y comprirent jamais rien. Ils habillèrent le christianisme de leurs idées, le dotèrent de toutes leurs superstitions, le plièrent au plus grand nombre de leurs croyances, et, sous un nouveau nom, continuèrent d'être de purs Egyptiens comme devant. Race pleine de résistance, la race copte continuera sans doute encore longtemps d'exister, sans jamais se plier aux idées modernes et aux civilisations étrangères ; elle conservera toujours l'héritage inconscient de ses ancêtres et si elle vient jamais à disparaître, on peut être assuré que le dernier copte emportera dans son tombeau les idées que les contemporains de Ménès regardaient comme le patrimoine de la terre noire d'Egypte.

Paris, 15 juin 1888.

ÉTUDE CRITIQUE

SUR LE

MARTYRE DE SAINT GEORGES

D'APRÈS LE TEXTE COPTE

———

Depuis le jour où je commençai la copie et la traduction du *martyre* de Saint Georges jusqu'à la présente heure où j'entreprends de consigner ici le résultat de mes observations et de mon étude, ma pensée a parcouru un chemin fort long et fort mouvementé, dont il est curieux, je crois, de constater les diverses étapes. J'avoue sans fausse honte que j'avais toujours cru à l'existence de ce grand saint Georges, le patron des soldats en général et de la cavalerie anglaise en particulier. Je ne connaissais guère de la vie d'un aussi illustre guerrier que son fameux combat contre le dragon, où mon enfance avait admiré son courage et son cheval. C'était le bilan de mes connaissances pour ce qui regarde ce grand saint. Aujourd'hui j'en sais davantage ; mais, hélas ! je ne puis plus croire au combat contre le dragon, plus admirer le cheval et le courage de cet insigne patron des cavaliers, car il ne combattit pas le moindre dragon et ne monta peut-être jamais à cheval. Ce dragon et ce cheval m'avaient toujours fort inquiété, quoique je n'eusse pas éprouvé d'ailleurs un plus pressant besoin de consulter les Bollandistes sur les *Actes* de Saint Georges : tout en admirant sur les images que tout le monde sait l'horrible tête du dragon, la lance que le saint enfonce dans les flancs de la monstrueuse bête et l'intelligence avec laquelle le cheval vomit si à propos le feu par les naseaux et la bouche, je me disais que, malgré toutes ces beautés, il y eut un temps où il y avait bien des dragons de par le monde et je m'étonnais que saint Michel ayant tué le premier, ou tout au moins l'ayant si bien fait rouler au plus profond des enfers, il y en eut encore d'autres sur la terre. Je savais bien cependant qu'en des temps fort reculés, Hercule avait tué l'hydre de Lerne qui causait de si épouvantables ravages ; mais puisqu'il l'avait tuée, je supposais qu'elle était morte, et tout me portait à croire que ma supposition était fondée puisque jamais plus je n'avais entendu parler des ravages du monstre. Aussi, je le répète, j'étais tout étonné de voir qu'il y avait encore un dragon du temps de saint Georges, qu'il y en avait même plusieurs à son époque, puisqu'un archimandrite grec en tua un second ; qu'il y en avait même une multitude, puisque nombre d'évêques en Italie, à peu près vers la même époque, eurent à les tuer et à en délivrer leurs villes épiscopales [1]. Je ne fais pas entrer en ligne de compte ceux dont les chevaliers normands devaient plus tard purger la Sicile. Tous ces dragons me préoccupaient donc assez vivement et me semblaient un argument non méprisable en faveur de la génération spontanée, lorsque je tombai sur le *martyre*, ou plutôt, comme je le croyais alors sur la *vie* de S' Georges, car c'était le titre du catalogue qui m'avait fait connaître l'existence de l'œuvre que j'ai étudiée [2].

J'eus bien vite fait de m'apercevoir qu'au lieu d'une *vie* de Saint Georges je me trouvais simplement en face des *Actes* de son martyre. Je crus tout d'abord que ces actes, pour n'être pas aussi *sincères* que ceux de Dom Ruinart l'étaient cependant

---

[1]. Cf. *Acta Sanct*, 23 Avril.
[2]. Le manuscrit qui m'a fourni le sujet de cette étude à la bibliothèque privée de Lord Crawford qui l'a mis à ma disposition avec la plus grande obligeance : je ne saurais donc mieux commencer ce travail qu'en offrant ici à Lord Crawford l'expression publique de ma reconnaissance. Ceux qui ont suivi ou suivront mes publications savent et sauront mieux encore plus tard que le noble Lord est un ami aussi éclairé que fidèle de la science dans toutes ses manifestations.

tout autant que les *Actes* coptes en général sur la *sincérité* relative desquels j'étais édifié. Malgré les évènements prodigieux et incroyables qui abondent plus que de raison, je supposais qu'au fond de toute cette fantasmagorie il y avait un évènement réel, plus ou moins simple ou compliqué, dont je me promettais bien de trouver la trame. Mais à mesure que je traduisais et que je comprenais mieux l'enchaînement du récit, les doutes en foule assaillaient mon esprit et je finis par croire que bien loin d'avoir des *Actes* du martyre de Saint Georges, je n'avais qu'un *conte* ou un *roman* à la manière copte fait sur le martyre du célèbre soldat. Mes doutes étaient corroborés par cette particularité que, soit dans le récit lui-même, soit dans les dix merveilles qui font suite, je n'avais pas trouvé la moindre mention du plus petit dragon.

J'eus alors la curiosité de rechercher quelle avait bien pu être l'origine première de mon roman. Je croyais trouver des *actes* officiels du martyre de Saint Georges, car il me semblait tout-à-fait impossssible qu'un personnage devenu aussi célèbre et qui l'était tout autant dès le quatrième siècle, n'eut pas laissé de traces dans les œuvres de ses correligionnaires. J'ouvris donc les Bollandistes au 23 Avril avec la plus grande confiance. J'y trouvai d'abord que mon *roman* ne leur était pas inconnu, qu'il avait même été connu longtemps auparavant et que le pape Gélase, qui ne le goûtait pas sans doute, l'avait mis au nombre des livres apocryphes, déclaré mauvais et condamné au feu en 494. Je ne fus pas surpris d'une antiquité aussi reculée, car je savais que la grande époque de la littérature copte embrasse le IVe et le Ve siècles. Pour qu'un livre primitivement composé en Egypte et en langue copte (je le démontrerai plus loin) pût avoir été traduit en grec, puis en latin, et avoir obtenu une vogue assez grande à la fin du Ve siècle pour être accusé de créer un danger à l'esprit des simples fidèles, il faut que ce livre ait été composé au plus tard, je crois, vers les premières années du Ve siècle. Cette date rentrait parfaitement dans l'ordre des idées que je regarde comme certaines, et je me réjouis de le constater.

Faisant un pas de plus, j'arrivai aux *Actes* admis comme certains et authentiques par les Bollandistes, c'est à dire aux *Actes* grecs conservés par Siméon le Métaphraste. Je les lus avec la plus ardente curiosité et je m'aperçus vite que le fond était identique à celui de mon roman. Le dragon ne s'y trouvait pas encore, et j'en eus un certain plaisir, car si dans l'œuvre de mes Coptes j'eusse trouvé mention de ce dragon avec un récit détaillé de la grande victoire de Saint Georges sur ce monstre au fond de la Cappadoce, ma confiance en l'auteur copte eût reçu un si terrible choc qu'elle en eût été ébranlée. Grâce au ciel, il n'y avait pas de dragon; mais il y avait le magicien, la reine Alexandra et le laboureur Glycérius, sans compter la roue, la charrue, etc. Un moment je pus croire que les *actes* grecs avaient été composés avant l'œuvre copte, que l'auteur de celle-ci avait eu connaissance de ceux-là et qu'il les avait arrangés à sa guise pour sa plus grande satisfaction personnelle, pour la plus grande gloire de Saint Georges et pour le plus grand profit des lecteurs. Je me hâte de dire que je ne conservai pas longtemps cette croyance, et que mes doutes me revinrent plus nombreux et plus impérieux.

En quittant les Bollandistes et le Métaphraste, curieux de lire l'œuvre que le pape Gélase avait si inhumainement condamnée et que Baronius m'assurait avoir retrouvée et disait avoir été publiée par Lipoman l'évêque de Vérone, je m'aventurai jusqu'à Surius, et je trouvai en effet l'œuvre que je cherchais [2]. Une surprise bien agréable m'y attendait : j'y trouvai le nom de l'auteur de ces Actes damnables. Cet auteur était appelé *Pasicrates*, et je reconnus en ce nom le Sosie de celui que l'auteur copte a nommé à la fin de son roman. Mais je m'aperçus aussi que cette nouvelle version du martyre de Saint Georges, quoique fort différente de la version du

---

1. Baron. *Sac. Martyr. rom.* adnot. ad 23 April.
2. Surius, tom. II p. 304-311.

Métaphraste, l'était encore davantage de mon roman copte. Cependant j'avais rencontré, mentionnées par les Bollandistes, plusieurs versions dont ils citent le commencement et la fin et qui sont la traduction mot à mot de l'œuvre copte, à ce qu'il semble. Je n'avais que deux moyens d'expliquer ces divergences et ces ressemblances : supposer que les versions latines les plus détaillées et le roman copte ne sont que des amplifications d'*actes* primitifs qui nous seraient parvenus plus ou moins authentiques dans la version grecque du Métaphraste ; ou supposer au contraire que la version grecque du Métaphraste et les versions latines abrégées ne sont qu'un résumé des versions primitives faites elles-mêmes sur un original égyptien, écrit dans l'un ou dans l'autre dialecte de la langue copte. Je ne pouvais penser à un moyen terme, car certaines observations que je donnerai au cours de cet examen me démontraient péremptoirement que les diverses versions grecques ou latines et la version copte ne pouvaient avoir une origine commune, comme l'eût été, par exemple, une relation syriaque du martyr de Saint Georges.

De la manière dont je résoudrais le problème ainsi posé dépendait la valeur historique devant être attribuée à l'œuvre en question. Le travail des Bollandistes recevait ainsi une confirmation péremptoire ou un démenti éclatant. L'existence elle-même de Saint Georges était absolument démontrée ou mise en doute, et de telle manière que la réalité de *ce grand stratélate*, comme parlent les écrivains coptes, recevait une blessure que bien des esprits jugeraient mortelle. C'est cet examen que j'entreprends ici de faire sans parti pris, d'après les données des textes et la connaissance que j'ai des mœurs égyptiennes, présentes ou passées.

CHAPITRE PREMIER

Les manuscrits coptes qui nous ont conservé le roman du *Martyre* de Saint Georges sont, à ma connaissance, au nombre de deux : l'un se trouve à la bibliothèque Bodléienne d'Oxford, et il s'en trouve à la bibliothèque nationale une copie faite par M. Dulaurier[1] ; l'autre est la propriété privée de Lord Crawford. Tous les deux sont écrits en dialecte memphitique et sont identiques pour le fond. Outre ces deux manuscrits complets, ou à peu près, de l'œuvre dont je parle, il existe à la bibliothèque du musée Borgia (Propagande romaine) divers feuillets écrits en dialecte thébain où se trouve une partie du *Martyre* de Saint Georges[2] ; la bibliothèque privée de Lord Crawford contient aussi plusieurs feuillets de parchemin où se rencontrent d'autres passages thébains du même *Martyre*. J'ai tout lieu de croire que dans les découvertes faites récemment on retrouvera de nouveaux fragments de l'œuvre copte[3]. Je ne parle que pour mémoire des versions arabes faites sur le texte copte et qui ne peuvent être d'aucune utilité pour ma thèse, car elles ne présentent rien

---

1. C'est le n° 79.
2. Cf. Zoëga *Cat. Cod. Copt.* CLII, p. 210-211.
3. La *Bibliothèque nationale* possède en effet plusieurs fragments thébains de ces *Actes*.

de nouveau et ont été faites à une époque relativement récente, ne pouvant en rien aider à la solution du problème.

Or, selon le récit de l'œuvre copte, voici comment se passe le drame raconté. La scène est placée au temps « de la grande persécution qui s'éleva contre l'Eglise. » Le roi Tatien[1], après des commencements modestes, étant parvenu à s'arroger l'empire tout entier et ayant appris qu'on délaissait à l'envi les dieux du panthéon grec pour adorer Jésus le Christ, mis autrefois à mort par les Juifs, en conçut un vif dépit et écrivit à tous les rois de la terre et à tous les gouverneurs de ses provinces d'avoir à venir le trouver, afin qu'ensemble ils avisassent à conjurer un aussi grand danger. Les rois vinrent au nombre de quatre-vingts : ils étaient accompagnés d'une si grande multitude de gouverneurs et de grands officiers de toute sorte qu'on ne sût comment les loger tous. Dès qu'ils furent arrivés, le roi Tatien les réunit, fit apporter en leur présence tous les instruments de torture en usage de son temps, et déclara devant une telle assemblée que, s'il trouvait des orgueilleux refusant d'adorer ses dieux, « il briserait la tour de leurs cœurs, leur couperait la tête, scierait les tibias de leurs jambes et couperait les jointures de leurs corps ». Devant un tel spectacle et de telles menaces, les chrétiens eurent peur et pendant trois ans pas un seul n'eut le courage de proclamer sa foi.

Un jeune homme eut enfin cette audace. Il se nommait Georges ; originaire de Cappadoce, il était devenu tribun des soldats dans l'armée romaine et avait acquis de grandes richesses. Il avait passé une grande partie de sa vie en Palestine où s'était sans doute achevé le temps de son service militaire. Il se rendait près de Tatien pour obtenir la dignité de *comte*, lorsqu'en voyant la folie des adorateurs des idoles, il changea brusquement de dessein, distribua ses

---

[1]. Le copte d'après une orthographe presque générale écrit le roi Dadien : d'ordinaire le *d* remplace le *t* dans les mots d'origine grecque, parce que la prononciation du *t* égyptien ne répondait pas à celle du *t* grec, n'étant pas assez forte.

biens aux pauvres et alla trouver le roi pour confesser sa foi. Dès les premières paroles, il engage la lutte en insultant le roi et en affirmant sa foi. On lui demande son nom : il répond que son premier nom est *chrétien* et que les hommes le connaissent sous celui de Georges ; puis comme Tatien lui demande de sacrifier à Apollon ou à Neptune, il fait de l'esprit, se moque des dieux, cite l'Ecriture. Naturellement le roi se met en colère : Georges est mis sur le chevalet, on lui déchire les flancs. Quatre soldats l'étendent ensuite à terre et le frappent à coup de nerfs de bœufs. On saupoudre son corps de sel et on l'enferme dans des sacs faits de poil. Comme rien n'y fait, Tatien ordonne d'apporter un brodequin de fer percé de trous par lesquels on enfonçait des clous dans le pied du martyr. On fait ensuite monter le saint sur un autel et on le déchire avec six clous pointus. On le plonge dans une chaudière d'eau bouillante et les bourreaux enfoncent des clous dans sa tête, si bien que le sommet du crâne s'écarte et que la cervelle jaillit. Pour finir, le roi ordonne d'apporter la moitié d'une colonne que huit hommes suffisent à peine à placer sur le ventre de Georges qu'on laisse en pareil état jusqu'au lendemain. Pendant la nuit, le Christ Jésus apparaît à son soldat et lui annonce une triple mort, suivie d'une triple résurrection : ce n'est qu'après être mort quatre fois que Georges montera au ciel.

Le lendemain, Tatien fait amener à son tribunal Georges qui arrive en chantant des psaumes et en faisant une prosopopée à l'adresse du tribunal. Le roi écrit une lettre à la terre entière, à tous les magiciens, promettant les plus grandes récompenses à celui qui pourrait surpasser les sortilèges de Georges. La lecture de cette lettre donna l'idée d'aller trouver le roi à un magicien nommé Athanase. Le magicien en abordant Tatien, lui dit : « Vive à jamais le roi, il n'y a rien d'impossible pour moi. » Et, comme le roi lui demandait une preuve de ce qu'il avançait, Athanase se fit amener un taureau qu'il coupa d'un seul coup en deux parties égales, en lui parlant seulement à l'oreille, si bien que l'une faisait exactement le contrepoids de l'autre dans une balance. A la vue de ce prodige, Tatien ne douta plus du succès et fit amener Georges. Celui-ci pria le magicien d'en finir promptement. Athanase prit une coupe, la remplit d'un liquide dont il s'était lavé le visage, prononça des paroles de conjuration et la tendit à Georges, assurant que la coupe serait à peine bue que Georges serait mort. Mais la coupe fut vidée et Georges ne mourut point. Athanase fut d'abord surpris ; il crut se trouver en présence d'un confrère qui avait aussi sa puissance. Il prit une autre coupe, prononça la plus puissante de ses conjurations et se déclara prêt à embrasser la foi du martyr, si cette seconde coupe ne le faisait pas mourir sur le champ. La seconde coupe est bue, et Georges ne meurt pas davantage. Athanase tient sa promesse et se fait chrétien. Le roi en courroux ordonne de le conduire hors de la ville et de le décapiter ; puis il fait de nouveau mener Georges en prison jusqu'à ce qu'il ait pris une décision à son égard.

A peine le matin a-t-il paru que le roi fait construire une immense roue toute garnie, en bas et en haut, d'épées, de sabres à double tranchant, de clous aigus. On amena Georges qui, à la vue de la terrible roue, a un moment de défaillance et se met à invoquer Dieu le Messie. Dès qu'il a achevé sa prière, on le jette dans la roue qu'on fait tourner et aussitôt le corps de Georges est coupé en dix morceaux. A cette vue, Tatien, rempli de joie loue à haute voix ses dieux et demande ironiquement où est le Dieu de Georges ; puis il ordonne de jeter les ossements du saint dans un lac desséché, afin que les chrétiens ne pussent ni les enlever, ni les honorer. Après avoir donné cet ordre, le roi s'en va manger, car c'était l'heure de son repas. Pendant qu'il mangeait, voici que la terre trembla, les montagnes s'entrouvrirent, la mer fit bouillonner ses flots jusqu'à une hauteur de quinze coudées et l'archange Michel sonna de la trompette. Aussitôt

Jésus le Messie descendit du ciel, ordonna à Michel de rassembler les ossements de Georges, souffla sur les restes rassemblés et Georges revécut. A peine de retour à la vie, il se hâta d'aller à la recherche des rois qu'il trouva rendant la justice sur la place publique. Il se nomma, mais le roi ne voulut point le reconnaître. On trouva cependant qu'il y avait certaine ressemblance entre lui et Georges le supplicié; finalement le stratélate Anatolius affirma que c'était bien Georges ressuscité d'entre les morts. Il crut avec ses soldats et d'autres assistants; les convertis atteignirent le chiffre de trois mille neuf hommes, plus une femme. Tatien ordonna de les mener hors de la ville, d'en faire quatre parts et de les couper en morceaux, ce qui fut fait le 15 Phamenoth, un samedi, à la neuvième heure (12 mars, 3 heures du soir). Georges fut de nouveau amené au tribunal du roi qui fit attacher le saint sur un lit de fer. On lui versa du plomb fondu dans la bouche, on lui enfonça soixante clous dans la tête. Pour le mieux assujettir, on avait creusé une grosse pierre et on y avait fait entrer sa tête; puis on le roula avec la pierre et on lui brisa toutes les jointures. On l'attacha ensuite à une grosse pierre et on alluma du feu par dessous. On l'enferma dans un taureau d'airain et on le perça de grandes broches de fer. Rien n'y fit encore et le roi, lassé, fit reconduire le saint en prison et le fit pendre, en attendant qu'il eût pris une décision.

Pendant la nuit, le Seigneur apparut de nouveau à son martyr et le fortifia par les mêmes promesses qu'il lui avait déjà faites. Le matin venu, Georges fut de nouveau conduit au tribunal. L'un des quatre-vingts rois, nommé Magnence, demanda à Georges de faire un prodige sur les sièges où ils étaient assis. Georges y consentit, il pria et les sièges devinrent des arbres avec branches et feuilles; ceux qui étaient faits d'arbres fruitiers furent même chargés de fruits. Magnence s'écria alors : « C'est un grand Dieu qu'Héraclès ! » et comme Georges niait qu'un pareil prodige eût pu être fait par Héraclès, Tatien le fit scier en deux et Georges rendit de nouveau l'esprit. On apporta alors un chaudron avec du plomb, de la graisse de bœuf et du bitume; on y fit bouillir le corps du saint avec une telle violence que la flamme s'élevait à quinze coudées et que les gens s'enfuirent et dirent au roi : « C'est fini ! » Le roi fit enfouir profondément la chaudière en terre avec le corps du saint, afin que les chrétiens ne pussent l'enlever; mais, dès que les serviteurs se furent retirés, l'air fut agité et la terre trembla jusque dans ses fondements. Jésus le Messie descendit de nouveau du ciel et ordonna à l'ange Salathiel de ramener la chaudière à la surface et, pour la seconde fois, Georges ressuscita.

Alors pour faire toutes choses selon les règles, il envoya prévenir le roi qu'il se promenait par les rues de la ville et qu'il enseignait. Tatien ordonna de le saisir et de le ramener au tribunal auquel Georges adresse une nouvelle prosopopée. En ce moment une femme nommée Scholastique vint le supplier pour son fils qui n'avait qu'un bœuf de labour et ce bœuf venait de tomber mort en labourant. Le saint lui remit une baguette qu'il tenait à la main et lui dit d'aller la poser sur le bœuf, mais en prononçant certaines paroles qu'il lui apprit. La femme fit ce que Georges lui avait dit et le bœuf revint à la vie, tout comme Georges lui-même. Cependant Tatien envoya de nouveau chercher le martyr et quand celui-ci fut arrivé, un roi, nommé *Trakiali*, lui demanda un nouveau prodige, car, dit-il, il y avait doute sur le précédent et l'on ne savait pas quel en était l'auteur, de Héraclès ou de Jésus. Un tombeau se trouve non loin, il faut que Georges ressuscite les morts qui y ont été enfermés. Si cette résurection s'opère, Trakiali se convertira. Georges accepte, sans avoir confiance dans la promesse du roi. Trois rois se rendent au tombeau et l'ouvrent : on en sort les ossements qui s'y trouvent, on les apporte aux pieds de Georges qui fait une prière et soudain vingt-quatre morts reviennent à la vie, cinq hommes, neuf femmes et dix petits enfants. Les quatre-vingts rois furent stupéfaits. Quelqu'un d'entre eux appela l'un des ressuscités, lui demanda son nom, depuis combien de temps il était mort et si le Christ avait déjà paru en ce temps-là. Le ressuscité répondit qu'il avait nom Ioubin, qu'il était mort depuis plus de deux cents ans et qu'il n'avait jamais entendu parler du Christ. A une nouvelle demande du roi, il avoua même qu'il croyait jadis en un Dieu nommé Apollon, un insensé sourd, muet et aveugle. La mort s'était chargée de le détromper ; et là-dessus il se met à citer l'Ecriture qu'il avait sans doute apprise dans l'Amenti. Il prie ensuite Georges de les baptiser. En voyant leur foi, Georges frappe la terre du pied, en fait jaillir une source, les baptise et les envoie en Paradis. Mais les rois ne furent point émus du prodige et ils ne virent en Georges qu'un enchanteur plus habile que les autres.

On se résolut alors d'user d'un autre moyen. On chercha la veuve la plus pauvre de la ville et l'on conduisit Georges chez elle, pour déshonorer les chrétiens. Georges se laissa mener chez la veuve et, à peine y fut-il entré, il lui demanda du pain. La veuve répondit qu'elle n'en avait pas et Georges se moqua aimablement de ces dieux qui laissaient sans pain ceux qui les adoraient. Cependant la veuve, en regardant le visage de Georges, vit bien qu'elle avait affaire, non à un débauché, mais à un homme de Dieu ; elle sortit pour aller emprunter du pain à ses voisins et à ses amis. Pendant son absence, Georges s'asseoit près d'un pilier de bois qui se met à pousser, à verdoyer et dont les plus hautes branches dépassent bientôt de quinze coudées le toit de la maison. En même temps, l'archange Michel en personne lui apporte du ciel une table abondamment servie. Georges mange et se réconforte. Cependant la femme revient, elle voit l'arbre qui a remplacé la colonne, elle aperçoit la table dressée et couverte de toutes les bonnes choses. Elle se jette à genoux adorant Georges ; mais celui-ci la relève avec bonté en lui assurant qu'il n'est pas le Dieu des Chrétiens, qu'il n'en est que le serviteur. La veuve enhardie apprend à Georges qu'elle a un petit garçon qui est à la fois aveugle, sourd, muet et boiteux : elle croira en le Dieu des Chrétiens si l'enfant est guéri. Georges prend l'enfant sur ses genoux et lui souffle au visage ; aussitôt des écailles tombent des yeux de l'enfant qui voit. La mère prie le martyr d'achever son œuvre ; mais il déclare que c'est assez pour ce jour-là et que le moment de la guérison complète n'est pas venu.

Pendant tout ce temps, Tatien et les soixante-dix-neuf rois, ses amis, étaient à souper. Après leur souper, comme ils se promenaient par les rues de la ville, Tatien aperçut l'arbre qui avait poussé dans la demeure de la veuve et il sut bientôt que cet arbre (c'était un figuier) avait poussé sur l'ordre de Georges. Aussitôt il fit amener le martyr en sa présence ; il le fit fouetter à coups de nerfs de bœuf, on lui brûla les flancs avec des pots de fer si bien qu'il rendit l'âme. Le roi donna ensuite l'ordre de porter le cadavre sur une montagne élevée, afin que les oiseaux le dévorassent. Les serviteurs du roi exécutèrent l'ordre reçu : mais, comme ils s'en retournaient après l'avoir exécuté, il se fit un grand tremblement de terre accompagné d'éclairs et de tonnerre : le Seigneur descendait pour ressusciter Georges une troisième fois. Le mort se leva aussitôt et cria aux serviteurs : « Attendez-moi un peu que j'aille avec vous. » A la vue de Georges qui courait pour les rattraper, les serviteurs se jetèrent à ses pieds et lui demandèrent le baptême qu'ils reçurent aussitôt. Ils allèrent eux-mêmes apprendre aux rois la nouvelle de leur conversion et l'un d'eux, Claudien, fut crucifié ; un second, nommé Lacirien, décapité et un troisième Glykon, livré aux bêtes.

Sur ces entrefaites, les rois ordonnèrent de leur amener Georges une fois encore. Tatien changea de tactique, il employa la douceur et assura Georges qu'il le traiterait comme un fils bien-aimé, à la seule condition de sacrifier. Georges, tout étonné que pendant sept ans Tatien eut employé la violence à son égard, le remercia de ses bonnes paroles et se déclara prêt à sacrifier. Le roi n'en put croire ses oreilles ; il baisa Georges à la tête et le conduisit de vive force en son palais pour le présenter à la reine Alexandra. Avec la plus grande discrétion, il se retira, quoique la nuit fut arrivée, laissant seuls Georges et Alexandra. Georges se mit en prières et récita des psaumes. Alexandra fut charmée de l'entendre et lui demanda des explications sur certaines paroles des psaumes. Georges les lui donna tant bien que mal[1], lui prêcha le Messie jusqu'à ce que la reine, convertie, le pria de cesser, afin qu'elle put dormir. Le matin parut et les hérauts par la ville invitèrent le peuple à se rendre au temple d'Apollon, afin d'assister au sacrifice de Georges. Le roi avait envoyé ses serviteurs pour faire escorte à Georges ; mais celui-ci les renvoya préférant marcher seul. Comme il marchait par la ville, la pauvre veuve vint à lui, déchirant ses vêtements, la tête nue, et lui reprocha son apostasie. Georges se contenta de sourire et de lui répondre : « Va chercher maintenant ton enfant ». Elle alla le chercher et Georges dit à l'enfant qui était encore sourd, muet et boiteux : « Va au temple et dis à la statue d'Apollon : Georges le serviteur du Christ t'appelle ». Le petit garçon fit la commission dans les termes les plus injurieux qu'il put employer, et aussitôt la statue, se détachant de son piédestal, se rendit à l'appel de Georges. Le martyr lui fit confesser qu'elle n'était pas un dieu, mais un démon révolté contre le véritable Dieu et, pour cela, précipité dans les enfers. Georges l'accusa de ne pas dire toute la vérité, car le démon attribuait la cause de sa révolte à l'ordre que Dieu avait donné aux Anges d'adorer un homme créé par lui-même, tandis que Georges donnait l'orgueil pour cause de cette révolte. Le démon resta confondu. Georges frappa du pied la terre qui s'entrouvrit et engloutit la statue. Il détacha ensuite sa ceinture, la passa autour de la statue de Héraclès qu'il traîna et mit en pièces ; puis il com-

---

1. Ces explications sont un modèle de pathos et d'absurdité : c'est bien le génie copte. On peut les voir dans ma traduction.

manda à toutes les autres idoles de disparaître : ce qui fut fait à l'instant. Les stratèges du temple et les prêtres des idoles, à la vue de tant de dégâts, se saisirent de Georges et le menèrent au roi Tatien. Celui-ci, outré de fureur, reprocha au martyr sa duplicité : ce n'était pas ainsi qu'il lui avait promis d'offrir de l'encens en l'honneur d'Apollon. « Va me chercher Apollon, dit Georges, et je l'adorerai en ta présence ». Mais ce n'était pas chose facile que d'aller chercher Apollon descendu dans l'abîme, et le roi plein de tristesse alla conter toute l'affaire à la reine Alexandra, pour en recevoir consolation. Une nouvelle déconvenue l'attendait : voyant que la reine elle-même était atteinte de christianisme, il la saisit par les cheveux et la traîna devant les soixante-dix-neuf rois, la fit suspendre et torturer sur le chevalet. Elle regardait Georges dont la vue la soutenait : on l'emmena ensuite pour la mettre à mort et elle accomplit son martyre le 15 Pharmouthi (11 Avril)

Les rois appelèrent ensuite Georges et prononcèrent sa sentence, le condamnant a être décapité. Le martyr suivit les soldats au lieu de son supplice. Quand il fut arrivé, il demanda la permission de faire une prière : elle lui fut accordée. Il pria et demanda certaines grâces pour ceux qui lui seraient dévots : Jésus le Christ lui apparut et lui promit que tout ce qu'il demandait, et plus encore, lui serait accordé. Georges tendit alors sa tête qui tomba sous l'épée d'un soldat, et son âme suivit le Christ dans les cieux. Aussitôt la terre trembla jusque dans ses fondements, il y eut de nouveaux éclairs et de nouveaux tonnerres : les assistants furent tous frappés de terreur. On était au 23 Pharmouthi, un dimanche, à la neuvième heure, (19 Avril). Saint Georges n'avait pas procuré le martyr à moins de huit mille six cent quatre-vingt-dix-neuf personnes, sans compter la reine Alexandra.

Le martyre s'achève de la sorte : « Moi, Pasyncrates, le serviteur du saint Georges, je suis resté avec mon maître jusqu'à l'achèvement de son combat, selon les sentences des rois impies. Ainsi je l'ai écrit sans rien y ajouter, ni rien y retrancher. » On serait tenté de croire que c'est la fin ; mais le récit continue dans un discours qui est placé dans la bouche de Théodore, évêque de Jérusalem, au jour de la consécration de l'église élevée en l'honneur du martyre à Diospolis de Syrie, où l'on avait transporté le corps du saint. Ce récit met en scène le serviteur de Georges, qui est alors appelé Pasyncratos, et raconte comment ce digne serviteur, aidé de deux compagnons, réussit à gagner Joppé avec le corps de son maître. Comme cette suite, ainsi que les autres miracles, n'intéresse que fort peu le sujet que je traite, je n'en fais pas autrement mention : on les trouvera d'ailleurs dans l'œuvre même telle que je l'ai publiée et traduite.

CHAPITRE DEUXIÈME

Telle est l'œuvre copte. Il ne sera pas inutile maintenant d'analyser succinctement les *Actes* grecs tels qu'ils nous sont parvenus. Comme je l'ai déjà dit, ces *Actes* nous sont connus par une double version, l'une adoptée par les Bollandistes et conservée par le Métaphraste, l'autre rejetée par les Bollandistes, adoptée par Surius et traduite par l'évêque de Bergame Lipoman, d'après un manuscrit de la bibliothèque de Venise. Pour des raisons que je donnerai plus loin, cette dernière version me semble antérieure et je l'analyserai la première.

Cette version commence par changer le nom du roi persécuteur ; il ne s'agit plus de Tatien, mais de Dioclétien. Or, Dioclétien qui détestait les chrétiens, avait un ami qui était animé de la même haine envers les disciples du Christ. Cet ami s'appelait Magnentius et occupait la seconde place de l'empire. Tous deux prirent la résolution d'exterminer les chrétiens et une lettre, au nom de l'empereur Dioclétien, fut adressée à tous les grands officiers de l'empire leur prescrivant de faire endurer les plus affreux supplices aux chrétiens ; de les combler d'honneurs, s'ils renient leur religion ; de les frapper du glaive, s'ils ne se convertissent pas de leur erreur.

Comme rien n'y faisait, Dioclétien, outré de colère, réunit près de lui le Sénat tout entier, les magistrats et les tribuns militaires. Tous accoururent à son appel et l'empereur délibéra avec eux sur le moyen d'anéantir la race chrétienne. Il fit à l'assemblée un discours haineux. Ensuite de ce discours, la persécution redoubla, et c'est alors que, « comme dans une nuit obscure, parut cette étoile brillante, » qu'on appelle Georges. Plusieurs fois auparavant il s'était excité au martyre; le spectacle de l'extraordinaire cruauté de Dioclétien le décida. C'était un homme originaire de Cappadoce, noble, riche, ayant exercé *plusieurs tribunats* et se trouvant avec l'armée près de l'empereur.

Après avoir distribué ses biens, il se présenta devant le tribunal de l'empereur qui siégeait au milieu du Sénat, de tous ses officiers civils et militaires, et s'écria : » Je suis chrétien. » Puis il fait la leçon à l'empereur et lui prouve que les dieux du panthéon grec ne sauraient être comparés à la Trinité, Père, Fils et Saint-Esprit. Lorsqu'il eut bien parlé, Magnence lui demanda quel était son nom. Georges répondit que son premier nom était celui de chrétien, mais que les hommes l'appelaient Georges. Dioclétien prend alors la parole et l'exhorte à sacrifier. Georges refuse et l'empereur le fait frapper à coups de lance ; mais la lance se recourbe comme si elle eut été de plomb. Rempli de fureur, l'empereur le fait *descendre du gibet*, ordonne de le conduire en prison, de lui mettre les entraves et de placer sur sa poitrine une énorme pierre qu'on eut peine à remuer. Pendant tout le temps de ce supplice, Georges remerciait Dieu à haute voix.

Le lendemain, Dioclétien, par l'inspiration de Satan, fit construire une grande roue qu'on remplit d'épées de tous côtés. Georges, à l'aspect de cette roue, tremble et demande force et courage au Messie. Il est jeté dans la roue et son corps est coupé en un grand nombre de morceaux. Dioclétien et Magnence triomphent alors, proclamant la force de leurs dieux. L'empereur, *laissant Georges dans la roue*, se rend ensuite à table et mange. A la dixième heure, une voix se fait entendre du haut du ciel et réconforte le martyr. En entendant cette voix, les bourreaux s'écrient : « Le Dieu des chrétiens est grand ! » Un ange descend alors du ciel, détache Georges de la roue, lui rend la force et l'intégrité de son corps, et le martyr va se promenant par les rues de la ville et chantant des psaumes.

Comme il arrivait près du temple d'Apollon, il y trouva l'empereur et ses amis occupés à sacrifier. « Me reconnais-tu ? » dit-il à l'empereur, et il lui reproche son idolâtrie — « Qui es-tu ? » lui répond Dioclétien — « Je suis Georges. » — Cependant ni Dioclétien, ni Magnence ne prennent sa réponse au sérieux, pensant que c'était seulement son ombre ; Georges s'efforce de les détromper et de les détourner du culte des idoles. Deux tribuns des soldats, Anatolius et Protoleo, viennent à son secours, affirment que c'est bien Georges et s'écrient : » Il n'y a que le Dieu des chrétiens ! » Ils se convertissent avec leurs familles et l'empereur les fait conduire hors de la ville et mettre à mort.

Cependant l'impératrice Alexandra, ayant appris tout ce qui concernait Georges, se rendit près de l'empereur et lui dit : « Je suis chrétienne et je sers le même Dieu que Georges. » — « Pourquoi sers-tu le Christ et méprises-tu les dieux ? » lui demande Magnence. — « Parce que je laisse ce qui est mauvais et cherche ce qui est bon, » lui répond Alexandra, puis elle retourne dans sa maison. L'empereur, ne se contenant plus, ordonne de jeter Georges dans un *lac* enflammé, plein de « cette chose qu'on appelle inextinguible, (le naphte) » et de le garder sévèrement afin qu'on ne pût le délivrer ni l'emporter. Trois jours après, il commande d'enterrer profondément les restes du martyr. Les soldats se rendent au lac *suivis* d'une grande multitude ; mais après avoir enlevé la *matière inextinguible*, ils trouvèrent Georges plein de vie et sans le moindre mal ; car un Ange s'était tenu près de lui pour le sauvegarder. A ce spectacle la foule

entière s'écria : « Il est grand, le Dieu des chrétiens ! »
Attirée par les cris, l'impératrice Alexandra se rend au lac, en
criant elle-même : « Il n'y a que le Dieu des chrétiens ! »
Tous les soldats envoyés au lac se convertissent alors.
L'empereur envoie aussitôt une forte troupe de soldats avec
l'ordre de lui amener Georges devant son tribunal. « *Qui t'a
rendu vivant ?* » lui demande-t-il. Georges lui apprend que
c'est le Christ. L'empereur fait alors faire des chaussures de
fer, garnies de clous rougis au feu ; on en chausse le martyr
qui ne peut marcher et se met à prier le Seigneur. A peine sa
prière est-elle terminée qu'une voix l'exhorte du haut du ciel
à prendre courage et qu'il se trouve aussitôt guéri.

Après une nuit passée en prison, il est, le lendemain,
ramené au tribunal de Dioclétien. L'empereur l'exhorte
encore à sacrifier aux idoles ; mais Georges répond qu'il a
trop à se louer de son Dieu pour l'abandonner ; car c'est ce
Dieu qui le délivre de tous les supplices. L'empereur et le
Sénat le font alors battre à coups de nerfs de bœuf. Pendant
ce supplice, Dioclétien et Magnence font inutilement tous
leurs efforts pour l'amener à sacrifier : Georges de son côté
les presse de se convertir. Alors Magnence, ayant fait cesser
le supplice, lui demande un miracle et promet de se convertir si le miracle a lieu : ce miracle doit consister à faire
ressusciter l'un des morts qui se trouvent près de là. Georges
accepte sans se faire illusion sur la promesse de Magnence :
il prie, la terre tremble, le tombeau s'ouvre, l'un des morts
en sort, vient se prosterner aux pieds de Georges en lui
demandant le baptême et Georges le baptise. L'empereur,
« plein de stupeur et de perfidie, » demande au ressuscité qui
il est ; celui-ci lui répond qu'il vivait avant la venue du
Messie, qu'il avait adoré les idoles, et que pour cela il avait
été jeté dans les ténèbres avec ceux qui avaient partagé ses
sentiments. Dioclétien, aveuglé par la rage, s'écrie alors qu'il
y a magie, que la magie seule a ressuscité le mort et que
Georges n'est qu'un magicien. Georges lui reproche de

blasphémer, et, sur l'ordre de l'empereur, il est de nouveau conduit en prison, pendant que l'empereur lui-même rentre en son palais. Alors tous ceux qui s'étaient convertis, et ce dernier prodige avait converti une foule de soldats et de gens ordinaires, tous ceux qui étaient malades se rendirent à la prison : Georges guérissait à la fois les corps et les âmes.

Parmi ceux qui lui rendirent visite se trouva un homme nommé Glycérius, qui labourait dans un champ avec le seul bœuf qu'il possédait. Le bœuf était tombé malade et Glycérius était allé demander à Georges de ressusciter son bœuf. Georges lui demanda s'il croyait au Dieu des chrétiens, et sur la réponse affirmative du paysan, il lui dit : « Retourne en ton champ, tu retrouveras vivant ton bœuf que tu as quitté mort. » Glycérius s'en alla, trouva son bœuf ressuscité et revint en criant : « Le Dieu des chrétiens est grand. » Les bourreaux et les soldats, l'ayant entendu, le conduisirent devant l'empereur qui le fit couper en morceaux. Ce Glycérius n'était qu'à demi rassuré sur son salut, parce qu'il n'avait pas reçu le baptême ; mais du haut du ciel une voix l'appelle au parfait bonheur et il mourut avec confiance.

Cependant Dioclétien ayant appris que Georges dans sa prison convertissait un grand nombre de païens et opérait de nombreuses guérisons, se le fit amener, ayant résolu, sur le conseil de Magnence, de le traiter avec douceur. Georges se rendit au tribunal en chantant des psaumes et, tout étonné de l'accueil de l'empereur qui prétendait vouloir le traiter comme un fils, à la seule condition de sacrifier, il se montra disposé à se rendre au temple, non sans avoir quelque peu raillé l'empereur sur ses bonnes dispositions un peu tardives. Le sénat et l'armée se rendirent alors au temple, accompagnés de la foule qu'un héraut avait convoquée. Au milieu d'un profond silence, Georges debout devant la statue d'Apollon la prie de déclarer publiquement si elle était un dieu. La statue répondit en toute vérité qu'elle n'était qu'un démon. Georges lui reprocha de tromper ainsi les hommes ; puis au milieu d'un grand bruit et des lamentations de tous les démons qui habitaient les autres statues du temple, temple et statues tombèrent et se brisèrent en mille pièces, au signe de croix qu'avait fait le martyr.

A cette vue les prêtres du temple se précipitèrent sur Georges et le conduisirent à l'empereur, le priant de mettre à mort ce magicien qui ruinait les temples et brisait les dieux. L'empereur irrité demanda au saint si c'était ainsi qu'il sacrifiait aux dieux : Georges lui répondit par des injures et des moqueries. L'impératrice Alexandra qui avait tout appris accourut alors à l'empereur en adressant une fervente prière au Dieu des chrétiens : Dioclétien, au comble de la fureur, rendit la sentence qui condamnait Georges et Alexandra à être décapités. Comme les deux martyrs se rendaient au lieu du supplice, Alexandra *s'arrêta* en chemin et rendit l'âme en paix. Georges parvenu au lieu du supplice demanda aux soldats de lui accorder quelque temps pour faire sa prière : la prière achevée, il tendit sa tête au soldat qui la fit tomber, le 23 avril, qui était un vendredi, à la septième heure. « Moi, Pasicrates, serviteur du saint Georges, j'ai suivi mon maître et j'ai fait un *commentaire* de tout cela. »

Telle est cette seconde rédaction. On voit du premier coup d'œil quelles en sont les différences et les ressemblances avec l'œuvre copte. J'insisterai plus loin sur ces ressemblances et ces différences ; pour le moment, je dois passer aux *Actes* tels que nous les a conservés Siméon le Métaphraste.

Dans cette troisième version regardée comme officielle et authentique autant qu'on le peut désirer, Dioclétien, après s'être « indignement » emparé de l'empire romain et avoir soumis ses compétiteurs, met tous ses soins à honorer ses dieux, surtout Apollon qui prédisait l'avenir, et à leur offrir des sacrifices. Un jour qu'il consultait l'oracle d'Apollon, celui-ci lui répondit que les justes répandus sur la terre l'empêchaient de parler : ces justes, un prêtre les nomma, c'étaient les chrétiens. Dioclétien renouvelle dès lors la persécution qui s'était calmée, et les prisons se remplissent de chrétiens que l'on traitait comme de vils scélérats et pour lesquels on imaginait des supplices plus cruels que ceux qui existaient déjà. Mais les édits de l'empereur, ainsi qu'il l'apprit bientôt par les dépêches de ses gouverneurs, ne furent guère respectés, principalement en Orient. Il fit aussitôt rassembler tous les Préfets, et surtout les Procurateurs de l'Orient, et, en présence du sénat convoqué, il demanda à chacun son avis sur la conduite qu'il convenait de tenir à l'égard des chrétiens. Pour lui, il était d'avis d'exterminer la race entière des chrétiens, et toute l'assemblée opina dans le même sens.

Il y avait alors dans l'armée un admirable soldat du Christ ; il se nommait Georges et avait vu le jour en Cappadoce, de parents chrétiens. Il n'était pas sorti de l'enfance que son père mourut martyr : il se retira alors dans la Palestine d'où sa famille était originaire et où il possédait de grands biens. Son courage, sa naissance et ses talents militaires le firent créer tribun des soldats, et même comte, par Dioclétien qui ignorait qu'il fût chrétien. Sa mère mourut alors ; il ramassa tout son héritage et, à l'âge de vingt ans, il partit pour se rendre près de Dioclétien. Il atteignit la ville impériale le jour même où l'on avait affiché le sénatus-consulte. Le temps lui parut favorable, il distribua ses biens, et le troisième jour, alors que l'empereur et le sénat devaient confirmer le décret, il s'avança au milieu de l'assemblée et affirma, devant tous les assistants, qu'il n'y avait qu'un seul Dieu, Jésus le Christ. Toute l'assemblée demeura muette d'étonnement, les yeux fixés sur l'empereur, attendant ce qu'il allait répondre. Celui-ci, retenant à grand peine sa colère, chargea l'un de ses amis, nommé Magnence, consul en cette année-là, d'interroger l'audacieux. Georges répond que la vérité, c'est-à-dire le Christ, lui inspire son audace et qu'il veut lui rendre ce témoignage. Cette réponse excite les murmures de l'assemblée et du peuple.

Les hérauts ayant obtenu le silence, Dioclétien qui avait reconnu Georges, le comble d'éloges, cherche à le détourner de sa résolution et l'engage à sacrifier aux dieux. Georges répond en exhortant l'empereur à se convertir ; mais Dioclétien irrité ordonne à ses gardes de le faire sortir à coups de lance et de le mener en prison : on exécute l'ordre ; mais la pointe d'une lance qui atteint le bienheureux se recourbe comme du plomb. En prison, on l'étend à terre, on lui met des entraves et on place une énorme pierre sur sa poitrine. Le lendemain, l'empereur le fait mettre à la question. Dioclétien le croyant fatigué cherche de nouveau à faire changer sa résolution : Georges répond qu'on sera plus tôt lassé de le torturer que lui d'être torturé. L'empereur ordonne alors de faire la fameuse roue, on y attache le saint, on fait tourner la roue et il est coupé en morceaux. Il priait d'abord à haute voix ; il se contenta ensuite de prier mentalement et resta une heure au milieu de ce supplice, comme s'il eût été endormi. Dioclétien le crut mort et lui demanda en se moquant : « Où est ton Dieu, Georges ? » et il partit pour sacrifier en l'honneur d'Apollon. Comme il sacrifiait, le ciel tonna, une voix se fit entendre qui réconfortait Georges, un homme vêtu de blanc se tint près de la roue, délia Georges et lui rendit ses forces. A cette vue, les soldats coururent annoncer la chose à l'empereur et Georges se présenta bientôt lui-même. On crut d'abord que c'était son ombre ; mais, en examinant de plus près et devant les affirmations de Georges, on fut bien forcé d'admettre que c'était lui. D'ailleurs deux des assistants, revêtus de la dignité prétorienne, Anatolius et Protoleo, déjà initiés à la religion chrétienne, virent leur foi se compléter et s'écrièrent : » Il n'y a que le Dieu des chrétiens. » L'empereur ordonne aussitôt de leur trancher la tête en dehors de la ville. Un grand nombre d'assistants se convertirent et, parmi eux, l'impératrice Alexandra qui se mit à parler librement au public ; mais le consul eut le temps de la faire sortir, avant que l'empereur s'en fût aperçu.

Dioclétien voyant que rien n'y faisait, ordonna de plonger le saint dans la chaux nouvellement éteinte et de le garder de telle sorte qu'on ne pût lui porter secours. Georges se rendit à ce nouveau supplice en priant Jésus le Christ, et, s'étant muni du signe de la croix, il se jeta dans la chaux. Les ordres de l'empereur accomplis, les serviteurs impériaux s'en retournèrent. Trois jours après, l'empereur se souvint « de ce malheureux Georges qu'on avait plongé dans la chaux », il commanda d'enfouir dans la terre tout ce qui pouvait encore rester de ses os. On enleva la chaux et par dessous on trouva Georges revêtu d'un habit magnifique, en aussi bon état que s'il venait de sortir d'un festin. Tous ceux qui virent ce prodige confessèrent la grandeur de Dieu. Cependant la nouvelle en était déjà parvenue à l'empereur qui commanda de lui amener Georges sur le champ. Il accuse Georges de simuler la religion chrétienne, de n'être qu'un magicien et lui demande quels moyens magiques sont ainsi employés par lui. Georges, devant tant de mauvaise foi et d'aveuglement, refuse de répondre. Dioclétien le fait chausser de souliers armés de pointes de fer et se moque de lui en disant : « Cours maintenant, Georges. » Le martyr chantait et priait Dieu. Il fut ainsi reconduit à la prison.

Le lendemain, l'empereur le fit amener devant son tribunal placé devant le théâtre où le Sénat était réuni : il fut étonné de voir Georges marcher aussi librement que si on ne l'eût point chaussé des souliers armés de pointes aiguës. Il l'engage à sacrifier aux dieux après l'avoir plaisanté ; mais Georges lui répond par des injures. L'empereur le fait battre alors à coups de nerfs de bœuf, sans que la gaieté disparaisse du visage de Georges : ce que Dioclétien attribue encore à la magie. Alors Magnence propose de faire venir un magicien qui surpassera Georges. Le magicien, nommé Athanase, arrive aussitôt et, après avoir entendu ce que l'empereur demandait de lui, il promet de le faire le lendemain. Le lendemain en effet, Georges, qui avait été reconduit en prison, est amené devant le tribunal placé sur une éminence. Le magicien paraît aussi avec deux fioles : si Georges boit l'une, il deviendra obéissant ; s'il boit l'autre, il mourra aussitôt. L'empereur ordonne de lui faire boire la première ; mais Georges n'en ressentit rien. Il en fut de même de la seconde. L'empereur de plus en plus étonné demande à Georges de quels moyens il se sert : Georges, cette fois, lui répond et lui avoue que c'est par la foi dans le Christ qu'ont lieu tous ces prodiges. Dioclétien demande alors au magicien ce qu'il en pense, et celui-ci répond qu'il y a un moyen bien simple de savoir la vérité, c'est de faire ressusciter un mort par Georges ; car les dieux donnent tous les autres biens aux hommes, mais ne leur ont jamais rendu la vie. Comme un mort se trouvait à propos dans son cercueil non loin de là, Dioclétien accepte le conseil et Georges, pour convaincre la foule, non pour condescendre à l'empereur, ressuscite le mort. La foule applaudit : l'empereur et ses familiers sont stupéfaits, Athanase se convertit. Dioclétien accuse alors Georges et Athanase de s'être entendus, comme il est naturel pour deux magiciens, et condamne Athanase à mourir ainsi que le ressuscité ; puis il rentre en son palais et Georges en sa prison.

Tant que Georges resta en prison, il y eut un grand concours près de lui : on donnait de l'argent aux gardes pour obtenir l'entrée de la prison, on allait se faire instruire et se faire guérir. Glycérius fait ressusciter son bœuf et se convertit : l'empereur le fait décapiter hors de la ville. Le Sénat se plaint de la propagande de Georges et exhorte Dioclétien à en finir. L'empereur ordonne de placer pour le lendemain son tribunal près du temple d'Apollon où Georges sera mis à la question. Pendant la nuit, le Sauveur apparaît à Georges, le réconforte et le couronne. Le saint comprenant que son dernier jour était venu, mande son serviteur et lui donne ses dernières instructions. Le lendemain, l'empereur, ayant fait venir le martyr, change de tactique ; il flatte Georges qui se conduit absolument comme dans la précédente version : on se rend au temple, Georges interroge la statue, fait le signe de la croix et toutes les idoles tombent à terre brisées. Le tumulte est immense et envahit la ville entière ; l'impératrice Alexandra apprend ce qui vient de se passer, confesse la foi chrétienne. L'empereur, au comble de la colère, rend une double sentence contre Georges et Alexandra que l'on conduit aussitôt au supplice. L'impératrice s'éteint en chemin [1], Georges a la tête tranchée.

1. Il est assez difficile de savoir d'après le texte, si Alexandra a la tête tranchée. Ce texte dit seulement d'après la traduction latine : At ubi ad locum quemdam venit, ut consisteret petivit iisque qui trahebant concedentibus, super vestem sedens et caput in genua reclinans spiritum Deo reddidit.

CHAPITRE TROISIÈME

Si je ne me trompe, la simple lecture du résumé que je viens de faire de ces deux versions des *Actes* de saint Georges aura montré que la première version se rapproche bien plus de l'œuvre copte que la seconde. Il est évident en effet que l'auteur de la seconde était plus littéraire que celui de la première, qu'il a mieux composé son œuvre, qu'il a pris soin de prévenir un certain nombre d'objections qui s'élèvent nécessairement devant l'invraisemblance des faits. Il est aussi plus au courant de la phraséologie officielle, il s'inquiète davantage de ce qui a dû se passer réellement, dans la supposition que Georges a souffert le martyre, il donne des dates, explique des faits qui ne lui ont pas paru assez clairs par eux-mêmes, toutes choses dont l'auteur de la première version s'est médiocrement inquiété. On voit enfin que Siméon le Métaphraste a cru nécessaire de retoucher assez largement la version dont il s'est servi. Malgré cette délicate attention pour ses lecteurs, attention qui en histoire frise de bien près la trahison, le Métaphraste n'avait ni la science, ni le talent nécessaire pour ne rien laisser en son œuvre qui pût mettre les gens sérieux en garde contre la véracité de son récit. Non-seulement on y trouve un assez grand nombre d'invraisemblances, mais encore des impossibilités manifestes.

Tout d'abord il me semble évident, que si les deux auteurs ont trouvé le nom de Dacien dans l'œuvre précédente dont ils se sont servis l'un et l'autre, ils ne l'ont remplacé par celui de Dioclétien que pour la raison suivante: leurs connaissances historiques ne leur fournissant aucun empereur qui répondît au nom de Dacien, ils ont pris celui de Dioclétien, parce qu'ils sentaient la nécessité de corroborer leur récit par une donnée historique dont on ne puisse douter. D'autres rédacteurs, dont je parlerai plus loin, pris du même besoin, ont opté pour Dèce. Quant à moi, je crois que l'œuvre dont tous se sont servis, médiatement ou immédiatement, ne contenait pas le nom de Dioclétien, mais celui de Dacien ou de Tatien, comme écrit le copte. J'en ai pour preuve la présence du nom de Magnence que l'on rencontre dans les deux versions. Ce Magnence est donné comme le second personnage de l'empire, comme l'ami intime de Dioclétien, et l'auteur analysé ou conservé par le Métaphraste assure même qu'il était consul cette année-là. Or, d'après le récit, il n'est pas possible d'assigner au martyre de Saint Georges d'autre date que l'année où la persécution commença, puisque Georges se présente devant Dioclétien au moment où celui-ci vient de faire adopter son édit par le sénat. Qu'il s'agisse du premier ou du dernier des trois édits de Dioclétien, cela ne change aucunement l'année, et dès lors c'est en l'an 303 que Georges souffrit le martyre, et il dut le souffrir à Nicomédie, car c'est en cette ville que Dioclétien séjournait alors. Magnence devait donc être consul en 303. J'admets pour un instant que Magnence soit le même que Maxence, le futur vaincu du pont Sublicius : ni Magnence, ni Maxence ne furent consuls en l'an 303. En outre le sénat romain n'était point avec Dioclétien à Nicomédie : il était resté tranquillement à Rome où il ne faisait guère parler de lui. Enfin toujours d'après nos *actes*, en cette même année 303, la femme de Dioclétien aurait dû souffrir le martyre, et elle se serait nommée Alexandra. Je ne discuterai point la question de savoir si

Dioclétien eût été vraiment capable de faire trancher la tête à sa femme ; il me suffira de chercher s'il l'a réellement fait. Les Bollandistes ne semblent avoir aucun doute à ce sujet, et ils trouvent même que Dioclétien, qui avait fait conduire en des lieux infâmes tant de pures vierges chrétiennes, fut justement puni par Dieu dans ses affections de famille [1]. Ces estimables auteurs oublient que l'impératrice Alexandra, d'auprès les sources mêmes dont ils se servent, serait morte cinq ou six jours après l'ouverture de la persécution, que par conséquent Dioclétien n'avait guère eu le temps de faire violer un très grand nombre de vierges chrétiennes. Ils savent, il est vrai, que le nom d'Alexandra n'est sur aucune des médailles de Dioclétien et ne se rencontre dans aucun historien ; mais ils se l'expliquent facilement par ce que Dioclétien a pu faire détruire les médailles où auraient été gravés les noms de ces deux femmes, et que le Sénat fit brûler tous les actes de son règne. Ces explications seraient bonnes s'il ne s'agissait que des auteurs païens ; mais par malheur il y a des auteurs chrétiens qui ont écrit l'histoire de cette horrible persécution, des auteurs contemporains, comme Eusèbe, des auteurs qui ont voué une haine vigoureuse à Dioclétien, comme Lactance : pas un ne connaît l'impératrice martyrisée, et cependant quelle belle occasion de faire ressortir la cruauté de l'empereur romain. Il est donc tout à fait impossible d'admettre un seul instant la réalité de faits qui se présentent comme historiques au premier chef : ces faits sont en effet controuvés.

Le caractère, prêté à l'empereur Dioclétien par les *Actes* de Siméon le Métaphraste, est d'un autre côté tout aussi invraisemblable. Je n'en donnerai pour preuve que la scène

---

1. *Act. Sanct.* 21 avril. Il est vraiment curieux de constater combien des esprits d'ailleurs distingués se laissent aveugler par leur intolérance religieuse, et comment, pour se justifier leurs idées, ils prêtent à Dieu des sentiments qui ne sont pas même humains. Ici, par exemple Dieu aurait puni Dioclétien par avance des crimes que cet empereur n'avait pas encore commis.

où le mage Athanase est appelé pour vaincre l'obstination de Georges. Comment croire qu'un empereur romain, ayant rendu les édits les plus sévères contre la magie, soit le premier, même sur le conseil d'un ami, à contrevenir à ses propres édits et à violer la défense qu'il a portée ? La manière dont Dioclétien s'y prit pour extirper la magie et faire disparaître le christianisme débordant est trop habile, trop étudiée pour que l'on puisse admettre la possibilité d'une telle aberration mentale : on ne change pas de politique en quelques heures, on ne descend pas jusqu'aux moyens puérils que l'on trouve dans les *Actes* de St Georges. De plus, à en croire l'auteur de ces *Actes*, pendant toute une semaine, l'empereur romain, accablé des soucis d'un immense gouvernement, attristé des évènements qui se passaient et de ceux qui se préparaient, n'aurait pas trouvé autre chose à faire qu'à s'inquiéter des absurdités, pensées ou traduites en actes par un chrétien inconnu. Que l'auteur des *Actes* regarde son héros comme le plus illustre des martyrs et des tribuns militaires, c'est chose compréhensible et même nécessaire ; mais qu'un empereur romain le croie, le dise et agisse en conséquence, c'est chose parfaitement invraisemblable et même impossible.

Quelques-unes de ces réflexions avaient déjà frappé Baronius, il eut mieux aimé ne pas trouver l'épisode du magicien dans les *actes* du Métaphraste[1]. Je pourrais les multiplier : ce serait inutile et je dois me contenter de dire qu'elles s'appliquent aux deux versions. Il en résulte que rien d'historique ne subsiste dans les circonstances qui accompagnent le martyre de Saint Georges, et que la seule conclusion qui ait chance de se faire accepter est que Saint Georges a été martyrisé sous Dioclétien : la ville où se serait passé l'évènement n'est pas même nommée ; les auteurs des deux versions ont vu que ce ne pouvait être ni à Diospolis ou Lydda, ni en Perse, ni à Mitylène ; comme ils ne savaient pas

---

1. Bar. *Sacr. Martyr. rom.* adnot. ad 23 Avril.

où séjournait l'empereur, ils ne se sont pas inquiété de le dire, il a fallu la science des Bollandistes pour nous assurer que le martyre eut lieu à Nicomédie.

Ce premier résultat provient, comme je l'ai dit, de l'examen intrinsèque de la version du Métaphraste présentée par les Bollandistes, comme la plus digne de confiance et presque authentique [1]. Cette version, comme le lecteur a pu s'en apercevoir, ne diffère pas beaucoup de celle publiée par Lipoman : la plupart des faits se correspondent malgré quelques changements arbitraires dans leur disposition. Le préambule, l'interrogatoire de Georges, le supplice de la roue, la résurrection du cadavre ou des cadavres, celle du bœuf, la conversion d'Alexandra, le supplice final de Georges et d'Alexandra, tout ce qui constitue la trame proprement dite des *Actes* de saint Georges y est raconté en termes presque identiques, sans compter une foule de légères circonstances qui ne sont pas les moins importantes pour connaître la provenance du récit. Seule, l'épisode du magicien, épisode bien important cependant dans la rédaction du Métaphraste, manque dans la version publiée par Lipoman. L'auteur de cette version a sans doute trouvé que les incantations du magicien Athanase, malgré sa conversion finale, n'étaient pas dignes de figurer parmi les actes du martyr S¹.-Georges. Il est évident, à l'examen même le plus superficiel, que ces deux versions procèdent d'un même ouvrage que les deux auteurs ont traité chacun selon la nature de son esprit, ses croyances et sa prédisposition à s'avancer plus ou moins loin dans les voies du merveilleux.

Si l'on compare maintenant les deux versions grecques à la version copte, on trouvera aisément que tous les évènements que je viens de citer, en y ajoutant l'épisode du magicien Athanase, se rencontrent exactement les mêmes dans les trois œuvres ; car il ne faut pas accorder trop

---

1. *Act. Sanct.* 23 avril, numéros 7-10.

d'importance à quelques légers changements de détail. Ce qui dans les œuvres grecques a été supprimé de l'œuvre première, en admettant pour un moment que la version copte se rapproche davantage de l'original, l'a été pour des motifs faciles à comprendre. La comparaison la plus superficielle montre en effet que les suppressions opérées ne touchent qu'aux merveilles les plus incroyables, celles qui semblent défier la crédulité même la plus acharnée. Malgré toute la bonne volonté possible, un auteur grec ne pouvait guère croire que St. Georges fut mort trois fois, eût été ressuscité trois fois, avant de mourir une quatrième fois et, pour le coup, sérieusement. Cependant il est évident que l'un des deux auteurs grecs n'a pas su assez bien voiler l'invraisemblance, car la version publiée par Lipoman admet parfaitement que Georges dans la roue fut coupé en un grand nombre de morceaux. Un pareil aveu suppose bien la mort. D'ailleurs d'après le récit même de cette version, tous les assistants étaient bien d'avis que Georges était mort, puisque Dioclétien n'en peut croire ses yeux quand le martyr se présente à lui : on crut voir son ombre. De même pour la seconde résurrection : quand il a été jeté dans la chaux, il est bien mort ou regardé comme tel, puisque l'empereur Dioclétien lui demande : « Qui t'a rendu vivant ? » et que Georges semble bien admettre lui-même qu'il a été mort en répondant que le Christ l'a rendu vivant. La version du Métaphraste a procédé de la même manière dans les deux circonstances, et, sans être aussi explicite, elle admet la double mort de Georges. Toutefois les deux auteurs se donnent bien garde de prononcer le mot de *mort*, non plus que celui de *résurrection*. Leur simple raison leur disait sans doute que la première mort suffisait et que, si Georges ressuscitait trois fois, il n'y avait aucun motif pour qu'il ne ressuscitât pas une quatrième. Mais si Georges fût mort dès la première fois, l'auteur primitif était arrêté court et ne pouvait continuer son récit, ce qui n'eût pas été son affaire ;

ceux qui l'ont corrigé ont eu d'autres scrupules et se sont contentés de raconter les évènements sans parler ni de mort, ni de résurrection, ne s'apercevant pas que la suite même de leur récit présupposait ce qu'ils voilaient, parce que le morceau leur semblait énorme. Pour la même raison, ils ont tous les deux laissé de côté l'effloraison des sièges : il leur sembla incroyable que du bois coupé, travaillé, séché autant qu'on peut le désirer, reverdît tout à coup, se chargeât de feuilles, de fleurs et de fruits, tout en ne cessant pas de former des sièges.

Une autre raison explique l'absence d'autres épisodes. La version copte dit formellement que Tatien en faisant conduire Georges chez la veuve la plus pauvre de la ville avait l'intention de déshonorer les chrétiens : de fait, Georges demeure chez la veuve, seul avec elle ; mais il n'a avec elle que des rapports irréprochables. Les auteurs grecs ou latins ont trouvé cette partie du récit un peu trop risquée. Les uns font conduire Georges chez la veuve sans penser à mal et la phrase malencontreuse, où est expliquée l'intention de Tatien, devenu Dioclétien, a été supprimée : ils ont été persuadés que leurs lecteurs n'y entendraient pas malice ; les autres ont mieux fait, ils ont supprimé complètement le séjour de Georges chez la veuve, et, si celle-ci éprouve à son profit la puissance du bienheureux martyr, c'est qu'elle se rend près de lui en sa prison, en nombreuse compagnie. Les auteurs qui ont adopté cette manière de faire ont dû nécessairement introduire un certain nombre de changements dans la suite du récit, principalement dans la scène du prétendu sacrifice de Georges : aussi l'ont-ils fait, car autrement leur narration eût été inintelligible [1]. De même pour ce qui regarde la conversion de la fausse reine ou impératrice Alexandra. La version copte ne craint pas de faire passer à Georges la nuit tout entière

---

1. Ainsi, dans quelques versions dont je vais bientôt parler, l'enfant de la veuve, sourd, muet, aveugle, boiteux est guéri tout d'un coup, parce que Georges ne s'en sert pas pour faire venir la statue d'Apollon.

seul dans la même chambre qu'Alexandra, en tout bien tout honneur, il est vrai, puisqu'ils se livrent à des colloques spirituels : la chose ne souffrait aucune difficulté aux yeux d'un auteur égyptien. Il n'en a pas été de même pour les auteurs grecs et latins ; pas un seul à ma connaissance, n'a osé décrire une scène qui demandait autant de sainte audace : évidemment il ne leur a pas paru convenable de laisser Georges et Alexandra seuls dans la même chambre pendant toute la nuit, moins confiants en cela que le mari dans l'œuvre copte. Aussi dans les versions grecques et latines, Alexandra ne se convertit que par suite de la curiosité excitée en elle par ce qu'elle entend raconter dans la foule des miracles merveilleux opérés par Georges. Cette double raison me semble parfaitement justifier les omissions ou plutôt les coupures faites dans l'œuvre primitive.

Les ressemblances qui existent entre les trois versions et les différences qu'on y remarque peuvent sans doute s'expliquer sans avoir recours à une œuvre primitive sur laquelle chaque auteur aurait brodé ; je l'admets volontiers. En effet, de même que les auteurs grecs ou latins ont pu abréger l'œuvre première qui serait, par exemple, représentée par les actes coptes ; de même l'auteur copte aurait pu amplifier une œuvre grecque et y ajouter ces beaux ornements que nous avons vus. Entre cette alternative il n'y a pas de milieu. Je l'avais fort bien compris, et j'avais aussi compris l'impossibilité où je me trouvais de résoudre avec évidence la question de l'origine des actes de St Georges, si je n'avais à ma disposition que les trois documents que j'ai analysés. Il me fallait de toute nécessité trouver une ou plusieurs rédactions des mêmes *actes* qui me permissent de montrer la filiation des divers documents. Ces rédactions, j'ai été assez heureux pour les trouver à la bibliothèque royale de Bruxelles[1].

---

1. Il existe à la bibliothèque nationale vingt-cinq manuscrits latins qui parlent de St Georges et contiennent plus ou moins ses *actes* : je n'ai pu les consulter, ne me trouvant pas à Paris, mais à Bruxelles, au moment de la rédaction de mon travail.

Certaines phrases des Bollandistes m'avaient démontré qu'ils avaient eu en leur possession des manuscrits renfermant des *actes* de S¹ Georges se rapprochant beaucoup de la version copte, sinon en tout point semblables [1]. Je ne sais si je suis parvenu à rencontrer les manuscrits mêmes dont ils se sont servis, car leur bibliothèque a été dispersée ; mais les *actes* contenus dans deux manuscrits de la bibliothèque royale de Bruxelles m'ont fourni tous les renseignements nécessaires. Ces manuscrits sont cotés 207-208 [2] et 18018. Une analyse rapide de ce qu'ils contiennent montrera leur parenté réciproque soit avec les *actes* coptes, soit avec les *actes* grecs que j'ai analysés précédemment.

Selon le manuscrit coté 207-208, l'empereur Dacien, persécuteur acharné des chrétiens, convoque tous ses officiers à Mélitène et leur fait savoir son intention d'anéantir les sectateurs de la religion odieuse. Les paroles dont il se sert sont à peu près les mêmes que celles employées dans le texte copte, de même aussi la nomenclature des instruments de supplice. A la vue de tous ces instruments de torture, personne n'ose se dire chrétien. L'entrée de Georges en scène, ses réflexions personnelles, son interrogatoire par Dacien se rapprochent de très près des mêmes parties de la version copte. Dacien le condamne tout d'abord au supplice de la roue. Georges s'excite au martyre et, sous les yeux de Dacien qui se moque, il est coupé en dix morceaux. L'empereur ordonne de le jeter dans un puits abandonné et de boucher le puits ; puis il s'en va souper. Le Seigneur descend du ciel, ordonne à Michel de rassembler tous les morceaux du martyr, et, quand il les tient dans la main qui a façonné Adam, il le ressuscite et l'envoie confondre Dacien. L'empereur est confondu, il croit d'abord voir l'ombre

---

[1]. *Act. Sancl.* 29 Apr. n° 4-5.
[2]. Cf. *Catalogus Codicum hagiographicarum biblioth. reg. Bruxellensis.* Pars p. I 18, 205 et 285. Il y faut joindre un mss. sur papier n° 2101-31 ; mais ce n'est qu'un fragment de légende.

de Georges ; certains officiers affirment que ce n'est que son image. Georges proteste et un *magister militum*, nommé *Magnentius*, affirme qu'en effet c'est Georges ; il se convertit avec tous ses soldats et aussitôt ils sont envoyés au supplice. L'empereur fait aussitôt conduire Georges dans la maison de la veuve [1] : Georges demande du pain à la veuve, fait parler, entendre et voir le fils de la pauvre femme. Ce fils était en outre paralytique : sa mère demande sa complète guérison ; mais le saint la réserve pour plus tard. Georges sort de la maison, prie et aussitôt pousse un grand arbre à l'ombre duquel il s'asseoit pendant que les anges lui servent à manger. L'empereur voit l'arbre, fait venir Georges, lui demande qui a fait croître l'arbre et, comme Georges lui répond que c'est son Dieu, il le met au défi de faire verdoyer quatorze trônes, de telle sorte que ceux qui sont faits d'arbres fruitiers produisent des fruits, et non les autres. Georges prie et le prodige a lieu. L'empereur l'accuse alors de magie, et le presse de sacrifier : à son grand étonnement, Georges accepte. La scène du sacrifice se passe comme dans la version copte, et elle est précédée de la guérison complète du fils de la pauvre veuve. L'issue en diffère un peu, car à la nouvelle de la perte de tous ses dieux, Dacien entre en fureur, fait apporter une chaudière pleine de poix bouillante, ordonne de couper Georges en morceaux, de le jeter dans la chaudière et de le faire cuire ainsi. Georges prie, le feu s'éteint et tous les assistants, dans l'admiration, s'écrient qu'il n'y a que le Dieu des Chrétiens. C'est alors que la reine Alexandra se convertit, dépose ses vêtements royaux et se dépouille de sa couronne. Après un dialogue où Dacien se montre pitoyable, il ordonne de la pendre par les cheveux et de la flageller. Alexandra n'a qu'un regret, celui de n'avoir pas été baptisée. Georges fait une nouvelle prière, une nuée pleine de rosée

---

1. Cette version ne parle aucunement de l'arrière-pensée de l'empereur, à savoir le déshonneur des chrétiens, en exposant Georges à faire le mal avec la dite veuve.

descend du ciel et le martyr y prend l'eau nécessaire pour le baptême de la reine. Dacien qui assiste à toute cette fantasmagorie devient alors aveuglé par la rage, fait conduire sa femme hors de la ville et ordonne de la décapiter. L'empereur se fait de nouveau amener Georges à son tribunal et, avant de prendre une résolution définitive, il lui demande de ressusciter les morts d'un tombeau dont personne ne sait ceux qui y ont été déposés. On ouvre le tombeau on n'y trouve que de la poussière, qu'on apporte aux pieds du saint. A la prière de Georges, plus de deux cents morts, hommes et femmes, se lèvent vivants de cette poussière : l'un de ces morts nommé Juvel explique à Georges qu'il a quitté la vie depuis plus de deux cents ans, qu'il a adoré Apollon et que pour ce crime il est en enfer : tous le supplient de leur conférer le baptême. Georges demande de l'eau et personne ne lui en donne ; alors du pied il frappe la terre d'où sort une source, il baptise les deux cents ressuscités et les envoie le précéder au paradis. Une grande foule se convertit alors et Georges la baptise encore. A ce spectacle, Dacien fut si effrayé que ses genoux tremblèrent et que sa ceinture se rompit : il tomba de son trône. Il crut que Georges allait lui arracher l'empire, s'il n'y mettait bon ordre ; aussi, sur le champ, il condamna Georges à avoir la tête tranchée au lieu même où la reine Alexandra avait été décapitée. Les bourreaux entraînent aussitôt le martyr qui est suivi de plusieurs milliers d'hommes et de femmes : il bénit ceux qui lui font cortège et demande aux exécuteurs quelques moments pour prier. Du haut du ciel une voix se fait entendre qui lui promet que ses demandes sont accordées : il tend aussitôt la tête qui roule sous l'épée. Tout ceci se passa dans la province de Cappadoce, dans la ville de Mélitène, le neuf des Kalendes de Mai[1].

Le manuscrit 18018 contient une version des *Actes* de

---

1. Cf. *Cat. Cod. hagiog. Bibl. reg. Brux.* p. 201 et seqq. — Cod. 207-208.

St Georges qui diffère en un certain nombre de points des autres que je viens d'analyser. L'auteur de cette nouvelle version comparé aux autres traducteurs est un latiniste distingué, il sait même l'histoire, ou du moins prétend la savoir, car il commence par faire un tableau de l'empire romain, à l'époque où Dioclétien se résout à la persécution, alors que Carausius, dit-il, s'était révolté en Bretagne et Achille en Egypte, que les *Genciani* (sic), dévastaient l'Afrique et que Narsès, roi des Parthes, commençait la guerre. Il peint de même l'horrible persécution suscitée contre les chrétiens et le courage des athlètes du Christ. Longtemps la haine de Dioclétien et de Maximien son collègue ne put se donner assez libre carrière ; elle rencontra enfin Dacien qui se jeta sur les Chrétiens *comme un chien famélique sur sa proie*. Dacien fait connaître ses intentions dans une assemblée, puis il les fait crier par un héraut dans les rues et les carrefours. En ce moment se trouvait dans la ville un homme illustre de Cappadoce, nommé Georges, député par ses concitoyens pour obtenir la dignité préfectorale, pour l'acheter même au besoin, grâce aux deniers publics qu'on lui avait confiés dans cette intention. A la vue des crimes de Dacien, Georges renonce aux dignités terrestres, se dépouille de sa chlamyde, insigne de sa dignité[1] et revêt les habits des chrétiens, puis il se présente devant le persécuteur. Après le colloque nécessaire, Georges est étendu sur le chevalet, torturé avec des ongles de fer et brûlé avec des lampes ardentes. Comme il n'en souffre point, Dacien le fait conduire en prison, afin d'avoir le temps de réfléchir au supplice qui doit être employé. Entre temps il envoie dans toutes les provinces à la recherche d'un magicien ; on trouve le *fameux* Athanase qui se fait fort de mettre Georges à la raison d'une manière ou d'une autre. L'issue de sa vantardise

---

1. La dignité dont Georges était revêtu n'est pas indiquée et n'a pas été mentionnée auparavant, signe évident d'adaptation maladroite d'un récit antérieur.

est la même, il se convertit et on le conduit au supplice. Le lendemain a lieu le supplice de la roue qui se brise à la prière de Georges. Suit l'épisode de la chaudière. Ni la roue ni la chaudière ne nuisant à Georges, Dacien stupéfait change de tactique et a recours à la douceur : Georges fait semblant de se laisser fléchir et promet de sacrifier. Dacien embrasse Georges et ordonne d'orner la ville comme pour la plus grande des fêtes [1], et le héraut annonce partout la grande nouvelle. Georges se rend au temple au milieu d'un concours extraordinaire, prie et soudain le feu du ciel dévore les idoles, le temple, les prêtres et une multitude nombreuse de spectateurs : la terre s'entr'ouvre ensuite et engloutit le tout. A la nouvelle de ce qui vient de se passer, Dacien entre naturellement en fureur, il reproche amèrement à Georges sa conduite déloyale et le fait de nouveau reconduire en prison, afin de pouvoir réfléchir à ce qu'il en fera. Le lendemain, il condamne Georges à avoir la tête tranchée, après avoir été traîné la tête en bas par les rues et les places de la ville. Tout se passe selon ces ordres et de la même manière que dans les autres versions, avec un nouveau miracle qui consiste à faire tomber une pluie abondante et dont la terre avait besoin [2].

Ni dans l'une, ni dans l'autre de ces deux versions, l'auteur n'est nommé. Le simple résumé que j'en ai fait sufit pour montrer leur étroite parenté, malgré les différences qu'on y remarque. Cette parenté apparaîtrait encore plus étroite, si je pouvais ici montrer en détail que les deux versions ont été faites, sur un fonds identique et qu'il y a eu traduction et

---

[1]. Toute cette ornementation est ainsi décrite: jubet ministris omnia templa atque aras deorum et precipue in quibus Apollo, Jupiter et Hercules colebantur variis decorari ornamentis, plateas quoque civitatis vel omnia ædificiorum mœnia summo ambitu parari instituit. Parietes etiam templorum laminis argenteis vestiri ipsosque ingressus ac triclinia sed et cameras velis ornari sericis præcepit, sacerdotes quoque templorum omnes omnino adesse jussit. — On voit que Dacien faisait bien les choses.
[2]. Cf. Cod. 18018 de la Biblioth. roy. de Brux. Le mss. n'est pas paginé, mais au commencement se trouve une table.

adaptation d'un texte antérieur [1]. Il faut ajouter à ces deux versions manuscrites deux autres versions publiées dans la *Bibliotheca cassinensis*. La première [2] place le martyre de saint Georges sous le règne de Décius vingt-cinquième empereur des Romains : Georges est un tribun militaire de la ville de Mélène (sic), en Cappadoce. Après une description des instruments de torture, Georges fait son entrée comme dans les *actes* coptes. Dèce lui parle d'abord avec douceur, puis s'emporte et le fait jeter dans la roue où il est coupé en dix morceaux. Le cadavre est jeté dans un puits et le puits fermé ; mais l'Ange du Seigneur ressuscite le martyr qui va trouver Décius et lui reproche son infidélité. La stupéfaction de l'empereur, ses paroles et celles des assistants sont les mêmes que dans les autres versions : un grand nombre de spectateurs se convertissent, entre autres le tribun Magnentius. Décius fait alors emprisonner Georges dans la maison de la veuve où tout se passe de la même manière que dans les *actes* coptes. L'empereur de plus en plus irrité fait de nouveau venir Georges, lui reproche de séduire les foules et proclame qu'il n'y a pas de plus grand Dieu qu'Apollon. Georges lui propose une épeuve pour savoir quel est le plus grand d'Apollon ou du dieu des chrétiens ; aussitôt il fait marcher le fils de la veuve et l'envoie au temple chercher la statue d'Apollon. La statue arrive et confesse qu'elle est la séductrice de tous les hommes : Georges la condamne à descendre dans l'abîme, il entre dans le temple et en brise toutes les idoles [3]. Les prêtres le saisissent, le conduisent à l'empereur qui, après l'avoir inutilement exhorté à sacrifier, le fait jeter dans la chaudière : l'ange du Seigneur éteint le feu et le

---

1. Un grand nombre de phrases sont en effet construites de la même manière et contiennent les mêmes idées, quelquefois les mêmes mots.
2. *Biblioth. cassinensis* tom. I. *Floril*. p. 7-11. Le mss. qui porte le n° 52 date du XI° siècle mais ces actes ont été copiés sur un mss. antérieur appartenant à l'abbaye de St Benoît de Clio.
3. L'indécision du texte en ce passage montre que là encore l'adaptation a été maladroite. La statue est censée venir devant l'empereur, et Georges entre ensuite dans le temple, comme dans les autres versions.

peuple s'écrie : « Il est grand le Dieu de Georges ! » La reine Alexandra, séduite par tant de prodiges, proclame qu'elle veut se faire chrétienne : Décius avec larmes la supplie en vain de renoncer à son projet insensé, Alexandra ne veut rien entendre et son mari la condamne a être pendue par les cheveux. La reine, qui regrette de n'être pas baptisée, supplie Georges de lui accorder cette faveur : à la prière du martyr une nuée de rosée descend du ciel et Georges y prend l'eau nécessaire, baptise la reine, la bénit et aussitôt elle est conduite hors de la ville où elle a la tête tranchée. Décius fait venir Georges à son tribunal et lui demande de ressusciter les morts d'un tombeau : Georges ressuscite en effet une multitude de morts comme dans la relation du manuscrit 207-208, il interroge l'un des ressuscités qui lui donne les mêmes réponses, fait jaillir une source, les baptise tous et les envoie au ciel. Il n'y eut pas moins de trois mille cinq cent trente-cinq personnes qui reçurent le baptême en cette occasion. A cette vue l'empereur, craignant pour son royaume, se hâte de condamner Georges à la décapitation au lieu même où était morte Alexandra, ce qui eut lieu comme il l'avait ordonné.

La seconde relation [1] publiée par les Bénédictins du mont Cassin contient un récit très délayé, orné de vers et où les discours sont amplifiés à volonté. Cette nouvelle version donne la date du martyre de Georges : en l'an 291, sous le pontifical de Marcellin, Dioclétien se trouve en Cappadoce et personne n'ose se dire chrétien. Georges se présente à l'empereur, comme dans toutes les autres versions. Pour premier supplice, il est étendu à terre et battu par quatre bourreaux. Rien n'y fait : on le met dans la roue qui se brise à sa prière. On le conduit en prison et les foules courent à lui pour se faire instruire, entre autres Magnence l'officier supérieur et la veuve au fils sourd, muet et boiteux. Cette veuve prie le saint en vers : Georges lui

1. *Biblioth. Cassin*, tom. III. *Floril*, p. 341 et seqq.

demande quel Dieu elle adore; elle répond qu'elle adore Apollon, mais elle croira au Dieu des chrétiens si son fils est guéri. Le saint prie, l'enfant est guéri, les gens se convertissent et l'on avertit l'empereur. Celui-ci entre en fureur et se fait amener Georges; mais il lui parle avec clémence et Georges, après un long discours, finit par dire : « Rendons-nous vite au temple, si cela te convient, afin que par une épreuve publique nous puissions voir quelle est la puissance de tes dieux. » L'empereur tout joyeux fait ordonner à toute la ville, par le ministère d'un héraut, de se rendre au temple d'Apollon pour y voir sacrifier Georges le chrétien. Georges se rend au temple, fait une prière et demande au démon qui est dans la statue d'Apollon s'il est dieu. Non, Apollon ou son démon n'est pas Dieu, et alors tous les démons qui habitent les statues se mettent à hurler et les statues tombent à terre. Les prêtres stupéfaits retournent à l'empereur. Celui-ci veut encore recourir à la douceur; mais Georges injurie les dieux, et Dioclétien fait apporter une chaudière bouillante, pleine de poix et de soufre, dans laquelle Georges est plongé. Le Seigneur envoie son ange qui éteint le feu et les assistants s'écrient : « Le Dieu des chrétiens est grand, il n'y en a pas d'autre semblable à lui dans les cieux et sur la terre ! » De nombreuses conversions ont lieu, et l'empereur irrité, condamne Georges à mort. Le martyr est conduit au lieu du supplice, demande un délai pour prier, prie et finalement est frappé du glaive [1].

Le lecteur aura vu par lui-même combien toutes ces différentes versions se ressemblent et comment, malgré quelques différences, elles se raccordent toutes à une version primitive. *Actes* coptes, grecs ou latins, tous sont sortis d'une même source. A mon avis la source se trouve dans les *actes* coptes et je donnerai plus loin les raisons qui m'ont

---

1. On peut voir encore dans les *Analecta Boll.* tom. I p. 615 une autre version des *actes* où Dacien est donné comme roi et où il est accompagné de 72 autres rois. Le mss. appartient à une bibliothèque de Bruges.

amené à cette persuasion. Dès maintenant, cependant, je dois prévenir une objection. Si les *actes* coptes sont la source primitive, ils doivent probablement se trouver dans quelque manuscrit, traduits peut-être mot pour mot, ou tout au moins se rapprochant de très près de la version copte. Et, en effet, ils se trouvent et même ils ont été publiés sans qu'on ait pu en soupçonner la provenance. Baronius, dans la bibliothèque vallicellienne, avait trouvé un manuscrit contenant des *actes* de S‍t Georges dans lesquels il crut reconnaître les fameux *actes* condamnés par le page Gélase en 494 [1]. Les Bollandistes à leur tour avaient eu en leur possession un manuscrit contenant des *actes* qui les avaient effarouchés [2]. Ce manuscrit, qu'on avait un moment regardé comme perdu, a été retrouvé, et la passion de S‍t Georges qu'il contenait a été publiée par M. Arndt en 1874 [3]. Le récit est absolument le même que dans les *actes* coptes, il y a traduction évidente, car la barbarie du style ne s'explique pas seulement par l'impéritie du copiste ou d'un auteur qui aurait fait une adaptation d'un récit antérieur. Dans la fin seulement, on trouve quelques traits qui s'écartent de la version copte. Je ne peux rentrer ici dans une comparaison détaillée ; je me contenterai de renvoyer le lecteur à la publication de M. Arndt et à ma traduction des *actes* coptes [4].

D'ailleurs cette *passion* n'existât-elle pas qu'on pourrait la reconstruire presque en entier. On retrouve, en effet, dans les autres versions qui s'écartent davantage de la version copte toute une série d'évènements qui sont exactement les mêmes. En prenant la version copte comme pierre de touche, on en peut reconstruire le récit tout entier, à peu de chose près. La simple lecture des résumés que j'en ai donnés

---

1. Baron. Martyr. adnotationes ad diem 23 Aprilis.
2. *Acta. Sanct.* 23 avril n° 5.
3. Cf. *Berichte über die Verhandlungen der Königliche sachsischen Gesellschaft zu Leipsig.* — Phil.-hist. Classe, 1874.
4. Cette publication a eu lieu dans mes *Contes et Romans de l'Égypte chrétienne.*

suffit, d'ailleurs, pour le montrer, car la chose saute aux yeux, ce me semble. On me permettra, cependant, de donner un exemple pris entre tous ceux que je pourrais donner et qui me semble typique. Lorsque Georges se présente devant Dacien et que cet empereur l'exhorte à sacrifier aux dieux, le martyr lui répond d'après le copte : « Ce n'est pas pour toi, méchant dragon, ni pour les rois tes fils, mais pour ces multitudes d'assistants que je parlerai de ces justes et de tes dieux sans vie. Auquel veux-tu que j'offre un sacrifice, à Pierre l'élu des apôtres ou à Apollon qui a perdu le monde entier ? à qui veux-tu que je sacrifie, à Elie le Thesbite, l'ange qui a été sur terre, a marché sur terre, est monté aux portes du ciel, ou à Scamandre, le magicien qui a enchanté le feu [1], qui par la magie a connu beaucoup de choses, l'adultère de la divination, qui a engendré Saur et Sarphat...... les marchands de la ville de Pont dont les œuvres ont été mauvaises et qui se sont submergés dans les profondeurs de la mer [2] ? Dis-moi, ô roi, lequel d'entre eux tu veux imiter, Samuel qui prie Dieu ou Poséidon qui perd les vaisseaux de la mer ? Antée et Hercule, ou les martyrs et les prophètes qui ont reçu la couronne ? Dis-moi, ô roi, laquelle tu veux imiter, Jézabel qui a tué les prophètes ou Marie la vierge, la mère de mon Seigneur Jésus le Christ. » Ce discours se retrouve dans plusieurs versions, au moins quant à une ou deux des idées principales [3], mais nulle part ailleurs aussi bien que dans un fragment conservé par un manuscrit de Saint Gall. Ce fragment est malheureusement en mauvais état, mais le passage précédent s'y retrouve en ces termes : « *Venite*, dit Georges à Dacien, *disponamus nomina sanctorum ejus et nomina idolorum vestrorum. Dic mihi tyranne,*

---

1. Il y a ici allusion à la scène de l'Iliade. La version de M. Arndt, dit : un dieu nommé Mandros ; ce doit être la fin du mot Scamandros.
2. Il y a évidemment ici une nouvelle allusion. Je ne sais à quel ouvrage elle peut se rapporter.
3. En particulier dans les Actes du *Cod.* 18018 et dans ceux publiés par Arndt.

qui est melior Petrus aut Apollinus............... [1] ? *Dic mihi quis est melior Elias propheta aut infestus tuus maleficus* [2] ? *Dic mihi quis est melior sancta Maria Virgo quæ Christum genuit aut Martem (sic) cui sacrificant pagani* [3] ? » Malgré les fautes et les omissions du texte on ne peut rien désirer de plus fort pour démontrer l'unité d'origine. A cette source première tous ont puisé, chacun diversifiant le récit selon ses goûts ou son jugement.

---

1. Il y a lacune dans le mss.
2. Le nom est omis par négligence du scribe qui n'aura pas connu l'Iliade et qui aura cru que le fleuve Scamandre était un grand magicien.
3. Le nom de Mars qui se trouve ici doit provenir d'une erreur du copiste. Ce texte se trouve dans les *Berichte der Konigl. Sachs. Gessells. zu Leipzig*, année 1874, p. 12, à la suite d'un article de Zarncke sur les chants en 'honneur de S¹ Georges, en haut vieil allemand.

CHAPITRE QUATRIÈME

Il est temps maintenant de rechercher quel fut le lieu d'origine de ces *actes* de S¹ Georges. La solution peut se présenter comme double, ou les *actes* grecs ou latins sont issus des *actes* coptes, ou les *actes* coptes, grecs et latins sont tous issus d'*actes* antérieurs. Je ne peux apporter ici comme argument que l'on trouve dans la version copte certains détails qui ne sont pas ailleurs, car il peut tout aussi bien se faire qu'un adaptateur copte ait allongé son modèle qu'il est possible que les auteurs grecs ou latins aient raccourci le leur. Ce qu'il y a de certain au premier coup d'œil, c'est que les *actes* de Saint Georges doivent être sortis de l'Orient : ni le génie grec, ni le génie latin, même dans les œuvres similaires, n'ont pu acquérir une telle liberté d'allures, pour ne rien dire de plus fort [1]. En outre, en Orient deux contrées sont seules capables d'avoir produit une œuvre semblable, la Syrie et l'Egypte. Si les *actes* de S¹ Georges n'ont pas été primitivement écrits en copte, ils l'ont été en syriaque. Je ne connais pas malheureusement les *actes* syriaques de S¹ Georges, ils

---

1. Je parle, bien entendu, des œuvres purement grecques ou latines, ayant trait à des martyrs ayant souffert en pays grec ou latin, non de ces œuvres hybrides élucubrées en Orient, composées ou traduites en grec et en latin.

auraient pu m'aider à prouver encore plus clairement la conclusion à laquelle je suis arrivé ; mais je dois dire que ces preuves auraient été surérogatoires, parce que je regarde comme complètement impossible que les *actes*, ou pour mieux dire que le *roman* de St Georges ait été écrit ailleurs qu'en Egypte. Une étude intrinsèque de ce roman va le démontrer amplement : j'aurai soin de ne choisir que des traits qui se trouvent à la fois dans les trois sortes de versions, copte, grecques et latines.

Tout d'abord la texture générale du récit est tout à fait dans le goût copte : le surnaturel y est employé comme moyen littéraire tout autant, sinon plus, que dans les autres *actes* des martyrs d'Egypte. Pour peu qu'on les ait étudiés, on s'aperçoit de suite qu'ils sont tous construits sur un même plan : d'ordinaire le martyr va trouver le juge, confesse sa foi, refuse de sacrifier, confond le magistrat, souffre avec patience, échappe à la mort un certain nombre de fois, ou ressuscite, s'il est déjà mort, et n'est considéré comme ayant achevé son combat que s'il a eu la tête tranchée : les autres morts ne comptent pas. Entre temps il est mis en prison, Jésus-Christ lui apparaît, lui annonce par avance ce qui lui doit arriver, il guérit les malades, convertit une foule de gens qui ont aussitôt la tête tranchée. Chaque supplice est précédé, accompagné ou suivi de prières plus ou moins longues suivant l'inspiration de l'auteur ; parfois de bons tours sont joués aux bourreaux ou aux magistrats ; régulièrement avant d'avoir la tête tranchée, le martyr demande aux soldats de lui accorder quelque répit pour prier, il fait connaître à Jésus-Christ sous forme de prière quelles sont ses dernières volontés, volontés tout égyptiennes comme on le verra bientôt, et régulièrement Jésus-Christ lui apparaît, ou fait entendre sa voix du haut du ciel, pour lui apprendre que tous ses désirs, et au delà, sont exaucés. Je crois connaître tous les *actes* de martyrs complets conservés en copte : je ne crois pas qu'il y en ait un seul exemple qui s'écarte de ce plan. On voit que c'est aussi le plan du martyre de S¹ Georges, non seulement dans la version copte, mais dans toutes toutes les versions que j'ai analysées. Afin qu'on n'en puisse douter je citerai quelques exemples.

Macaire, fils de Basilide et frère d'Eusèbe, personnages qui jouent un grand rôle dans tout un cycle romanesque, se présente à Dioclétien pour être martyr. L'empereur le détourne de son projet, lui cite un de ses amis en exemple : « N'as-tu pas vu, lui dit-il, Victor fils du stratélate Romanos ? il a quitté ses honneurs et ses biens, il a été (envoyé) dans un lointain exil à cause de ce nom de Jésus ; ce (Jésus) n'a pu le délivrer de nos mains. Or maintenant viens, sacrifie aux dieux, à Apollon et à Hercule. » — Le saint apa Macaire prit la parole et dit : « O (être) doué de raison qui es devenu sans raison et as délaissé le Dieu que tu connaissais, tu l'as délaissé, tu as égaré ton âme hors du chemin de la vérité, et quiconque t'écoutera sera jeté pour jamais dans le Tartare de l'Amenti. Tu as bien dit, ô insensé, Victor ne t'a pas écouté ; mais c'est le royaume des cieux qu'il a aimé et il y est entré. Quant à toi, ô impie tu seras châtié. » Macaire était en sa vingtième année, lorsque le roi lui parla de la sorte. Aussitôt Dioclétien ordonna qu'on le suspendît sur le chevalet, qu'on le torturât et qu'on l'en fît descendre ensuite, puis qu'on plaçât de grosses pierres sur son ventre, afin que son ventre se rompît et qu'il mourut rapidement. Le saint souffrit grandement en ce supplice et il dit : « Mon Seigneur Jésus le Christ, fils du Dieu vivant, aie souvenir de moi et ne m'abandonne pas. » Aussitôt Notre Seigneur Jésus le Christ lui apparut et lui dit : « Prends bon courage, ô mon élu apa Macaire, que ma paix soit avec toi, car je t'ai élu comme (j'ai élu) Victor, fils de Romanos, et la couronne dont celui-ci est ceint, je t'en ferai don à toi aussi. C'est moi en effet qui suis Jésus le Christ, le fils du Dieu vivant, et je suis venu te donner une bonne nouvelle : ne crains pas, tu endureras de grandes souffrances en mon nom et je te délivrerai de toutes (ces peines); de grandes vertus auront lieu par ton entremise en mon nom pendant ta vie, tu guériras les malades, rendras la vue aux aveugles, ressusciteras les morts. Je placerai Michel à ton service, tu mourras deux fois et je te ressusciterai. A la troisième fois, je viendrai prendre ton âme, je l'emmènerai, je la ferai reposer avec Abraham, Isaac et Jacob, tes cohéritiers dans les demeures du royaume de l'immortalité. Tu comparaîtras devant trois juges : ne crains rien, je suis avec toi et te délivrerai d'eux tous. » Il lui passa la main sur le corps entier, il le guérit et s'en alla dans les cieux au milieu de la gloire.[1] »

Comme second exemple je citerai les prières que fait Apatir, un autre martyr du même cycle, au moment où il va être décapité. Il se leva, adora le Seigneur et dit : « Tu sais que je suis devenu étranger à ma maison et à mes parents pour cette heure-ci. Je t'en prie, ô mon Seigneur, reçois à toi mon âme au moment favorable. — Le Sauveur lui dit : O que bienheureux seront les hommes qui adoreront ton corps saint! quiconque se trouvera dans une (grande) nécessité, soit sur mer, soit sur les fleuves, et qui priera en disant : — Dieu du saint Apatir et d'Iraï sa sœur, viens à mon secours! — je l'exaucerai promptement à cause de toi. Quiconque fera une offrande à ton église, je t'en ferai présent dans la Jérusalem céleste[2]. »

Si je passe aux épisodes du martyre, je trouve que presque tous se rencontrent dans les autres *actes* de martyres égyptiens. Il n'est nul besoin de citer des exemples de questions, de flagellations, de tortures ordinaires en un mot; il ne sera pas inutile de montrer que le supplice de la fameuse roue, de la

---

1. Cf. *Actes des martyrs de l'Egypte* par H. Hyvernat, tom. I, p. 40-42 pour le texte. — La traduction diffère parfois de celle de M. Hyvernat dont je n'ai pu me servir à cause des trop nombreuses inexactitudes et des contresens fréquents qu'elle renferme.
2. Cf. op. cit. fasc. II, p. 112. Le dernier membre de phrase n'est pas clair, l'indécision vient de ce que le texte contient le pronom de la troisième personne, alors qu'il devrait contenir celui de la seconde.

chaudière bouillante, que l'épisode du magicien se retrouvent ailleurs. Les deux supplices de la chaudière et de la roue se rencontrent dans le martyre de Macaire d'Antioche immédiatement après la citation que j'ai déjà faite. « Lorsque le matin fut venu, le roi Dioclétien ordonna de lui amener apa Macaire. Comme on le lui amenait de loin, il le vit marcher sans qu'il y eut aucune blessure à son corps ; il fut dans l'étonnement. Il lui dit : Hier, quand on t'a enlevé de nos mains, tu étais mort ; voici que je te vois te tenir debout au milieu de nous, sans avoir aucun mal. Maintenant fais un sacrifice aux dieux glorieux, afin que tu sois le troisième dans mon royaume. — Le bienheureux apa Macaire lui répondit en disant : Qu'il ne m'arrive jamais de faire un sacrifice à de fausses idoles et d'abandonner mon Seigneur Jésus le Christ. — Le roi se mit en colère, il ordonna de le jeter dans une chaudière pleine de poix, de faire du feu par dessous jusqu'à ce que la flamme s'élevât grandement. Alors, le bienheureux, lorsqu'il vit la chaudière, eut peur, il étendit les mains, il pria le Seigneur en disant : Ecoute-moi, mon Seigneur Jésus le Christ, comme tu as exaucé les trois saints qui étaient dans la fournaise de feu du roi Nabuchodonosor ; tu leur as envoyé ton ange, parce qu'ils espérèrent en toi, Seigneur. Maintenant donc, mon Seigneur, veille aussi sur moi et délivre-moi, car c'est toi qui es mon secours et ma force. — Et sur le champ, comme une rose, on le tira de la chaudière, sans qu'il eut aucun mal. Le roi ordonna de le faire monter dans une machine qui avait des dents de scie ; et lorsqu'on fit tourner la machine une première et une seconde fois, il fut coupé par le milieu et divisé en deux parties. Le roi donna l'ordre de le mener en haut d'une montagne très élevée, de le jeter en pâture aux oiseaux du ciel et aux bêtes sauvages, afin qu'ils mangeassent ses chairs. Et aussitôt le fils de Dieu descendit du ciel, il l'appela de la voix dont il avait appelé Lazare, disant : « Macaire, mon bien-aimé, lève-toi, je suis ton Seigneur. » Sur le champ il se leva, se tint debout sur ses pieds sans avoir le moindre mal, et le Seigneur l'embrassa, puis monta aux cieux avec ses saints anges [1]. »

Le même martyre de Macaire me fournit encore un exemple de magicien amené pour réduire à néant les sortilèges d'un héros chrétien. Le gouverneur de Pschati, c'est à dire Prosôpis, fatigué des supplices qu'il fait endurer à Macaire, sans obtenir aucun résultat, finit par lui dire : « Par la force des rois des Romains, je ne tourmenterai plus jusqu'à ce que j'ai trouvé un magicien qui l'emporte sur toi, afin qu'il rende vaines les opérations magiques. » Et le gouverneur donna l'ordre de le jeter en prison pendant dix jours, jusqu'à ce qu'il fût décidé sur ce qu'il lui ferait. Le saint apa Macaire resta jeté en prison pendant dix jours; il y faisait des prières, des supplications et des oraisons la nuit et le jour. On lui amenait quiconque était malade de quelque maladie que ce fût et ceux qui avaient un démon : il les guérissait tous au nom de Notre Seigneur Jésus le Christ. Quant au gouverneur, il envoya en tout lieu chercher un magicien qui fût puissant dans les opérations magiques ; il lui vint quelqu'un qui était un grand docteur magicien et se nommait Alexandre. Le gouverneur lui dit : « O Alexandre, viens rendre vaines les opérations magiques de ce chrétien, car certes je n'ai aucune force contre lui. » — Alexandre dit : « Tu as donné tes ordres, ô mon Seigneur le gouverneur ! » Le magicien dit ensuite : « Qu'on apporte de la chair de porc, qu'on lui en entoure le corps, que l'on verse sur sa tête un vase d'urine et je prévaudrai contre lui. » Alors le magicien

---

[1]. Op. cit. p. 42-43. Voici comment M. Hyvernat traduit le passage relatif à la roue : « Et à l'instant même, on le sortit de la chaudière ; il était (frais) comme une rose, et n'avait aucun mal. Puis, le roi ordonna de le mettre sur une roue armée de dents comme une scie. Quand on eut fait tourner la roue une première, puis une seconde fois, elle se fendit par le milieu et se cassa en deux. Alors le roi ordonna de porter (Macaire) sur une montagne fort élevée, et de le précipiter en bas, en pâture aux oiseaux du ciel et aux animaux sauvages qui mangeraient ses chairs. » Un peu de réflexion aurait dû faire voir à l'auteur de cette traduction qu'elle était irrationnelle et présentait tout au moins une absurdité manifeste. Les contresens proviennent de la confusion des suffixes de la troisième personne du singulier.

lança au loin ses habits, prit une coupe, composa des recettes magiques et les y versa, du...... du venin de serpent, du foie, du fiel, du...... et du pus de mort; il invoqua sur la coupe des noms de puissances, de sorte que la terre tremblait et se troubla aux formules de l'art magique. Le magicien dit au saint apa Macaire : « Prends cette coupe de mes mains, goûte-la de manière à ce que je te voie; si tu crois au dieu des chrétiens, qu'il vienne à ton secours et te sauve. » Le saint apa Macaire ne voulait point la boire; mais il leva les yeux au ciel et il vit le Fils de Dieu que les anges entouraient en foule et qui tenait une couronne en ses mains. Il dit au saint apa Macaire : « Sois vainqueur, ô toi qui as été vainqueur ! sois fort, ô toi qui as été fort ! ne crains pas cette coupe de poison. A moi aussi l'on a donné du fiel, j'ai été le premier à le goûter pour vous : toi aussi, ô mon bien aimé, tu es devenu semblable à moi, aucun mal n'aura puissance sur toi. » Lorsque le saint apa Macaire eut entendu ces paroles du bon Sauveur, il prit la coupe de la main du magicien, il se signa au nom du Père, du Fils et du Saint-Esprit, il en but ; c'était doux comme un rayon de miel. Le magicien lui dit : « Comment est-ce? n'est-ce pas doux à ta bouche? » — Le saint lui dit : « Viens et vois. » Le magicien prit la coupe de ses mains, voulant aussi boire au nom de son Dieu ; aussitôt il se tuméfia et fut partagé en deux parties, au milieu de toute la foule [1]. Et lorsque les foules virent tout cela, elles s'écrièrent au milieu du théâtre : « Il n'y a point d'autre Dieu que le Dieu du ciel, le Dieu des chrétiens, le Dieu du saint apa Macaire, le saint martyr, qui opère des signes et des prodiges en présence des rois et de leur armée [2]. »

Quoique le malheureux Alexandre n'ait pas aussi bien réussi que son confrère Athanase, il est facile de voir que les deux récits se correspondent et que ce devrait être un

---

[1]. C'est à dire creva en deux.
[2]. Cf. *op. cit.* p. 58-61.

lieu commun de littérature copte, prêtant à amplification, recherché des auteurs qui voulaient faire briller les grâces de leur imagination. Il en est de même, à mon avis, de toutes les parties du récit. Peu importe qu'à la fin des *Actes* de S¹ Georges, son serviteur Pasicrate vienne nous affirmer qu'il n'a rien retranché, rien ajouté, ce n'est là qu'un moyen de composition destiné à se faire bien venir des lecteurs, comme je l'ai expliqué ailleurs [1] ; c'est aussi une formule que l'on trouve ailleurs et dont je citerai un exemple topique. On lit à la fin du martyre de Macaire déjà cité : « C'est moi Jules, originaire de Khbehs qui ait écrit ces *actes* en souvenir du saint apa Macaire d'Antioche : j'étais monté sur la barque avec Arien pour des œuvres semblables. Mon Seigneur Jésus le Christ sait que je n'ai rien retranché, rien ajouté : mais c'est bien ainsi que le saint apa Macaire d'Antioche a achevé son saint martyre pour la gloire de notre Seigneur Jésus le Christ [2]. » Jules de Khbehs, maintenant Aqfhas, est connu par ailleurs : c'est le grand hagiographe des martyrs d'Egypte [3], martyr lui-même avec toute sa famille vers la fin de la persécution de Dioclétien. Je ne sais si les *Actes* de Macaire sont bien sortis de son calame, il n'y a nulle raison d'en douter, ou nous devons alors douter de toutes les œuvres auxquelles son nom est attaché ; mais ce que je sais pertinemment, c'est que les *Actes* de Macaire font partie d'un cycle romanesque comprenant toute une série de romans sur les martyrs, romans composés en Egypte pour la plus grande édification des moines et tout entiers sortis de l'imagination de leurs auteurs. On voit dès lors la confiance que mérite cet honnête Jules, lorsqu'il nous affirme qu'il n'a

---

1. *Voyage d'un moine Egypt. dans le dés.* dans le *Recueil de mat. relat. à la phil. et à l'arch. égyp. class.* p. 27-28 du tirage à part.
2. *Actes des martyrs de l'Egypte*, p. 69.
3. On connaît encore de lui d'après Zoëga trois autres *martyres*. Cf. Zoëga *Cat. Cod. Copt.* p. 22, p. 30 et p. 135. Il en a composé beaucoup d'autres disparus en copte et dont j'ai découvert quelques uns traduits en arabe Voir plus haut le chapitre qui lui est consacré.

rien ajouté, rien retranché, comme le Seigneur en est témoin. Cette confiance est la même que celle que mérite le Pasicrate des *actes* de S¹ Georges.

Outre ces rapprochements importants et considérables, à mon avis, entre les *Actes* de Saint Georges et les autres compositions analogues de l'Egypte chrétienne, rapprochements d'où il ressort que la texture générale des récits est la même, il y a une foule de détails qui ne peuvent s'expliquer autrement que par l'origine égyptienne des *Actes* dont je traite. Un grand nombre de ces détails ne trouveraient pas ici leur place, parce que pour en faire ressortir l'importance il me faudrait entrer dans des considérations philologiques qui ne seraient pas de mise; mais il en reste un certain nombre d'autres que je vais passer rapidement en revue. Le lecteur aura tout d'abord observé que le grand Dieu des Grecs aux yeux des Egyptiens, c'est Apollon, c'est-à-dire le soleil. Ra, ou le soleil, était aussi le grand Dieu de l'Egypte; c'est pourquoi Apollon dans tous les *Actes* coptes des martyrs est donné comme le dieu principal de Dioclétien; les autres comme Zeus, Héraclès, Poseidôn, Arès, sont quelquefois nommés, mais très rarement. On doit faire la même observation pour Artémis, la mère de tous les dieux: jamais Artémis en Grèce, Diane à Rome, ne passèrent pour la mère des dieux; en Egypte au contraire, toutes les déesses étaient regardées tour à tour comme mères de tous les dieux[1]. Artémis est nommée dans les œuvres coptes parce qu'elle était la sœur d'Apollon, comme Isis était sœur d'Osiris, ce qui ne l'empêchait nullement d'être appelée mère de tous les dieux. La version du martyre de S¹ Georges publiée par M. Arndt contient une expression qui l'a beaucoup étonné et que M. Gutschmidt a corrigé; cette expression est celle-ci: quatuor cedros sæculi, corrigée par

---

1. Je me contenterai de renvoyer ici au *Panthéon Egyptien* de M. Pierret. Les textes sont innombrables.

M. Gutschmidt en *quatuor cardines sæculi*[1]. Plus loin on rencontre encore la mention de *tres palmites cœli*[2]. Ces expressions ne peuvent se comprendre en dehors de l'Egypte, car les Egyptiens croyaient que le ciel était suspendu au-dessus de leurs têtes et que le firmament était retenu par des pieux fourchus dont le pied reposait sur terre. C'est ce que signifient les expressions de cèdres et de palmiers du ciel, expressions qui n'ont aucun sens ailleurs qu'en Egypte, mais très connues dans la vallée du Nil, comme le montre l'hiéroglyphe du ciel soutenu par ses piliers. Une autre idée religieuse de l'antique Egypte se retrouve encore dans les *Actes* de S' Georges. Lorsqu'on lui demande de ressusciter un mort, le texte copte et plusieurs des versions analysées parlent d'un tombeau *dont tout le monde ignore l'entrée*. Je ne crois pas qu'ailleurs qu'en Egypte cette phrase offrît un sens; mais on sait qu'en Egypte on mettait le plus grand soin à cacher les ouvertures des tombeaux, afin que les morts pussent jouir tranquillement de leur *maison d'éternité*[3]. En outre dans les autres pays, il eut été difficile de faire sortir deux cents individus, ou simplement dix ou douze d'un seul tombeau; les derniers adaptateurs l'ont bien compris et ont arrangé le récit selon les mœurs de leur pays, ils ne parlent que d'un mort; en Egypte les tombeaux servaient à toute la famille et les momies y étaient déposées en grand nombre.

Si des idées de l'antique religion égyptienne, je passe aux idées chrétiennes propres aux Egyptiens, je ne trouve pas moins de traits qui accusent l'origine. Quand S' Georges précipite la statue d'Apollon dans les profondeurs de l'abîme,

---

1. In celo tempore adripuit diabolus regem Persarum et regem super quattuor cedros sæculi, Cf. *Berichte der Konigl. Sachs. Ges.* tom. cit. p. 49. Ce sont les premiers mots de la *Passion*. Cf. note C.
2. Et elevans voce magna Dacianus imperator regibus dicens : vivetis omnes quia non est alius Apolloni et Hermis et Diana et Athena et Mandres (sic) et Herculis et Neptunus qui tres *palmites cœli* continent, Op. cit. n° 9 de la *Passion*. Il n'y a pas de doute à avoir ici.
3. Cf. Maspero. — *L'Archéologie égyptienne*, ch. III, : *les tombeaux*.

il lui dit : « Je te reléguerai dans les profondeurs de la terre *jusqu'au jour du grand jugement*; » cette expression est une expression égypto-chrétienne qui revient à chaque instant dans les œuvres coptes. Dans les réponses que fait, à Georges ou à Dacien, le ressuscité qui parle au nom de tous et qui peint l'état dans lequel ils se trouvaient dans l'Amenti, il est fait mention de la relâche des supplices infernaux, le samedi et le dimanche ; cette idée est sortie aussi du cerveau égyptien, comme je l'ai déjà montré ailleurs[1]. De même la question posée en premier lieu au ressuscité : « Le Christ était-il né en ce temps-la ? » est fort commune dans les œuvres coptes : on la trouve dans la vie de Schnoudi[2], dans la vie inédite de Macaire[3], dans la vie de Pisentios, évêque de Keft, au septième siècle[4]. Dans toutes les prières que Georges adresse à Dieu pendant son martyre, il prend toujours soin de dire : *amen*, et l'auteur ne manque jamais d'ajouter : *quand il eut dit l'amen*, il... etc. Il en est de même dans *tous* les martyres coptes, mais je n'ai nulle part ailleurs trouvé pareille coutume. C'est qu'en Égypte, même chez les Chrétiens, la prière bien faite était impérative, que Dieu ne pouvait s'y soustraire[5], et que l'*amen* résumait toute la formule, comme dans une formule magique nécessaire. Dans un autre passage des *Actes* de St Georges, il est dit que les Chrétiens sont *gens d'opposition* et qu'ils aiment à créer des ennuis à l'empereur : cette proposition, fausse pour les Chrétiens en général, est très vraie pour les Chrétiens d'Égypte qui, en leur qualité d'Égyptiens, depuis la

---

1. Cf. *Le Christianisme des Anciens Coptes*, dans la *Revue des religions*, janvier-février 1887. — *Un évêque de Keft au VIIe siècle*, dans les mémoires de l'Institut Égypt. tom. II, p. 119-150. — *Mémoire sur la vie de Pakhôme et le cénobitisme dans la Haute-Égypte*, dans les *Comptes-rendus* de l'Institut Égyptien année 1886.
2. Cf. *Monuments pour servir à l'hist. de l'Égyp. chr.* dans les mémoires de la mission du Caire, tom. III, p. 80.
3. Cod. vat. cop. LXIV.
4. Cf. *Un évêque de Keft au VIIe siècle*, op. cit. p. 147.
5. Cf. *Revue des Religions*, tom. XII, p. 137 et seqq. art. de M. Maspero — et tom. XIV p. 328 dans mon premier article sur le *Christianisme chez les anciens Coptes*.

sanglante répression de la révolte d'Achille par Dioclétien, s'étaient tous faits ennemis personnels de l'empereur[1]. Enfin dans plusieurs passages des *Actes*, lorsqu'on parle des temples païens on emploie l'expression *temple des Grecs*, expression qui ne se comprendrait, je crois, ni en Syrie, ni surtout en pays grec ; elle se comprend fort bien au contraire dans la bouche des Egyptiens devenus chrétiens, car ils ne haïrent rien tant que les dieux grecs ; ils leurs prodiguaient les injures et les moqueries, et ne se moquaient jamais de leurs anciens dieux nationaux[2].

Les mœurs égyptiennes me fournissent encore d'autres arguments. La description de la maison de la veuve chez laquelle on conduit Georges est la description d'une maison de fellah, où une poutre aide à soutenir le toit. Il est assez curieux qu'un auteur puisse avoir l'idée de faire croître, verdoyer et fleurir cette poutre ; mais le fait n'est pas extraordinaire quand il s'agit d'un auteur égyptien, puisque dans beaucoup de maisons on prend soin de comprendre un palmier dans la bâtisse, et qu'on le voit sortir de la maison avec son bouquet de feuilles. De même, lorsque Georges ressuscite le bœuf tombé en labourant, il semblera extraordinaire à plus d'un lecteur qu'on puisse labourer avec un seul bœuf. Je ne sais si c'est la coutume en Syrie : si j'en juge par l'Ancien et le Nouveau Testament, je vois qu'il est toujours parlé de couples de bœufs[3] ; en Egypte, rien n'est plus commun, même de nos jours, que de voir un seul bœuf attelé à une charrette, comme chez nous un cheval, ou à une charrue pour labourer dans les champs. Quand la veuve rentre chez elle et

---

1. Je ne veux pas dire que nulle part il n'y ait eu de révolte des chrétiens contre l'empereur à cause de la religion, il peut y en avoir eu quelques cas ; en Egypte la chose fut générale et le Christianisme n'y fut pour rien, au contraire on se convertit au christianisme par esprit d'opposition à Dioclétien.

2. Cf. *Monum. pour serv. à l'hist.* op. cit. *Introduction.* Dans la version de M. Arndt, il est dit que c'est le Dieu des chrétiens qui fait de l'opposition, c'est un non sens qui provient d'un contre-sens.

3. Cf. l'histoire de Saül (I Samuel v. 5-7) et la parabole des invités aux noces, *Luc* XIV, 19,

qu'elle trouve Georges assis à table, le texte dit que la table était couverte de *toutes les bonnes choses* : c'est l'expression égyptienne même, comme le savent tous ceux qui se sont occupés de l'Egypte ancienne.

La manière dont les Coptes ont compris la composition et le style donnent lieu à un certain nombre d'observations. Jamais les Coptes, ni les Egyptiens antiques, n'ont compris la chronologie exacte comme nous l'entendons, même quand ils donnent des dates précises ; les expressions dont ils se servent sont d'une élasticité incroyable et d'un vague fort ennuyeux pour l'historien [1]. Les *Actes* de S' Georges en sont une nouvelle preuve : à peine si l'on pourrait y trouver un intervalle de quinze jours entre le commencement et la fin, et cependant S' Georges n'est pas martyrisé moins de sept ans. Ces sept ans ont mis le jugement des derniers adaptateurs grecs en bonne garde et ils ont fait en sorte que tous les évènements du martyre pussent se passer en sept jours, sans prendre garde que pour parcourir l'empire entier à la recherche d'un magicien sept jours n'auraient pas été suffisants. A chaque instant dans les *actes* grecs ou latins on trouve des expressions telles que : Seigneur empereur, madame la reine, seigneur Georges, etc. ; ces expressions sont la traduction exacte du copte, et ne sont d'usage ni en grec, ni en latin. On trouve encore une expression fort curieuse dans le récit de la mort de S' Georges : il y est dit que de son cou, la tête amputée, il sortit du lait et du sang. Je ne connais pas d'exemple semblable en grec ou en latin ; en revanche il sort toujours du lait avec du sang du cou des martyrs égyptiens [2].

J'arrêterai ici ces observations ; il me semble qu'elles sont

---

[1]. A chaque instant on rencontre des expressions comme celles-ci : Beaucoup de jours après cela, une multitude de fois, des foules d'hommes, pour dire le lendemain, deux ou trois fois, cinq ou six personnes.

[2]. Je ne dois pas oublier le nom du serviteur de S' Georges, Pasicrates, en copte Pasyncrates. Cette dernière leçon me semble mauvaise. La première se formerait assez bien de l'Egyptien de la même manière que Harpocrates. Harpocrates = Har-pe-Khrod (Horus enfant) ; Pasicrate = Pa-isi-Khrod.

suffisantes. Comme toutes les remarques faites à ce sujet ont pour appui à la fois les *Actes* coptes et les *Actes* grecs ou latins, il s'ensuit que toutes ces preuves d'une origine indéniable valent également pour les uns ou pour les autres. Si de pareils traits de mœurs, pareille manière de composer et d'écrire, pareilles idées religieuses ne s'étaient trouvées que dans l'œuvre copte, on eût pu conclure avec toute la vraisemblance possible que ces idées, ces mœurs, ce style et cette composition étaient dus au traducteur copte ; mais comme tout se retrouve dans les *Actes* grecs ou latins, que les plus expurgés supposent nécessairement les autres et contiennent certains traits dont on doit chercher l'explication en Egypte, je peux conclure avec toute la certitude désirable en l'espèce que les *Actes* de saint Georges ont été composés en Egypte par un Egyptien, ayant quelque connaissance des œuvres et de la religion grecque. De cette conclusion j'en tire une autre qui n'est pas moins importante, à savoir que bien loin de nous trouver en présence d'*Actes* historiques, nous n'avons qu'un roman chrétien fait à la manière égyptienne. Ce roman jouit d'une grande vogue : les nombreuses adaptations qui en furent faites en prouvent le succès. Cette vogue explique le culte dont on entoura le grand martyr, mais ne nous assure pas de l'existence de ce martyr. Si, pour être certains qu'il y eu jadis un Cappadocien nommé Georges qui fut martyr sous Dioclétien, nous n'avons pour garantie que le roman égyptien, c'est peu, beaucoup trop peu. Il me faut donc maintenant interroger les historiens sérieux et chercher dans les Martyrologes sur quelles données repose le culte de S¹ Georges. De la conclusion que je tirerai de l'examen de ces nouvelles pièces dépendra la conclusion que je devrai adopter sur la réalité de S¹ Georges de Cappadoce.

CHAPITRE CINQUIÈME

J'ai déjà dit plus haut que l'une des principales objections à faire contre la réalité historique des *Actes* de S¹ Georges provenait de tout ce qui a rapport à la reine Alexandra, qui certainement n'a jamais existé ailleurs que dans l'imagination de l'auteur copte. Aucun des historiens, grecs ou latins, n'en parle et certainement ils n'eussent pas manqué de faire usage d'un si bon argument. Bien plus Lactance donne les noms de la femme et de la fille de Dioclétien, et ajoute que dans sa fureur il les força de se *souiller* avant tous les autres en sacrifiant aux dieux : la première se nommait Prisca, la seconde Valeria[1]. En présence de ce texte formel, il est complètement impossible de trouver place pour Alexandra, et l'un des principaux épisodes des *Actes* de S¹ Georges est ainsi réduit à néant quant à la réalité historique. Quand même on admettrait que le nom d'Alexandra est un nom supposé ou s'étant glissé par erreur, il n'en reste pas moins acquis que la femme de Dioclétien, au moment où la persécution s'ouvrait, se nommait Prisca, et non Alexandra,

---

1. Lactant. *De mortibus Persecutorum* XV : Furebat ergo imperator, jam non in domesticos tantum, sed in omnes : et primum omnium filiam Valeriam, conjugem Priscam sacrificio pollui coegit.

et que l'empereur Romain ne la fit point mettre à mort. Dès lors l'argument des Bollandistes, tiré du silence des auteurs latins ou grecs sur le nom de l'impératrice femme de Dioclétien, en l'année 303, tombe complètement à faux[1]; nous le connaissons et nous savons que ce n'était pas Alexandra. Par conséquent l'impératrice martyre Alexandra, femme de Dioclétien, est à effacer du catalogue des saints et des *Acta Sanctorum* comme n'ayant jamais existé.

Les Bollandistes, qui ont lu Lactance et Eusèbe, ont agi avec une certaine légèreté de critique assez surprenante dans des hommes aussi sérieux ; car en supposant que leur confiance en Lactance fut assez mince, ce qui n'a pas lieu d'être en ce cas, ils auraient dû tout au moins accorder plus de créance à Eusèbe. Or Eusèbe consacre tout un chapitre du huitième livre de son histoire[2] aux martyrs faisant partie de la maison de l'empereur : comment eût-il pu oublier l'impératrice, si son impérial époux l'eût mise à mort ? Tout au contraire, parce que le même Eusèbe rapporte qu'un chrétien, jeune, honoré des plus grandes charges civiles, arracha l'édit impérial en pleine ville de Nicomédie, à peine avait-il été affiché[3], les Bollandistes se sont évertués à prouver que ce jeune chrétien n'était autre que S' Georges, puisque les *Actes* de Siméon le Métaphraste disent que Georges se présenta devant l'empereur dans les premiers jours qui suivirent la proclamation de l'édit persécuteur. Le silence d'Eusèbe les inquiète un peu ; mais ils se rassurent en pensant qu'Eusèbe a bien pu ignorer le nom du courageux chrétien qui arracha l'édit, tout en connaissant le fait[4]. J'avoue que la chose est possible ; mais ici se dresse une objection que jamais les Bollandistes passés, présents et futurs, ne pourront résoudre. D'après les *Actes* regardés

---

1. *Act. Sanct.* 21 avril.
2. Eusebii *Hist. ecclésias.* lib. VIII cap. VI.
3. Ibid cap. V.
4. *Act. Sanct.* 23 avril S' Georg. n° 30-33.

comme authentiques et les plus dépouillés de tout ornement imaginaire, il est évident que S¹ Georges fut l'un des martyrs les plus célèbres de la persécution : l'église grecque l'a reconnu en accolant au nom de Georges une épithète qu'elle n'a accordée à aucun autre [1]. Or Eusèbe ignore évidemment le martyre si célèbre de S¹ Georges, et, ce qu'il y a de plus surprenant, il ignore même le culte si célèbre qu'on rendait au martyr. Cette ignorance doit paraître à bon droit surprenante ; car, si l'on fait de Georges un Cappadocien, Eusèbe parle de la Cappadoce, de martyrs cappadociens, de la ville de Mélitène où un aventurier tenta de se faire proclamer empereur [2] ; si, au contraire, on croit Georges originaire de Palestine, Eusèbe a consacré plusieurs chapitres de son histoire aux martyrs de Palestine, martyrs très peu célèbres de nos jours, et en aucun endroit il ne parle de Georges [3]. Bien plus, la ville de Lydda près de laquelle s'éleva, d'après les légendes coptes qui font suite aux *Actes* [4], le temple fameux dédié au grand stratélate du Christ, le martyr et saint Georges, était située dans le diocèse même de la ville de Césarée et Eusèbe en ignore complètement l'existence. Il cite un grand nombre d'autres temples élevés en divers lieux de l'empire par les ordres de Constantin en l'honneur des plus célèbres martyrs, et il oublie le plus célèbre, celui qui était situé dans son diocèse même [5]. Cette omission me semble incompréhensible et injustifiable : l'évêque de Césarée n'avait aucune injure personnelle à reprocher à S¹ Georges ; s'il ne l'a pas nommé, c'est qu'il ne l'a pas connu, et s'il ne l'a pas connu alors qu'il aurait dû être le premier à le connaître, c'est, on le peut affirmer déjà, que le grand martyr n'a pas existé.

1. Celle de grand martyre, μεγαλόμαρτυς.
2. Euseb. *Hist. eccl.* lib. VIII cap. VI.
3. Ibid. ad calcem libri VIII.
4. Les *Actes* coptes sont suivies des dix merveilles où S¹ Georges se montre dans toute sa gloire et sa puissance. Le premier récit a trait au transport du corps à Diospolis.
5. Euseb. *Vit. Const.* lib. III, passim.

Et maintenant, si l'on examine attentivement ces prétendus *Actes* pris dans leur ensemble, on verra que pas une seule des versions ne nomme la ville où aurait eu lieu ce martyre, indécision et omission tout à fait dans la manière copte. Rien ne fait supposer que ce martyre eut lieu dans l'empire romain, ou ailleurs ; les légendes qui suivent les *Actes* disent expressément au contraire que Georges souffrit en Perse et que Dacien était un roi de Perse. Par malheur, lorsque ces mêmes légendes décrivent le chemin que l'on dut parcourir pour ramener le corps de Georges à Jaffa, elles décrivent le chemin que l'on suivait pour aller par mer d'Égypte à Jaffa [1] ; de la Perse, on ne s'en occupe plus. Cette mention de la Perse en des *Actes* où l'on a cru que tout se passait en territoire romain, en présence de l'empereur romain, n'est pas l'une des moindres preuves que c'est bien l'œuvre copte qui a été traduite en grec et en latin, et qu'au contraire elle ne saurait être la traduction d'une autre œuvre. En effet, si j'interroge les martyrologes, je vois qu'aucun d'eux n'a su où placer le théâtre du martyre de S' Georges. A la vérité, le martyrologe romain ne se compromet pas, il ne cite pas de nom de ville. Mais le martyrologe romain n'est pas le seul et les Bollandistes, en vue de leur grande publication, avaient réuni toute une collection des martyrologes les plus anciens qu'ils aient pu trouver. Cette collection [2] ne renferme pas moins de trente-deux martyrologes latins copiés dans les plus célèbres bibliothèques, ayant appartenu aux monastères des contrées les plus diverses et faisant tous mention de S' Georges, à l'exception d'un seul [3]. Or, sur ces trente-deux martyrologes, onze ne mentionnent pas la ville où Georges souffrit le martyre ; six nomment la ville de Rome, sans doute parce

---

1. Cf. dans le texte copte Iere merveille.
2. Ces martyrologes un moment égarés ont été retrouvés dans une collection particulière et vendus dernièrement à la Bibl. roy. de Bruxelles. Ils forment trois volumes in-4 non encore catalogués.
3. C'est le second du tome Ier : *Martyrologium Lucence quod edidit Florentinius*.

Rome était la grande capitale où devait résider l'empereur et que Georges souffrit en présence de l'empereur ; deux placent la scène à Alexandrie, preuve inconsciente de l'origine des *Actes* ; les autres enfin, c'est à dire douze, font de la Perse et de la ville de Diospolis, en Perse, le théâtre du martyre de S' Georges. Il est donc évident que la plus grande partie de ces martyrologes n'ont pas su où placer la scène du martyre, parce que les *Actes* qui leur en fournissaient le récit ne nommaient pas la ville, et que les autres n'ont rien de mieux trouvé à faire que de suivre les récits égyptiens. Il est évident aussi que le culte de S' Georges a eu pour base en Occident les *Actes* composés en Egypte. D'ailleurs un passage du martyrologe de Bède ne laisse aucun doute à cet égard, car on y lit en propres termes : *In Perside civitate Diospoli passio S. Georgii martyris cujus gesta passionis, etsi inter apocryphas connumerantur scripturas, tamen illustrissimum ejus martyrium inter coronas martyrum Ecclesia Dei venerabiliter honorat* [1]. Les ménologes grecs sont plus sobres, ils chantent la gloire de Georges, sans spécifier aucune chose.

Et maintenant puisque le culte de S' Georges repose sur des *Actes* apocryphes au premier chef, puisque ces *Actes* ne sont qu'un roman pieux composé en Egypte et ne reposant sur aucun évènement réel et qu'au contraire tous les évènements qui ont une apparence historique sont manifestement faux, quand ils ne sont pas absurdes et impossibles ; puisque les historiens le mieux à même d'être informés, et surtout Eusèbe lui-même qui aurait *dû* connaître l'histoire et l'église du saint, n'en connaissent ni l'histoire, ni le nom, que reste-t-il à conclure sinon que l'existence de Georges le Cappadocien ne repose sur aucune donnée historique et que par conséquent le grand martyr n'a jamais existé. Inventé de toutes pièces, le roman égyptien eut une immense vogue et

---

1. Cf. dans les trois vol. que j'ai cités plus haut vol. II, n° 9, *martyrol. acephalum ex cod. membr. P. Antonii Caraccioli*, 23 Avril.

créa le culte d'un saint imaginaire [1] : la chose est facile à expliquer ; il serait au contraire complètement impossible d'expliquer comment un martyr célèbre, jouissant d'un culte réputé, ayant fourni matière à un roman n'ait plus été connu que par le roman lui-même. Et pour en arriver là, il n'aurait pas fallu longtemps, puisque le saint, mort au plus tôt en 303, n'était plus connu que par les *Actes apocryphes* de son martyre en 494, d'autant plus que son culte n'avait pas cessé d'être très suivi. Je le répète, la chose me paraît complètement inexplicable.

L'objection qu'on tirerait du culte contre la non-existence du saint ne serait pas sérieuse : il me suffira de répéter ici ce que j'ai déjà dit dans la *Revue de l'histoire des Religions* [2] : les Coptes n'ont pas été difficiles sur le choix de leurs saints, la preuve s'en trouve dans la fête qu'ils ont établie en l'honneur du cynocéphale qui prit part à l'apostolat des saints André et Barthélemy [3]. S'ils ont agi ainsi en faveur d'un singe de leurs amis, à plus forte raison l'ont-ils pu faire pour un homme auquel leur génie avait donné la vie et la célébrité. Je suis loin de vouloir dire cependant qu'il n'y ait pas eu, pendant la persécution de Dioclétien, un chrétien nommé Georges qui ait souffert le martyre, la chose est possible ; mais je crois que Georges de Cappadoce n'a jamais existé, car tous les traits qui forment sa personnalité et son individualité ne doivent leur célébrité et leur existence qu'à l'imagination égyptienne. St Georges de Cappadoce est donc à rayer du calendrier.

Je ne dissimule pas que c'est là une grosse conclusion ; mais la vérité doit passer avant tout, peu importe qu'à Rome

---

1. Il pourra sembler que j'aurais du préciser l'époque à laquelle a été composé ce roman. La chose n'est pas facile. S'il faut accorder quelque poids à l'expression de *Galiléen* servant à désigner les chrétiens, on peut penser que le roman ne fut pas composé avant le règne de Julien, c'est à dire avant 365, ce qui me paraît assez probable. En tout cas l'époque de cette composition ne peut être postérieure à la fin du IVe siècle.
2. *Revue des Relig.* Janvier-Février 1887.
3. Cette fête a lieu le 2 Pharmouti c'est à dire le 29 Mars.

on ait eu de très bonne heure une tête de S¹ Georges [1], qu'il y en ait eu une seconde transportée à Venise [2], que le corps entier ait été trouvé à Lydda [3], qu'on en ait apporté un certain nombre d'ossements en Europe [4] : tout ceci n'est qu'affaire de supercherie vulgaire. Les Orientaux qui découvrent tout ce qu'on veut leur faire découvrir, antiquités ou corps saints, n'auront pas été en peine de trouver un corps à S¹ Georges ; ce dut être simple affaire d'argent, comme ce l'est encore aujourd'hui en Egypte pour les antiquités, en Palestine pour les identifications d'anciens villages cités dans l'Ecriture. La chose est d'un ordinaire usage : c'était à l'Occident à ne pas se laisser tromper.

Je ne peux terminer cette étude sans dire un mot du dragon, du rôle qu'on lui a fait jouer et des conclusions mythiques ou autres qu'on a su en tirer. Comme on l'a vu, le roman égyptien ne connaît pas de dragon, non plus que les versions grecques ou latines de ce roman. La légende du dragon n'apparaît qu'au douzième ou treizième siècle. Par conséquent les identifications qu'on a faites de S¹ Georges et des autres héros légendaires ne reposent sur aucun fondement pour ce qui regarde l'Egypte : que les idées iraniennes aient eu une influence sur la légende actuelle, comme le veut M. Gutschmidt [5], la chose est possible ; mais il faut avouer qu'elle a mis du temps à se faire sentir et que le premier qui introduisit la légende du dragon dans le roman de S¹ Georges ne se doutait guère du secours qu'il apportait aux mythologues. Une seule identification avait chance de se faire accepter, celle de M. Clermont-Ganneau, rapprochant Horus

---

1. *Acta Sanct.* 29 Avril, n° 38.
2. Ibid. n° 62. Le fait eu lieu en 1172. Cette seconde tête se trouvait à Egine depuis plus de cent ans.
3. Ibid. n° 34.
4. Ibid. n° 53-59.
5. Cf. *Berichte über die Verhandl. der Königl. Sachs. Gesells. der Wissens. zu Leipzig*, 1861. *Ueber die Sage von hlg. Georgios Beitrage zur iranischen Mythengeschichte.* S¹ Georges est rapproché de Mithra, Alexandra = Anahita, etc.

de S¹ Georges ¹ ; malheureusement cet honorable savant a cru que l'Egypte connaissait la légende du dragon, ce qui n'est pas et ce qu'il ne pouvait savoir. M. Clermont-Ganneau avait cependant vu très-juste en donnant aux idées égyptiennes une part dans le roman de S¹ Georges, puisque c'est l'Egypte qui l'a créé. D'autres ont identifié S¹ Georges avec Georges de Cappadoce, l'évêque arien qui occupa le siège d'Alexandrie pendant l'exil de S¹ Athanase : le nom d'Athanase, donné au magicien dans le roman, leur a paru une preuve de l'influence de l'évêque sur les *actes* du martyr, et M. Albert Réville croit que cet évêque « massacré par la populace païenne d'Alexandrie, demeura en grande odeur de sainteté dans la mémoire des populations chrétiennes d'Egypte et de Syrie, et fut retrouvé par les Croisés qui le rapportèrent en Europe où il devint le saint national de l'Angleterre ². » Je ne peux davantage accueillir cette double opinion ; l'Egypte tout entière demeurée attachée aux superstitions magiques n'avait aucunement besoin d'être du parti de l'évêque Georges de Cappadoce pour nommer le magicien Athanase : l'emploi de ce nom fort commun a, selon moi, une tout autre origine. C'est un nom grec employé par mépris, parce que si les chrétiens d'Egypte avaient foi dans la magie, c'est que leur magie était bonne, étant chrétienne et nationale ; tandis que la magie dont se servait Athanase, magie païenne ou grecque, c'est tout un pour les Coptes, était mauvaise et n'avait aucune puissance, comme l'évènement le prouva. Aussi tous les magiciens employés dans les *actes* coptes ont-ils des noms grecs. Quant à Georges l'évêque, je ne sais s'il est demeuré en odeur de sainteté près

---

1. Clermont-Ganneau : *Etudes d'archéol. orient.* dans la Bibl. des Hautes-Etud. livr. 44.
2. *Revue des Religions*, tom. XIV, p. 15, note 11. Cette identification se trouve dans la série d'articles qui forment la savante étude que M. Albert Réville a consacrée à Julien l'Apostat. Cette idée avait été émise en Hollande dès le XVIIe siècle. (Cf. *Act. Sanct.* n° 17-19) dans une Histoire d'Amsterdam d'Isaac Pontan. lib. II cap. 3.

des chrétiens de Syrie, je suis même porté à en douter ; mais je sais pertinemment qu'il fut toujours haï en Egypte, qu'on le regarda comme une bête féroce, et que son nom ne se trouve point dans le synaxare. Il n'eut donc aucune influence sur la composition du roman de S¹ Georges, et la similitude des noms n'est qu'une concordance fortuite. L'Egypte a toujours exécré les Ariens qui combattaient son patriarche : la faction arienne n'eut de puissance que dans la ville d'Alexandrie, qui ne fut jamais regardée par les Coptes comme une ville égyptienne ; les chrétiens d'Egypte n'ont commencé à se tourner du côté des patriarches que nous nommons schismatiques, sans beaucoup de raison, qu'au moment où la majesté du patriarche Dioscore fut violée. L'élection de S¹ Georges, comme le saint national de l'Angleterre, est l'un de ces faits qui prouvent combien une nation est prompte à s'abuser, lorsque le sentiment religieux est en jeu, mêlé à la vanité nationale : le corps de S¹ Georges déposé à Lydda, selon la légende, partagé en un grand nombre de précieuses reliques, ne pouvait guère se retrouver intact en Egypte à l'époque des Croisades. Les Anglais qui en ont enrichi leur pays n'y ont pas vu si loin ; mais la réalité est là, et, s'ils ont besoin d'un patron puissant pour leur cavalerie, ils peuvent sans danger en prendre un autre, malgré tous les exploits prêtés par les Egyptiens d'abord, les Grecs et tous les Occidentaux ensuite, au grand stratélate Georges, le grand martyr, le triomphateur qui n'a jamais eu d'autre existence que celle à lui donnée par le roman composé au pays d'Egypte, où la fiction a toujours été préférée à la simple réalité.

Bruxelles, janvier 1887.

TABLE DES MATIÈRES

LES ACTES DES MARTYRS DE L'ÉGLISE COPTE

	Pages.
Introduction	1
Chapitre premier	13
Chapitre deuxième	19
Chapitre troisième	65
Chapitre quatrième	87
Chapitre cinquième	97
Chapitre sixième	101
Chapitre septième	123
Chapitre huitième	163
Chapitre neuvième	185
Chapitre dixième	209

Étude critique sur le martyre de saint Georges	241
Chapitre premier	247
Chapitre deuxième	259
Chapitre troisième	271
Chapitre quatrième	291
Chapitre cinquième	305

www.ingramcontent.com/pod-product-compliance
Lightning Source LLC
Chambersburg PA
CBHW071247160426
43196CB00009B/1193